权威·前沿·原创

皮书系列为
"十二五""十三五"国家重点图书出版规划项目

贵州蓝皮书

BLUE BOOK OF GUIZHOU

贵州大扶贫战略发展报告（2019）

ANNUAL REPORT ON BIG POVERTY ALLEVIATION STRATEGY DEVELOPMENT IN GUIZHOU (2019)

主　编／郑云跃
执行主编／李华红
副 主 编／王红霞　赵　琴

社会科学文献出版社
SOCIAL SCIENCES ACADEMIC PRESS (CHINA)

图书在版编目(CIP)数据

贵州大扶贫战略发展报告.2019/郑云跃主编.--北京：社会科学文献出版社，2019.9
（贵州蓝皮书）
ISBN 978-7-5201-5228-0

Ⅰ.①贵… Ⅱ.①郑… Ⅲ.①农村-扶贫-研究报告-贵州-2019 Ⅳ.①F323.8

中国版本图书馆CIP数据核字（2019）第164107号

贵州蓝皮书
贵州大扶贫战略发展报告（2019）

主　　编 / 郑云跃
执行主编 / 李华红
副 主 编 / 王红霞　赵　琴

出 版 人 / 谢寿光
责任编辑 / 陈　颖
文稿编辑 / 陈　颖　薛铭洁　桂　芳

出　　版 / 社会科学文献出版社·皮书出版分社 (010) 59367127
　　　　　　地址：北京市北三环中路甲29号院华龙大厦　邮编：100029
　　　　　　网址：www.ssap.com.cn
发　　行 / 市场营销中心 (010) 59367081　59367083
印　　装 / 三河市东方印刷有限公司

规　　格 / 开　本：787mm×1092mm　1/16
　　　　　　印　张：22　字　数：331千字
版　　次 / 2019年9月第1版　2019年9月第1次印刷
书　　号 / ISBN 978-7-5201-5228-0
定　　价 / 198.00元

本书如有印装质量问题，请与读者服务中心（010-59367028）联系

▲ 版权所有 翻印必究

《贵州蓝皮书·贵州大扶贫战略发展报告（2019）》编委会

编委会主任 慕德贵

副　主　任 徐　静　李　建　杨昌鹏　张　杰　吴大华
　　　　　　　郑云跃

成　　　员 王登发　郑　娟　李德燊　黄剑波　陈康海
　　　　　　　李华红　高　刚　许　峰　谢忠文

主　　　编 郑云跃

执 行 主 编 李华红

副　主　编 王红霞　赵　琴

作　　　者（以文序排列）
　　　　　　　李华红　陈康海　邓小海　王国丽　杨青贵
　　　　　　　韩镇宇　谢忠文　刘杜若　高　刚　王红霞
　　　　　　　张云峰　蔡贞明　罗以洪　甘　露　陆光米
　　　　　　　赵　琴

主要编撰者简介

郑云跃 贵州省社会科学院党委常委、副院长,研究员。长期从事宏观经济、区域经济发展等研究。组织研究起草省第十一次党代会报告、省委"十三五"规划建议等重要文件文稿,组织起草省委主要领导在党的十八大、中央经济工作会以及省委全会、经济工作会、省委中心组学习、省委全面深化改革领导小组会和中央领导同志来黔视察汇报提纲等重要文稿。参与国发〔2012〕2号文件、省第十二次党代会报告调研起草工作。组织开展《支持贵州发展总体思路及综合政策研究》《大数据战略》《开放型后发赶超战略》《推动黔中经济区上升为国家战略》等研究;承担国家社科基金、省社科规划课题研究;编撰《政策学原理》《贵州区域经济发展战略探析》等。担任省委改革办专职副主任期间,主抓改革办日常工作,着力推动中央和省委全面深化改革领导小组重大决策部署、依法治省重要改革举措的落实。

李华红 贵州省社会科学院农村发展研究所副所长、研究员,硕士生导师,贵州省甲秀文化人才。主要从事贫困治理、城镇化与城乡统筹、人本经济、第三方评估等研究。以第一作者在省级以上期刊发表相关学术论文20余篇。主持国家社科基金课题2项、省部级课题4项,其中国家社科基金项目《人口双向流动趋势下西部地区农民政治参与的政策对策研究》获"良好"等次结项;参与完成国家级、省部级课题10余项。主持厅局、地方委托的战略规划课题多项。相关科研成果获贵州省哲学社会科学优秀成果奖二等奖2次(本人序一、序三各1次),获省委、省政府主要领导及其他省级领导肯定性批示近10次。

王红霞 贵州省社会科学院农村发展研究所助理研究员。研究方向为农村经济发展、农村贫困治理。主持省级课题1项、省领导圈示课题3项，参与完成省级、厅级课题及市、县乡村振兴规划编制和其他战略规划多项，出版专著1部，撰写的研究报告获省领导肯定性批示1项，在省级以上公开出版物发表学术论文10余篇。

赵 琴 贵州省社会科学院农村发展研究所助理研究员。研究方向为农村贫困、城镇化、社会融合等。主持省领导圈示课题1项，主持地厅级课题3项，参与省领导圈示课题8项，在《农业经济问题》等核心或省级以上学术刊物发表论文5篇，1项科研成果获省委主要领导肯定性批示。

出版说明

为深入学习贯彻习近平新时代中国特色社会主义思想和习近平总书记对贵州工作的重要指示批示精神，守好发展和生态两条底线，推进大扶贫、大数据、大生态三大战略行动，加快国家大数据综合试验区、国家生态文明试验区、国家内陆开放型经济试验区建设，中共贵州省委宣传部、贵州省社会科学院策划推出贵州实施大扶贫、大数据、大生态三大战略行动蓝皮书。

《贵州大扶贫战略发展报告（2019）》结合贵州实施大扶贫战略行动的具体实践，以专业的角度、专家的视野和多维研究方法，对贵州脱贫攻坚的"4541"决策部署（"四场硬仗、五个专项治理、四个聚焦"，一场振兴农村经济的深刻的"产业革命"）以及农村产业发展、易地扶贫搬迁、党建扶贫、社会扶贫、内生动力培育、扶贫成效评价、治贫与社会发展等方面的问题进行了研究，并提出一些可操作的对策建议，以期为党委政府决策和全省经济社会发展服务。本书也是贵州干部群众和大扶贫学习爱好者了解贵州大扶贫战略行动的重要参考读物。

编　者

2019 年 9 月

摘　要

党的十八大以来，习近平总书记对贵州贫困群众十分牵挂，对贵州脱贫攻坚工作特别关心，并做出系列重要指示，要求贵州尽锐出战、务求精准，确保按时打赢脱贫攻坚战。贵州牢记嘱托、感恩奋进，始终以习近平新时代中国特色社会主义思想为指导，深入实施大扶贫战略行动，以"贫困不除愧对历史、群众不富寝食难安、小康不达誓不罢休"的坚定信念，推动贵州脱贫攻坚取得了重大决定性成就，被誉为全国脱贫攻坚"省级样板"。

《贵州大扶贫战略发展报告（2019）》，分为总报告、产业扶贫篇、易地扶贫搬迁篇、党建与社会扶贫篇、"造血"扶贫篇、治贫与社会发展篇、成效评估与巩固篇、附录等八部分，第一次以蓝皮书的形式全面总结了贵州脱贫攻坚的情况，分析了存在的问题，提出了相应的对策建议。

总报告首先系统分析了贵州脱贫攻坚的现状及农村贫困特点——贫困"人"多；贫困家庭异质性情况多；区域性的整体贫困与局部的插花式贫困交织；局部区域治贫难度大；具有复合性封闭性贫困、资源约束性贫困、社会性贫困等特点。总报告指出，2018年贵州用"4541"（"四场硬仗""五个专项治理""四个聚焦""一场深刻的产业革命"）决策部署向贵州千百年来的绝对贫困发起总攻，不仅取得了显著减贫成效，而且探索形成了一些创新"战法"（实施"文军"扶贫新举措、大数据精准扶贫、"五步工作法"助贫困县退出，以及实施易地扶贫后扶新模式、金融扶贫新模式、教育医疗"组团式"对口帮扶模式、基层党建助脱贫新模式和颁布实施《贵州省精准扶贫标准体系》等）。总报告同时也指出，贵州大扶贫战略行动也面临着七大挑战：产业扶贫带动效应还需提升、"两不愁三保障"问题短板仍存、巩固脱贫成果任务繁重、区域经济脱贫增收支撑能力不足、贫困群众内生动力不足、

"特殊地""特殊人"的脱贫问题较为棘手、扶贫工作机制还需改进等。总报告认为，2019年要进一步提升贵州农村脱贫攻坚质效，还必须做好如下工作，即紧盯严守退出工作"底线"、深推产业革命筑"富"基础、多点突破提振区域经济、开发人力激发致富动能、巩固提升后续帮扶计划、创新机制提升攻坚效率等。总报告对贵州农村扶贫攻坚可能呈现的趋势状况还进行一定的预测：农村产业发展方式出现革命性转变、农村产业革命减贫效应越来越显著、贫困户致富信心越来越足、扶贫开发的社会氛围越来越积极、贫困地区发展基础越来越牢固、脱贫攻坚越来越接近"两个确保"的目标、生态建设促脱贫可持续，以及贫富分化问题值得关注、脱贫户后续发展问题需重视等。

产业扶贫篇主要介绍了贵州纵深推进农村产业革命、壮大农村集体经济如何助促脱贫攻坚、大旅游如何助推大扶贫实践、贵州农村一二三产业如何融合发展等方面的内容。易地扶贫搬迁篇着重就贵州易地扶贫搬迁的状况、成效如何巩固、后续如何扶持等问题进行了研究。党建与社会扶贫篇着重从党建和扶贫互嵌、东西部扶贫协作、民主党派参与毕节试验区脱贫攻坚的角度进行了研究。"造血"扶贫篇着重从扶志扶智、贫困群众内生动力培育等视角进行了系统研究。治贫与社会发展篇着重分析了贵州农村扶贫中的"五对关系"问题、大数据助推贵州精准扶贫问题等。成效评估与巩固篇从第三方考核评估、农民的获得感、脱贫成效巩固的角度对贵州农村扶贫效果进行了研究。

总之，贵州的"大扶贫战略行动"是一种名副其实的大投入、大举措、大行动，真正做到以脱贫攻坚统揽全省经济社会发展全局，其中有些"真招""实招"在全国都具有一定的借鉴性和影响力。本书通过系统梳理、总结相关的特色"战法"（由于篇幅所限，本书只能选取一些对贵州脱贫攻坚最有贡献力的"战法"进行先期性展示），并通过本蓝皮书予以发布，不仅为其他兄弟省市所借鉴和参考，而且为全国总结和推广相关的脱贫攻坚成果也提供了一定的素材和案例，具有极强的社会应用价值和理论参考价值。贵州也将坚定不移地推进大扶贫战略行动，谱写好百姓富生态美的多彩贵州新未来。

关键词： 贵州省　大扶贫战略行动　精准扶贫

Abstract

Since the Eighteenth National Congress of the Communist Party of China, Guizhou has been earnestly implementing President Xi Jinping's directives concerning Guizhou's development and has been deeply conducting the poverty alleviation strategic action by which significant achievements known as "the provincial sample" have been attained.

Covering the general report, sub reports of poverty alleviation by industrial development, the poverty relieving relocation, the Party construction, social forces, and endogenous motivation of poverty-stricken population, sub reports of poverty alleviation governance, social development, assessment and consolidation of poverty alleviation effectiveness as well as appendix, this Blue Book is the first attempt for Guizhou to summarize the situation, problems and suggestions relating to the poverty alleviation.

First of all, the General Report systematically analyzes the present situation of Guizhou's fight for poverty eradication and the characteristics of rural poverty, such as the large number of poor "people", the heterogeneous nature of many poor families, the blend of regional overall poverty in the whole area and scattered poverty in some parts of the area, and the difficulty of poverty alleviation in local areas. The situation is featured with compound poverty in closed area, resource-constrained poverty, social poverty and so on. The General Report points out that in 2018, Guizhou took on the "4541" deployment ("four tough battles", "five special governances", "four focuses" and "one profound industrial revolution") to launch a general attack on the absolute poverty in Guizhou that has lasted for thousands of years. This has not only achieved remarkable results in poverty alleviation, but also found out some innovative "battle skills" through the exploration (such as implementing the new measures of "Cultural Workers" poverty alleviation, the big data targeted poverty alleviation, the "five-step work law" to lift poor counties out of poverty; implementing measures such as new models of relocation poverty alleviation, new modes of financial poverty alleviation, the "organized" counterpart support of education and medical treatment, the poverty party alleviation supported by CPC parties at the grass-root level, and the promulgation and implementation of the Guizhou Province Targeted Poverty Alleviation Standard System). as well as seven challenges faced by the poverty alleviation strategic action in Guizhou, such as insufficiency relating to industrial and regional development as well as motivation of poverty-stricken people to alleviate poverty, difficulties to consolidate achievements, accomplish poverty relieving relocation and solve issues about special regions and groups, as well as the improvement of mechanism for poverty alleviation. It is necessary to deepen the consolidation, industrial revolution, regional development, human resource development and mechanism initiation to improve the effects of poverty alleviation. In the general report, tendency of rural poverty alleviation in Guizhou is predicted: the development pattern of rural industries would experience a revolutionary transformation; the effects of industrial revolution, regional developments, and ecological construction to alleviate poverty would be amplified; poverty alleviation goals of 'Two Guarantees' are almost accomplished; the confidence of poverty-stricken families to become rich would be enhanced, while the gap between poor and rich as well as the follow-up development should be paid more attention to.

Sub reports of poverty alleviation by industrial developments introduce findings of the methods for poverty alleviation and rural revitalization by rural industrial revolution and rural collective economy, tourism and integration of the three industries. Sub reports of poverty relieving relocation introduce the situation, consolidation and follow-up suggestions related. Sub reports of poverty alleviation by the Party building and social forces introduce findings for poverty alleviation by the Party construction, the East-West cooperation, the participation of Democratic Parties in Pilot Bijie zone. Sub reports of the motivation of poverty-stricken population introduce findings relating education, the enhancement of poor people's confidence and cultivation of endogenous forces. Sub reports of poverty alleviation and social developments introduce findings relating the "five relationships" in rural

Abstract

poverty alleviation, and the big data industry. Sub reports of the assessment and consolidation of poverty alleviation effects introduce findings relating the assessment by the third-party, attainments of rural people and consolidation of anti-poverty achievements.

In general, being referential and influential, the strategic action on poverty alleviation plays the leading role in social and economic development ofGuizhou. Methods and experiences related are summarized in this Blue Book (which only includes the most contributing methods and experiences due to the limitation on space). Guizhou would unswervingly promote the poverty alleviation strategic action to step towards the great future.

Keywords: Guizhou; the poverty alleviation strategic action; Targeted poverty alleviation

目　录

Ⅰ 总报告

B.1 贵州大扶贫战略行动发展状况与2018～2019年形势预测
　　　………………………………………………………… 李华红 / 001
　　一　贵州脱贫攻坚现状及农村贫困特点 …………………… / 002
　　二　贵州大扶贫战略行动的背景及"顶层设计" …………… / 007
　　三　贵州大扶贫战略行动的实践举措 ……………………… / 010
　　四　贵州大扶贫战略行动的实践创新 ……………………… / 020
　　五　贵州大扶贫战略行动的实践成效 ……………………… / 026
　　六　贵州大扶贫战略行动的实践经验 ……………………… / 029
　　七　贵州脱贫攻坚存在的典型性问题 ……………………… / 035
　　八　进一步推进贵州大扶贫战略行动的对策建议 ………… / 039
　　九　结语：趋势与展望 ……………………………………… / 042

Ⅱ 产业扶贫篇

B.2 贵州推进农村产业革命、壮大集体经济助促脱贫
　　　攻坚研究 …………………………………………… 陈康海 / 047
B.3 贵州大旅游助推大扶贫实践研究 ………………… 邓小海 / 069

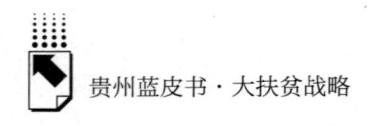

B.4 贵州农村一二三产业融合发展促进产业扶贫研究……… 王国丽 / 084

Ⅲ 易地扶贫搬迁篇

B.5 贵州省易地扶贫搬迁实践研究……… 杨青贵 李华红 王红霞 / 096
B.6 贵州省易地扶贫搬迁成效巩固研究……………… 韩镇宇 / 112

Ⅳ 党建与社会扶贫篇

B.7 以党建和扶贫互嵌为策略的贵州党建扶贫实践研究…… 谢忠文 / 135
B.8 贵州东西部扶贫协作发展问题研究………………… 刘杜若 / 152
B.9 民主党派参与毕节试验区脱贫攻坚研究
……………………… 中共贵州省委党校第六期党外中青班 / 172

Ⅴ 扶志扶智篇

B.10 贵州省"扶志+扶智"助力精准扶贫的实践探索 …… 王红霞 / 184
B.11 贵州省贫困群众内生动力培育研究………………… 张云峰 / 202

Ⅵ 治贫与社会发展篇

B.12 贵州农村扶贫中的"五对关系"研究……………… 蔡贞明 / 219
B.13 大数据助推贵州精准扶贫研究……………………… 罗以洪 / 238

Ⅶ 成效评估与巩固篇

B.14 贵州省脱贫攻坚退出工作第三方调研评估报告
——以拟退出的W县为例……………… 甘 露 李华红 / 250

B.15 精准扶贫中贵州农民的获得感比较研究 …………… 陆光米 / 266

B.16 贵州"摘帽县"脱贫成效巩固研究 ……………… 赵　琴 / 288

Ⅷ　附录

B.17 贵州省大扶贫条例 ………………………………………… / 306

CONTENTS

I General Report

B.1 The Strategic Actions and Development of Guizhou Province's
Great Poverty Eradication Initiative and Trend Forecast of 2018-2019
Li Huahong / 001

    1. Current Development of Poverty Alleviation and Characteristics of Rural Poverty in Guizhou / 002

    2. The Background & "Top-Level Design" of the Strategic Actions of Guizhou Province's Great Poverty Alleviation Initiative / 007

    3. Actions and Measures taken in Guizhou Province's Great Poverty Alleviation Initiative / 010

    4. Innovations practiced in Guizhou's Great Poverty Alleviation Initiative / 020

    5. Results Achieved in Guizhou's Great Poverty Alleviation Initiative / 026

    6. Experienced gained in Guizhou's Great Poverty Alleviation Initiative / 029

    7. Typical Issues presented in Guizhou's Great Poverty Alleviation Actions / 035

    8. Advice and Solutions to further the Actions in Guizhou's Poverty Alleviation / 039

    9. Trends and Prospects / 042

CONTENTS

II Sub Reports of the Poverty Alleviation Through the Industrial Development

B.2 Research on the Poverty Alleviation and the Rural Revitalization by Rural Industrial Revolution and Rural Collective Economy
Chen Kanghai / 047

B.3 Research on the Poverty Alleviation Through Tourism in Guizhou
Deng Xiaohai / 069

B.4 Research on the Rural Revitalization Through the Integration of the Three Industries in Rural Guizhou *Wang Guoli* / 084

III Sub Reports of the Poverty Relieving Relocation

B.5 Progress and Outlook About the Poverty Relieving Relocation in Guizhou *Yang Qinggui, Li Huahong and Wang Hongxia* / 096

B.6 Reserach on the Consolidation of the Poverty Relieving Relocation in Guizhou *Han Zhenyu* / 112

IV Sub Reports of the Poverty Alleviation by the Party Construction and Social Forces

B.7 Research on the Poverty Alleviation by the Party Construction in Guizhou: Based on the Subjects Construction, Mobilization and Reengineering
Xie Zhongwen / 135

B.8 Research on the Poverty Alleviation in Guizhou Through the East-West Cooperation of China *Liu Duruo* / 152

B.9 Research on the Poverty Alleviation by Participation of Democratic Parties in Pilot Bijie Zone
The Sixth Round Party School of Young and mid-aged non-Party People of Guizhou Provincial Party Committee / 172

V Sub Reports of the Enhancement of Confidence and Education of Poverty-stricken People

B.10　Research on the Targeted Poverty Alleviation Through the Enhancement Of Confidence and Education for Poverty-stricken People in Guizhou　*Wang Hongxia* / 184

B.11　Research on the Cultivation of Endogenous Forces of Poverty-stricken People in Guizhou　*Zhang Yunfeng* / 202

VI Sub Reports of the Poverty Alleviation and Social Developments

B.12　Isssues Relating to the "Five Relationships" in Rural Poverty Alleviation in Guizhou　*Cai Zhenming* / 219

B.13　Research on the Targeted Poverty Alleviation by the big Data Industry　*Luo Yihong* / 238

VII Sub Reports of the Assessments and Consolidation of Poverty Alleviation Effects

B.14　Report on the Third-party Investigation and Assessment on the Withdrawal From Poverty: Evidence from the W County　*Gan Lu, Li Huahong* / 250

B.15　Research on the Attainments of Rural People by the Targeted Poverty　*Lu Guangmi* / 266

B.16　Research on the Effects Consolidation of the Withdrawal from Poverty by Counties Related in Guizhou　*Zhao Qin* / 288

VIII Appendix

B.17　Regulations of Poverty Alleviation in Guizhou　/ 306

总报告

General Report

B.1
贵州大扶贫战略行动发展状况与 2018~2019年形势预测

李华红*

摘　要： 2015年，贵州正式提出要实施"大扶贫战略行动"。贵州农村的贫困特点是：贫困"人"多、贫困度深；贫困家庭异质性情况多；区域性的整体贫困与局部的插花式贫困交织；局部区域治贫难度大；具有复合性封闭性贫困、资源约束性贫困、社会性贫困等特点。2018年贵州用"4541"决策部署决战脱贫攻坚，不仅取得了显著减贫成效，而且探索形成了一些创新"战法"（实施"文军"扶贫新举措、大数据精准扶贫、"五步工作法"助贫困县退出，以及实施易地扶贫后扶

---

* 李华红，贵州省社会科学院农村发展研究所副所长、研究员，研究方向：贫困与反贫困问题、第三方评估、新经济问题等。　感谢吴大华研究员、戴斌武处长、郑娟处长等专家提出的宝贵意见。

新模式、金融扶贫新模式、教育医疗"组团式"对口帮扶模式、基层党建助脱贫新模式和颁布实施《贵州省精准扶贫标准体系》等)。进一步提升贵州农村脱贫攻坚质效,亟待开展相关工作,即严守退出工作"底线"、纵深推进农村产业革命、振兴区域经济、激发"人"的致富动能、巩固提升后续帮扶计划、创新扶贫工作机制等。贵州农村的扶贫可能会呈现出新趋势:农村产业发展方式出现革命性转变、产业革命减贫效应越来越显著、贫困户致富信心越来越足、扶贫开发的社会氛围越来越积极、贫困地区发展基础越来越牢固、脱贫攻坚越来越接近"两个确保"的目标、生态建设促脱贫可持续,以及贫富分化问题值得关注、脱贫户后续发展问题需重视等。

关键词: 贵州　大扶贫战略行动　扶贫成效

党的十八大以来,贵州全省上下认真落实党中央、国务院关于脱贫攻坚的决策部署,坚持以"大扶贫战略行动"统揽经济社会发展全局,以"贫困不除愧对历史、群众不富寝食难安、小康不达誓不罢休"的坚定信念,推动贵州全省脱贫攻坚取得重大决定性成就,广大农民收入持续稳定增加,贫困乡村发生翻天覆地变化,群众获得感大幅提高,贵州也因此被誉为全国脱贫攻坚"省级样板"。[①]

一　贵州脱贫攻坚现状及农村贫困特点

2011 年时,贵州省共有贫困村 13973 个,占全省行政村总数(17583个)的 79.5%。若以县域为单位划分,贵州全省 88 个县(市区)中 83 个

---

① 以下所用的相关资料和数据均来自贵州省扶贫开发办公室。

县都有扶贫开发任务,其中新阶段扶贫开发工作重点县50个,占全省县(市区)总数的56.8%,占全国扶贫开发重点县总数(592个)的8.4%。贵州当年有农村贫困人口1149万人,也是全国唯一一个贫困人口超过1100万的省份(贫困人口超过1000万的另一个省是云南、为1014万人),其贫困人口数占全国农村贫困人口总数的9.39%;贫困发生率为33.4%,较全国农村同期12.7%的平均发生率高20.7个百分点。

截至2017年底,贵州仍有建档立卡贫困人口280万人,占全国农村贫困人口2840万的9.86%,占西部地区农村贫困人口1707万的16.4%,其贫困人口总数仅次于云南省的332万人,是当前全国贫困人口第二多的省份;全省贫困发生率为7.75%,高于全国3.3%的平均水平4.45个百分点;贵州省仍有深度贫困村5281个。2018年以前,虽有赤水、湄潭、桐梓等15个县(市区)相继退出贫困县行列,但仍有50个贫困县尚需"摘帽"。由此可见,贵州农村的贫困面广、贫困人口多,仍是全国扶贫攻坚的主战场,并呈现出显著特点。

(一)复合性封闭性贫困特点突出

这里的复合性贫困有如下涵义,"一是指贵州农村贫困的成因是复杂的,即很难用某一种理论或某一种'致因'来认识或解读其贫困的'全貌'。二是指贵州农村贫困类型的复杂多样。正因'致因'的错综复杂,贫困就可被划分为绝对贫困与相对贫困、能力约束性贫困与资源约束性贫困、生产性贫困和社会性贫困以及知识贫困、信息贫困等类型"[1]。

这里的封闭性贫困有三重涵义:一是指贵州农村自然地理的相对封闭。二是指贫困户思想封闭。囿于长期自然地理的封闭,相当多的农户尤其是贫困户的思想较为封闭,突出表征为诸如"等、靠、要"的依赖思想、得过且过的安逸求稳思想以及怕吃亏的自利思想等。三是市场封闭亦即贫困村市

---

[1] 李华红:《贵州农村贫困现状观察及精准扶贫研究——基于扶贫成效第三方评估视角》,《新西部》2018年第2~3期,第79页。

场化程度较低。很多农户家庭的农业生产基本上只够维持自己的消费需求而很少有"剩余",即使有些专门种植的经济作物有所谓的"剩余",但由于规模有限以及市场体制机制的不健全,农业商品率依然较低。

(二)贫困家庭异质性情况多

在贵州农村,贫困人口的综合素质整体较低,主要表现为:一是受教育程度低。据我们团队的调研①,受访贫困户中有23.33%的户主的文化水平属文盲或半文盲,58.33%的户主只有小学文化水平,仅有18.33%的户主是初中文化水平。二是无一技之长。三是社会交往能力不强。很多贫困户常年的交际圈、生活圈半径在1~2公里范围,甚至一辈子未下过山者也大有人在,再加上由于不会讲普通话所致的语言障碍也无形影响了其交际能力提升、交往范围的扩大。四是市场适应能力差。很多贫困户市场意识不足,只知道死守自己的"一亩三分地"而"埋头苦干",却不知"交易""增殖""扩大再生产"等概念,自给自足特点突出。能力稍强者市场意识较强且多"从商",但"从商"中又面临自身经营管理能力不强、市场研判能力不足以及抗风险能力弱等方面问题,多少患有"市场不适应症"。

异质情况家庭是指家庭成员中有残疾或伤残者、精神病患者、长期慢性病患者以及未成年子女多等情况的家庭。团队调研数据显示,受访贫困户中,有26.4%的家庭有残疾患者、9.1%的家庭有重病患者、40.0%的家庭有慢性病患者,仅有30.9%的贫困户家庭无以上三种"病患"情况。在相关保障制度还不太健全的情况下,异质情况家庭一般易陷入贫困甚至是深度贫困、慢性贫困状态,而一般情况家庭虽也有贫困,但贫困发生率、贫困程度都相对较轻,脱贫的渠道、机会也相对较多。②

---

① 我们团队在贵州省T县共调查了1087户农户家庭,其中贫困户110户、脱贫户247户、非贫困户730户。相关数据由团队成员赵琴助理研究员统计得出,下同。
② 李华红:《贵州农村贫困现状观察及精准扶贫研究——基于扶贫成效第三方评估视角》,《新西部》2018年第2~3期,第79页。

(三)社会性贫困问题若隐若现

近年来,贵州农村水、电、路、讯等设施建设虽然取得了较大成绩,但由于历史欠账较多,建设状况与其经济社会发展要求还有较大差距。如仍有些村民组还没有通路,已修通的道路质量等级也不高等;水利设施虽已得到显著改善,但仍有部分农村的排洪沟渠问题因缺资金而未得到有效解决。电力和通讯设施也较落后,目前还有很多村通讯不畅。如到2017年底,贵州13436个行政村中仅有8707个村接通有线电视(占比64.8%)、11816个村通宽带(占比87.9%)。在公共服务方面,贵州农村地区相关的教育、文化、卫生、体育等软硬件建设也较滞后。在市场体系建设方面,金融、技术、信息等高端市场体系建设严重滞后,整个产品要素交换和对外开放程度都较低,物流成本非常高。毋庸置疑,此类客观"实情"都会无形影响贫困地区、贫困户自我发展能力的提高,进而影响其增收脱贫。

(四)资源约束性贫困特点明显

贵州农村地貌复杂、海拔落差大,山高谷深,形成了复杂的自然生态和生产环境,增加了开发利用的复杂性和艰难性。特别是受长期以来自然生态系统恶性循环的自我演化作用(自然条件严酷→植被稀少→水土流失→贫穷落后→加速开垦砍伐→植被稀少)的影响,贵州农村经济发展与生态保护矛盾更加尖锐化,产业结构调整受生态环境制约大。

(五)区域性的整体贫困与局部的插花式贫困交织

区域性的整体贫困是指贵州农村的贫困"点"呈现出集中连片的特点。2011年,中共中央、国务院印发的《中国农村扶贫开发纲要(2011~2020年)》划定了11个集中连片特殊困难地区,共含505个县,其中贵州有65个县纳入片区,占全国总数的12.9%、占全省县(市区)总数的73.9%。具体来说,贵州扶贫攻坚的主战场即为"三片六区"(武陵山片区、乌蒙山片区、滇黔桂石漠化片区,麻山、瑶山、雷公山、月亮山、大娄山、乌蒙山)。可见,贵州农村的贫困区具有很明显的地理集群性特征，这预示着其脱贫难度极大。

局部的插花式贫困至少有这样几层意思：一是从全省范围看，某些非贫困县本身就属于插花式分布，而这些非贫困县内的贫困村、贫困户即贫困"点"就更加呈插花状分布；二是贫困县内的某些非贫困村，同样也存在一些贫困户，看起来呈插花状分布；三是贫困县、贫困村内的大量贫困户，也不是挨家挨户、整齐划一地集中在一起，而是呈插花状分布于全村范围内。随着脱贫攻坚力度的进一步加大，这种插花式分布可能越来越典型和突出。这也就意味着，治理插花状贫困需要我们炼就一副"火眼金睛"、时刻"准"字当头——精准定位、精准聚焦、精准施策、精准扶贫。

（六）各地减贫脱贫进度不一，局部区域治贫难度加大

从脱贫人口的绝对数来看，2018年贵州9个市（州）中脱贫人口超过30万人的有毕节市（36.90万人）、黔东南州（30.51万人），超过20万人但不足30万人的有黔南州（21.15万人），超过10万人但不足20万人的有铜仁市（16.65万人）、安顺市（10.88万人）、六盘水市（10.82万人）、遵义市（10.53万人）、黔西南州（10.53万人）等（见表1）。从贫困发生率下降的幅度来看，贫困发生率下降超过7个百分点的仅有黔东南州（7.46%），超过6个百分点但不到7个百分点的有黔南州（6.06%），下降幅度在4个百分点至5个百分点的有毕节市（4.53%）、铜仁市（4.42%）、安顺市（4.39%）、六盘水市（4.25%），下降幅度在4个百分点以下的有黔西南州（3.33%）、遵义市（1.61%）、贵阳市（0.08%）。

表1　2018年贵州各市州脱贫情况比较

各市州	农村贫困人口（万人）	农村贫困发生率（%）	脱贫人口（万人）	贫困发生率比上年下降（百分点）
全　国	1660	1.7	1386	1.4
全　省	155.12	4.3	148.14	3.5
贵阳市	1.36	0.70	0.15	0.08
六盘水市	9.51	3.74	10.82	4.25

续表

各市州	农村贫困人口（万人）	农村贫困发生率（%）	脱贫人口（万人）	贫困发生率比上年下降（百分点）
遵义市	13.22	2.02	10.53	1.61
铜仁市	16.56	4.40	16.65	4.42
黔西南州	15.86	5.02	10.53	3.33
黔东南州	28.60	7.00	30.51	7.46
黔南州	16.26	4.65	21.15	6.06
安顺市	9.24	3.73	10.88	4.39
毕节市	44.41	5.45	36.90	4.53

资料来源：《贵州领导干部手册（2019）》。

同时，由于特殊自然地理环境的影响，贵州农村某些局部区域的治贫难度大大超出其他地方，正成为脱贫攻坚最难啃的"硬骨头"。最典型的"硬骨头"即所认定的 16 个深度贫困县、20 个极贫乡镇和 2760 个深度贫困村[1]，尤其 20 个极贫乡镇乃贫中之贫、困中之困，也是贵州脱贫攻坚战中任务最重的"决战点"。

二 贵州大扶贫战略行动的背景及"顶层设计"

（一）"大扶贫战略行动"的提出背景

为做好脱贫攻坚工作，2015 年贵州省委十一届六次全会明确提出"'十三五'期间要突出抓好'大扶贫战略行动'"，并强调"推进大扶贫战略行动，核心要义是在党的领导下，强化全力扶贫、全面扶贫的大格局，动员方

---

[1] 相关深度贫困县是：望谟县、册亨县、晴隆县、剑河县、榕江县、从江县、紫云县、纳雍县、赫章县、威宁县、沿河县、水城县、三都县、正安县、罗甸县、锦屏县。20 个极贫乡镇（按脱贫攻坚由难到易程度排序）是：威宁县石门乡、晴隆县三宝乡、从江县加勉乡、赫章县河镇乡、望谟县郊纳镇、黄平县谷陇镇、册亨县双江镇、贞丰县鲁容乡、镇宁县简嘎乡、纳雍县董地乡、德江县桶井乡、盘县保基乡、榕江县定威乡、平塘县大塘镇、雷山县大塘镇、紫云县大营镇、水城县营盘乡、长顺县代化镇、石阡县国荣乡、务川县石朝乡。

方面面的力量，坚决打赢科学治贫、精准扶贫、有效脱贫这场输不起的攻坚战"。2015年12月4日，贵州省委印发《关于落实大扶贫战略行动坚决打赢脱贫攻坚战的意见》，这意味着"大扶贫战略行动"正式进入实施阶段。具体就是要做到：坚持精准扶贫精准脱贫基本方略，坚持省负总责、市县抓落实的管理体制，坚持把脱贫攻坚作为头等大事和第一民生工程，以脱贫攻坚统揽经济社会发展全局，坚持大扶贫工作格局，聚焦深度贫困地区和特殊贫困群体，突出问题导向，着力激发贫困人口内生动力，认真落实"六个精准""五个一批"脱贫措施，持续打好脱贫攻坚"四场硬仗"，用好"五步工作法"，深入推进振兴农村经济的深刻的产业革命，最终取得脱贫攻坚战的全胜。

（二）贵州大扶贫战略行动的"顶层设计"

1. 建立完善攻坚指挥体系

逐级成立由党委、政府主要负责同志任组长的双组长制扶贫开发领导小组。各级成立由政府分管领导任指挥长的易地扶贫搬迁工程建设指挥部，增加省市县三级党委专职副书记作为易地扶贫搬迁指挥部指挥长。明确省、市两级扶贫部门和易地扶贫搬迁部门主要负责人同时担任同级党委副秘书长，县级易地扶贫搬迁部门主要负责人由县委常委或副县长兼任，县级扶贫部门主要负责人担任县委或县政府办副主任，全面加强对扶贫开发工作的领导和协调。

2. 建立脱贫攻坚责任体系

坚持省负总责、市县抓落实的工作机制，强化党政一把手负总责的责任制，层层签订脱贫攻坚责任书，立下军令状，层层传导压力，压紧压实党委主责、政府主抓、干部主帮、基层主推、社会主扶以及省领导包县、市领导包乡、县领导包村、乡镇领导包户、党员干部包人"五主五包"责任链任务链。每年选派5万多名干部组成1万多个驻村工作组开展党建扶贫。选优配强村级领导班子，抓好村党组织带头人队伍建设。

3. 建立完善精准扶贫体系

省级层面，贵州精准扶贫体系建设主要包括三个方面。一是实施精准扶贫的"六个到村到户"[①]。二是实施精准扶贫"33668"扶贫攻坚行动计划。贵州围绕"33668"扶贫攻坚行动计划，从精准考核、社会动员、财政资金使用、小额信贷等方面出台6个配套政策文件。[②] 三是实施打赢脱贫攻坚战"十项行动"。[③] 在县乡村层面，着力完善"六个精准"扶贫工作机制。

4. 建立脱贫攻坚投入体系

坚持政府投入的主体和主导作用，增加金融对脱贫攻坚的投放。发挥财政资金引导杠杆作用，为贫困户提供"5万元以下、3年以内、免抵押免担保、基准利率放贷、财政扶贫资金贴息、县建风险补偿金"的扶贫小额信贷，产生深远积极影响。扶贫再贷款实行比支农再贷款更优惠的利率，重点支持带动贫困人口脱贫的企业和农民合作组织等。

5. 建立完善工作监督体系

制定脱贫攻坚工作督查实施办法，脱贫攻坚问责暂行办法，组织退休省级老领导开展脱贫攻坚督导检查。积极配合民主党派中央开展脱贫攻坚民主监督和国家组织开展的督查工作。在全国率先开展"护民生、促脱贫"监督执纪问责专项行动，组成1458个民生监督组对全省基层扶贫工作进行动态跟踪监督、及时纠偏处理。鼓励支持"第三方"机构监督。对监督检查发现的问题，及时督促整改，涉及违规违纪的，严肃问责处理。2015年11月13日，在全国率先开通省政府"扶贫专线"，2017年升格为省委、省政府"扶贫专线"，安排专人24小时值守，公开接受社会各界的监督。

---

① "六个到村到户"是指结对帮扶到村到户、产业扶持到村到户、教育培训到村到户、危房改造到村到户、生态移民到村到户、基础设施到村到户。
② 黄承伟、叶韬：《脱贫攻坚省级样板——贵州精准扶贫精准脱贫模式研究》，社会科学文献出版社，2016，第21页。
③ "十项行动"是指基础设施建设扶贫行动、产业就业扶贫行动、扶贫生态移民行动、教育扶贫行动、医疗健康扶贫行动、财政金融扶贫行动、社会保障兜底扶贫行动、社会力量包干扶贫行动、特困地区特困群体扶贫行动、党建扶贫行动。

6. 建立督查考核奖惩体系

省委、省政府出台脱贫攻坚督查办法、扶贫开发工作成效考核办法、脱贫攻坚问责办法，建立全省脱贫攻坚大督导、脱贫攻坚约谈等制度。

7. 建立脱贫攻坚激励体系

省委、省政府设立"扶贫荣誉"制度，每年表彰一批脱贫攻坚先进典型。动员国有企业、民营企业、社会组织和个人参与脱贫攻坚，汇聚各行各业百余名"贵州脱贫攻坚群英谱"。

三 贵州大扶贫战略行动的实践举措

2018年6月召开的贵州省委十二届三次全会，主要任务就是研究部署脱贫攻坚工作，强调要以习近平新时代中国特色社会主义思想为指导，用"4541"决策部署向贵州千百年来的绝对贫困发起总攻。第一个"4"是指脱贫攻坚"四场硬仗"，即指打好以农村"组组通"硬化路为重点的基础设施建设硬仗、易地扶贫搬迁硬仗、产业扶贫硬仗、教育医疗住房"三保障"硬仗。同时，全面解决农村人口饮水安全问题。第二个"5"是指"五个专项治理"，即贫困人口漏评错评专项治理、贫困人口错退专项治理、农村危房改造不到位专项治理、扶贫资金使用不规范专项治理、扶贫领域腐败和不正之风专项治理。第三个"4"是指实施"四个聚焦"，即扶贫资金向深度贫困地区聚焦、东西部扶贫协作向深度贫困地区聚焦、基础设施建设向深度贫困地区聚焦、帮扶力量向深度贫困地区聚焦。最后一个"1"，是指深入推进一场振兴农村经济的深刻的产业革命。

（一）坚决打好"四场硬仗"

1. 打好农村基础设施建设硬仗

一是农村"组组通"硬化路三年大决战取得显著成效。贵州在西部地区不仅率先实现了100%建制村通沥青（水泥）路和通客运班车即"乡乡通""村村通"，且按照30户以上自然村寨"搬不了就通"的原则还开展了

"组组通"建设。截至2018年底,"组组通"硬化路累计建成7.75万公里,沿线受益群众达1190万余人。到2019年底有望实现30户以上自然村寨100%通硬化公路,彻底结束贵州交通不便的历史。实施贫困地区县乡以上道路提级改造,共筹集资金97亿元,改造2027公里,特别是对极贫乡镇连接高速公路或县城的道路实施二级公路改造,有效提升了贫困地区发展的交通支撑能力。二是大力开展农村人居环境整治三年行动,有力有效改善农村基本生产生活条件。

2. 打好易地扶贫搬迁硬仗

全面推广坚持省级统贷统还、坚持自然村寨整体搬迁为主、坚持城镇化集中安置、坚持以县为单位集中建设、坚持不让贫困户因搬迁而负债、坚持以产定搬以岗定搬"六个坚持"举措,完善社区管理和后续服务,促进搬迁群众的社会融合和稳定,同步开展对搬迁群众的全员培训,落实以就业为核心的生计保障和后续扶持"五个三"工作。贵州省"十三五"规划实施易地扶贫搬迁188万人,其中建档立卡贫困人口150万。同时,针对易地搬迁后期扶持和社区管理,着力构建基本公共服务、培训和就业服务、文化服务、社区治理、基层党建"五大体系",确保了搬迁群众搬得出、稳得住、能致富。

3. 打好产业扶贫硬仗

坚持把产业扶贫作为脱贫攻坚的主要途径和长久之策,以产业规划项目、春耕物资、利益联结机制、产销衔接机制、专家技术服务团队"五个到村到户到人"为抓手,深入实施贫困地区特色产业提升工程,延伸生态产业链,扩大产业项目对贫困户的覆盖面。积极推动农村资源变资产、资金变股金、农民变股东"三变"改革,落实农户在产业链、利益链、价值链环节的份额,多渠道增加贫困户收入;推进农村集体产权制度改革,发展壮大村集体经济。将产业扶贫纳入贫困县扶贫成效考核和党政一把手离任审计,引导各地发展长期稳定的脱贫产业项目。

第一,推动优势特色产业扶贫。在全省组织开展振兴农村经济的深刻产业革命,大力发展茶叶、中药材、生态家禽等12大特色优势产业,确保每个县有1~3个主导产业,每个乡镇有1个特色种类,每个村有1个优势品种。到2018年底，全省调减玉米种植面积785.19万亩，替代种植特色优势类经济作物667万亩。全省蔬菜种植2040万亩（次），同比增长20.9%；食用菌种植20.3万亩，同比增长91.5%；水果面积746万亩，同比增长25.6%；中药材面积684万亩，同比增长18.1%；投产茶园面积561万亩，同比增长6.5%。茶叶、辣椒、火龙果种植规模居全国第一位，马铃薯种植规模位居全国第二。生态畜牧业加快发展，肉类总产量211万吨，同比增长1.65%；生态家禽出栏2.1亿羽、禽蛋产量29.2万吨，同比分别增长42.9%、23.7%。实现100%的贫困村建立农民专业合作社，100%的贫困人口参加专业合作社，100%的专业合作社实现技术指导。积极推进农校、农超等"菜单式"产销对接，减少农产品流通中间环节，降低农产品流通成本。

第二，大力推进电商产业扶贫。截至2018年底，建设电商示范县共有79个，其中国家级示范县70个，省级示范县9个；建立县级电商运营中心49个，电商服务站点10220个，覆盖带动10万余贫困人口；农产品上行比例为39%、贫困户因电商累计增收7017.63万元。

第三，大力建设冷链物流运输体系。到2018年底，全省不断加大冷链物流运输体系建设力度，实现市州冷链物流中心全覆盖，冷库库容达到75万吨，冷链运输车辆达到700台，有效保障了全省农产品的流通销售。

第四，大力推进旅游产业扶贫。贵州在全国率先开展旅游资源大普查，新发现5万多个旅游景点，76个县发现温泉资源，大力实施旅游项目建设扶贫工程、景区带动扶贫工程、旅游资源开发扶贫工程等九个旅游扶贫工程。截至2018年底，开展乡村旅游扶贫的村寨超过3000个，实现休闲农业和乡村旅游主营业务收入90亿元，带动贫困户32.4万户107.66万人增收。

第五，加大新型农业经营主体培育。至2018年底，累计培育省级以上农业龙头企业952家，农民专业合作社6.7万个。

第六，健全利益联结机制。全面推广"龙头企业+合作社+贫困农户"模式和"塘约经验"，推行"村社合一"，引导所有贫困户加入合作社，明确财政专项扶贫资金的60%用于产业扶贫，到县扶贫资金入股或资产收益扶贫项目贫困户分红比例必须高于70%，让贫困户从产业发展中分享更多收益。

4. 打好教育医疗住房"三保障"硬仗

教育方面，2018年全省继续压缩6%的行政经费用于教育扶贫，推进教育保障"五个全覆盖"，即实现对农村困难家庭学生资助从学前教育到研究生阶段全覆盖、对全省所有农村中小学义务教育学生营养改善全覆盖、对66个贫困县农村学前教育儿童营养改善全覆盖、对建档立卡贫困劳动力就业培训全覆盖、对农村50岁以上妇女文盲脱盲再教育全覆盖。强化控辍保学责任制，防止义务教育学生因贫失学辍学。省级财政补助贫困地区4.11亿元，对低于当地公务员平均工资收入水平的中小学教师按人均2000元调增超绩效工资。全省学校食堂累计采购贫困地区农产品48.27万吨，覆盖贫困人口10.9万户42万余人。

医疗方面，深入实施健康扶贫工程，深化健康医疗保障制度，让全省所有贫困群众看得起病。贫困人口实现基本医疗保险、大病保险、医疗救助全覆盖。组织万余名医务人员在全省66个贫困县开展义诊巡诊，在全国率先实现省市县乡远程医疗全覆盖。公立医疗机构食堂采购本省贫困地区农产品占医疗机构食堂采购农产品总量的60%以上。

住房方面，全力推进建档立卡贫困户住房安全评定全覆盖和农村老旧房透风漏雨整治排查全覆盖。

此外，就业创业扶贫方面：建立劳务公司566个、就业扶贫示范基地488个、就业扶贫车间411个、劳务协作工作站131个，设立公益性岗位安置贫困劳动力1.56万人。开展贫困劳动力培训46.57万人，培训后实现就业创业30.63万人。生态扶贫方面：扎实开展石漠化综合治理和退耕还林任务，积极推进全省单株碳汇扶贫试点工作。实施林业工程项目，使16万多贫困劳动力人均获得劳务报酬近2000元。争取国家新增贵州生态护林员指标1万名，累计达到3.95万人，带动近12万贫困人口实现稳定脱贫。

（二）"五个专项治理"确保真扶贫、扶真贫

省委、省政府高度重视国家对贵州扶贫开发工作成效考核反馈问题和中央第四巡视组巡视脱贫攻坚反馈问题整改工作，省委、省政府主要领导亲自

挂帅、亲自推动，多次召开省委常委会、省政府常务会专题听取汇报和研究部署。

1. 着力抓好贫困人口漏评错评专项治理

漏评重点排查建档立卡系统外的农村低保户、危房户、大病患者家庭、重度残疾人家庭、适龄九年制义务教育阶段辍学学生家庭、老人户、居住偏远农户等"七类特定群体"，错评重点排查纳入建档立卡系统但识别登记之前有小轿车、有商品房、有国家公职人员、有工商注册登记的"四有人员"。专项治理评估验收结果显示，漏评率0.8%，错评率0.35%，贫困人口识别准确率进一步提高。

2. 着力抓好贫困人口错退专项治理

重点排查建档立卡系统内脱贫退出的农村危房户、易地扶贫搬迁户、九年制义务教育阶段辍学学生家庭、大病患者家庭等"四类重点对象"。坚决纠正算账脱贫、易地扶贫搬迁未搬先退、危房改造未改先退、教育医疗未保障退出、兜底人口未实现"两不愁三保障"等错退现象。专项治理评估验收结果显示，错退率0.74%，低于全国2017年错退率1.17%的平均水平，贫困人口退出准确率进一步提高。

3. 着力抓好农村危房改造不到位专项治理

严把农村危房改造"入口关"和"出口关"，对纳入4类重点对象的农村住房必须进行住房危险性认定，对4类重点对象脱贫退出必须对其住房安全性进行评定。核减重复享受危改政策、不属于4类重点对象约1.3万户。完善全省农村危房改造信息系统，督促各地对农村危房改造人员名单无身份证号码、身份证号码重复等基础数据进行整改，成为全国首个与国家农危房信息系统数据同步的省份。农村老旧住房排查出30.04万户，并按照各地脱贫出列时序，同步开展整治工作。通过专项治理，危房改造不到位473个问题全部完成整改，交叉验收治理成效达96%。

4. 着力抓好扶贫资金使用不规范专项治理

积极开展闲置扶贫资金专项清理和治理工作，全省共清理闲置扶贫资金16.58亿元，对闲置两年以上的，由财政收回重新安排，闲置一年以上两年以内的，由县重新调整安排项目。进一步规范贫困县统筹整合使用财政涉农资金，对66个贫困县2018年财政涉农资金整合实施方案逐一审核把关并反馈审核意见。抓好项目库建设，加快项目实施进度，加快项目竣工和决算，加快资金拨付和报账，提高资金使用效益。严格执行扶贫资金项目公告公示制度，接受群众和社会监督。

5. 着力抓好扶贫领域腐败和不正之风专项治理

强化建章立制，制定《贵州省开展扶贫领域作风问题专项治理工作实施方案》《关于进一步加强扶贫领域腐败和不正之风专项治理工作的通知》等，为扶贫领域腐败和作风问题专项治理提供行动遵循。按照"见人、见项目、见资金"的要求，围绕打好"四场硬仗"实施专项监察，将农村"组组通"硬化路项目建设、农村贫困人口大病专项救治和城乡医疗救助列为2018年全省统一开展专项监察项目。深化扶贫领域巡视巡察，实现对全部66个贫困县以及与脱贫攻坚联系紧密的相关职能部门巡视全覆盖，并开展脱贫攻坚"回头看"专项巡视。

（三）实施"四个聚焦"攻克深度贫困堡垒

全省全力实施扶贫资金、东西部扶贫协作、基础设施建设、帮扶力量向深度贫困地区"四个聚焦"，取得了不小战绩。

1. 推动扶贫资金向深度贫困地区聚焦

2018年，投入深度贫困县中央和省级财政专项扶贫资金25.06亿元，比上年增长12.78%，高于财政专项扶贫资金平均增幅。且计划2019~2020年省级财政每年统筹安排每个深度贫困县1亿元用于脱贫攻坚，16个深度贫困县两年下来共投入32亿元。均衡性转移支付中增加深度贫困因素，安排资金5亿元。拿出重点生态功能区增量资金的2亿元投向深度贫困地区，比上年增加0.5亿元。县级基本财力保障机制奖补资金增量的1/3、约3亿元投向深度贫困地区。发放深度贫困县扶贫小额信贷19.58亿元。极贫乡镇子基金累计拨付资金91.78亿元。

2. 推动帮扶力量向深度贫困地区聚焦

深度贫困县全部由省领导联系帮扶。省委主要领导联系帮扶深度贫困县威宁县和晴隆县，定点包干极贫乡镇石门乡和三宝乡；省政府主要领导联系帮扶丹寨县和纳雍县，定点包干极贫乡镇简嘎乡和董地乡；省政协主席、省委常委、省人大党组书记、副省长等省领导定点包干20个极贫乡镇；市县两级领导按照属地原则分别联系帮扶2760个深度贫困村。对深度贫困县、极贫乡镇、深度贫困村干部队伍逐一研判，进一步调整优化干部队伍，把最能打仗的干部派到最需要攻坚的地方。深度贫困县选派帮扶干部31387人、选派帮扶技术人员1686人。16个深度贫困县逐一制定总攻方案，补齐工作短板。实施"双签字"制度，深度贫困村第一书记和村党组织书记的调整配备需市县两级党委书记审核签字。

3. 推动东西部扶贫协作向深度贫困地区聚焦

7个对口帮扶城市投入深度贫困县财政性帮扶资金总计6.73亿元，帮助引进资金21.47亿元。深化携手奔小康行动，大力推进结对帮扶向乡镇、贫困村、易扶搬迁安置社区延伸，与深度贫困村结对帮扶1272对。加大统筹力度，把东部协作支持的资金、项目、人才等资源聚焦到深度贫困地区，把深度贫困地区更多的优质农产品、旅游资源和劳动力资源等推向东部地区。深度贫困地区在对口帮扶城市设立农特产品旗舰店和展销中心33个，对口帮扶城市帮助建设特色农产品供应基地121个。

4. 推动基础设施向深度贫困地区聚焦

中央安排贵州的重大基础设施建设项目、省级安排的年度"四场硬仗"项目均优先在深度贫困地区布局或实施。2018年，支持深度贫困地区普通国省道建设项目577公里，加快推动20个极贫乡镇620公里快速通道建设，深度贫困县农村"组组通"硬化路开工建设2.86万公里、建成2.05万公里。深度贫困地区开工建设67座大中小型水库，解决25.87万农村贫困人口饮水安全，新增和改善耕地灌溉面积23.21万亩。全省深度贫困地区农网改造的投资额也大幅增加。

另外，贵州也高度重视做好特殊困难群体扶助工作。全面完成城乡低保年度核查及提标工作，2018年全省农村低保平均标准提高到3908元/年，各地均已按新标准兑现了低保金。积极出台《关于切实做好社会保险扶贫工作的实施意见》、《关于深入推进深度贫困地区和特殊贫困群体民政兜底脱贫工作的实施意见》等文件。将7.3万易地扶贫搬迁困难群众纳入城市低保保障；启动打赢残疾人脱贫攻坚战三年行动，向全省24.61万困难残疾人和29.05万重度残疾人发放生活补贴和护理补贴3.5亿元，残疾人两项补贴覆盖所有贫困县。建成农村互助幸福院4244个。

（四）"一场深刻的产业革命"筑牢脱贫基底

贵州省委在2018年初做出"来一场振兴农村经济的深刻的产业革命"的重大部署，其对农村产业扶贫、农业供给侧结构性改革、乡村振兴具有重大的现实意义和"支撑力"作用。一年多来，全省上下紧紧围绕产业发展"八要素"（产业选择、培训农民、技术服务、资金筹措、组织方式、产销对接、利益联结、基层党建），践行"五步工作法"（政策设计、工作部署、干部培训、督促检查、追责问责），大力推进农村产业革命并取得了显著成效——全省农业增加值增速全国第一、为贵州省近六年来最高，有效地筑牢了脱贫基底。

1. 加强产业选择

及时发布主要农产品价格信息和种植品种布局信息，为各地科学选择产业、合理安排种植茬口提供科学参考依据。2018年完成玉米调减地替代种植蔬菜171.81万亩，茶叶37.05万亩，食用菌5.32万亩，中药材91.39万亩，水果169.05万亩，其他作物192.05万亩。粮经比达到35∶65，经济作物比重比2017年提高2个百分点。

2. 加强农民培训

开展省市县乡村五级联动培训，14个产业技术体系、6家涉农院校、12个科研院所共同参与培训工作。确定国家级示范基地3个，省级培育基地5个，县级培育机构124个，实训基地195个，农民田间学校81个。遴选新型职业农民培育入库师资2064人。累计培训新型农业经营主体带头人8000

余人、贫困村创业致富带头人13069人、新型农民1.5057万人（其中建档立卡贫困户5769人）。

3. 加强技术服务

省级层面组建8个产业扶贫指导工作组，长期驻扎市县督导工作。选派科技副职、科技特派员和农业辅导员共计9014名，分赴全省1194个乡（镇）开展技术服务，确保每个深度贫困县都有1支专家团队，每个极贫乡（镇）有1名以上的科技副职或科技特派员，每个深度贫困村都有1名以上的农业辅导员。组织专家团队到基层开展服务工作，开展产业结构调整调研4018次，技术指导7371次，提出意见建议3609个；举办讲座1313次，现场培训5903次，培训群众23万人次；专家团队实地走访调研贫困乡镇、贫困村9993次，提供决策咨询7593次，解决农业技术难题1873个。借助"中国农技推广"App、"云上智农"App和12316"三农"服务热线等科技平台，提供技术服务710次。

4. 加强资金筹措

加大中央和省级财政支农资金整合力度，改变财政资金无偿补助的传统方式，通过财政资金股权投资、财政补偿、贷款贴息等，撬动金融、社会资本参与产业扶贫。开展"千企引进"和现代山地高效农业大招商工作。2018年，安排产业脱贫方面的财政资金48.87亿元，其中中央财政资金39.2亿元（含耕地地力保护资金28.6亿元），省级财政资金9.67亿元；扶贫产业子基金落地项目476个，投放资金278.56亿元；整合财政资金41.78亿元投入产业发展。

5. 加强产业组织

截至2018年底，全省累计培育省级以上农业龙头企业952家，从省外引进企业990家，经县级以上主管部门认定的龙头企业4184家。启动贵州省农民专业合作社信息管理系统建设，全省在工商部门注册的农民专业合作社6.7万个，是2008年的38倍。大力推进"3个15万元"扶持微型企业发展政策，累计扶持微型企业2万户，带动就业90180人。龙头企业和农民专业合作社等市场主体大力推广"龙头企业+合作社+农户"等产业精准扶贫模式，带动越来越多的群众参与产业发展增收。

6. 加强产销对接

建立省市县三级农业产业结构调整农产品产销调度机制。举办贵阳国际特色农产品交易会（2018年签约项目资金55.3亿元）、辣博会、茶博会等展会，重点展示推介贫困地区农产品。2018年成功举办全省首届"中国农民丰收节"，参与农民突破200万人。建立贵州绿色农产品直供直销通道，实施农校、农超、农医等对接。组织农产品"走出去"，一是推动农产品在对口帮扶城市展销，在省外设立110个分销窗口；二是组织贫困地区经营主体参加全国农产品展销展会，到北京、上海、杭州等重点目标城市开展茶叶、蔬菜、食用菌专场推介展销；三是积极融入"一带一路"建设，在东南亚开设8个境外分销中心。搭建全省冷链体系运营管理数据平台，实现货、车、库有机衔接。

7. 加强利益联结

以"三变"改革为统揽，进一步明确企业、合作社、村集体、贫困户在产业链、利益链中的环节和份额，帮助贫困户稳定获得订单生产、劳动力务工、反租倒包、政策红利、资产扶贫、入股分红等收益，实现持续增收。全省开展"三变"改革的乡镇1361个，实现涉农乡镇全覆盖；试点村7241个村，其中贫困村3358个；通过"三变"改革试点推进，促进试点村人均增收629.3元，贫困人口人均增收1038.4元，试点村集体村均获得收益24.1万元，其中311个村集体经济收入超过100万元。

8. 加强基层党建

按照"一好双强"标准选优配强村党组织班子，注重从农村致富带头人、返乡大学生、退役军人、合作社负责人、外出务工能人等群体中培养发展党员。大力推广"塘约经验"，探索开展"村社合一"，把基层党组织建在扶贫产业链上、建在合作社上、建在生产小组上，基层党组织带动产业发展能力进一步加强。据不完全统计，2018年底全省村级基层党组织25792个，开展"村社合一"11608个，5164个基层党组织建在农民专业合作社上，1651个基层党组织建在农业企业上。

四 贵州大扶贫战略行动的实践创新

（一）探索创新实施"文军"扶贫新举措

紧紧围绕省委确定的"大扶贫"战略行动，充分发挥宣传文化系统在决战脱贫攻坚中的作用，创新实施文化产业扶贫"千村计划"，大力兴办新时代农民（市民）讲习所。党的十九大以来，贵州兴办新时代农民（市民）讲习所2万多个，开展讲习19万场（次），覆盖基层党员干部群众1800余万人次，"讲"活了新时代的新思想、新政策。讲好中国减贫故事的贵州做法，得到世界银行行长金墉、泰国诗琳通公主等高度肯定和充分赞誉。省主要新闻单位和网站以每年平均2.5亿元、四年（2015~2018年）共10亿元的媒体资源投入免费广告扶贫项目。强化典型培树，营造脱贫攻坚强大舆论氛围，2018年召开了全省脱贫攻坚表彰大会，评选1500名全省脱贫攻坚先进个人和集体，并从中提拔134人、转任重要岗位20人。近三年，选树500多名脱贫攻坚群英谱人物。贵州正以文化自信引领农民脱贫自信，激发贫困群众脱贫内生动力，着力在教育引导、搭建平台、提升素质方面下功夫，走出了一条以文化扶贫助力脱贫攻坚的新路子。

（二）探索创新大数据助推信息化精准扶贫

根据贵州省脱贫攻坚实际需要，紧紧围绕精准扶贫、精准脱贫目标，建立完善贵州扶贫云系统。贵州扶贫云在每天更新全国扶贫开发系统贵州业务数据的基础上，通过开发建设"数据自动比对端口"等多种方式，实现数据共享比对无人化处理，大幅节省数据比对及清洗的人力物力投入，有效解决基层跨部门、跨系统重复填报数据的问题，进一步减轻基层工作负担。2018年，已有效整合25家省直部门扶贫相关业务数据指标278项、2300余万条，实现数据共享交换28次，数据交换量1.37亿条以上。贵州扶贫云在全国率先开发疑似漏评采集、入户核查、计划脱贫标识、帮扶措施覆盖分析等特有功能,通过运用多项特色功能并进行数据综合分析,全年共帮助全省各地标识计划脱贫36万余户140万余人,针对帮扶措施落实情况预警33万余次,下发通报6次,为全省各地特别是2018年拟退出的18个县高质量完成减贫任务如期摘帽提供了有力支撑。全年系统注册用户已突破40万人,涵盖了省市县乡各级扶贫部门工作人员、帮扶责任人、第一书记、驻村工作队员和部分省直部门用户,总访问量达到1039万余人次以上,日均访问量近5万人次。

(三)探索创新"五步工作法"助推贫困县退出

为确保14个县如期退出,贵州省紧紧围绕贫困县退出核心指标,创造性地将"政策设计、工作部署、干部培训、监督检查、追责问责"五步工作法运用到实际工作中,取得了明显成效。一是突出政策设计,完善《贵州省扶贫对象精准识别和脱贫退出程序暂行管理办法》,对"一达标两不愁三保障"脱贫标准进行了具体界定,进一步增强了贫困县退出考核的指导性。二是突出工作部署,省委、省政府主要领导及其他省领导率先垂范,带头多次深入14个贫困县调研指导,督促14个贫困县认真履行"双组长"和"五主五包"责任制。三是突出干部培训,14个县参加培训2万余人次,同时多途径开展宣传工作,提高了干部帮扶能力,提高了群众对帮扶工作的认可度。四是突出监督检查,抽派28名业务骨干组成督导组,深入14个县进行3个月不间断蹲点督导,及时发现问题,及时反馈整改,推动问题及时得到解决。五是突出追责问责,对有禁不止、有令不行的严肃追责问责,14个县共处理干部1284人,其中党纪处分1046人,政务处分225人,移送司法机关13人。2018年9月,国务院扶贫办反馈贫困县退出专项评估检查结果,贵州省桐梓、江口等14个县均达到贫困县退出条件,实现顺利退出,极大地提振了全省干部群众决战脱贫攻坚、决胜同步小康的信心决心。

(四)探索创新易地扶贫建设和后扶新模式

贵州省积极探索创新"六个坚持"(坚持省级统贷统还、坚持自然村寨整体搬迁为主、坚持城镇化集中安置、坚持以县为单位集中建设、坚持不让贫困户因搬迁而负债、坚持以产定搬以岗定搬）和后续发展"五个三"经验做法，在全国率先开辟了一条符合贵州实际的新路子。针对易地扶贫搬迁后期扶持和社区管理面临的安置点机构设置、社会治安综合治理、教育卫生等基本公共服务保障、稳定就业和持续发展等问题，研究出台《中共贵州省委贵州省人民政府关于加强和完善易地扶贫搬迁后期扶持和社区管理的意见》1个主体文件，及《关于加强和完善易地扶贫搬迁安置点基本公共服务的实施意见》、《关于进一步加强易地扶贫搬迁群众培训和就业的实施意见》、《关于加强易地扶贫搬迁安置点文化服务体系建设的实施意见》、《关于建立和完善易地扶贫搬迁安置点社区治理体系的实施意见》、《关于加强易地扶贫搬迁安置点社会治安综合治理维护社会稳定的实施意见》、《关于进一步推进易地扶贫搬迁迁出地资源盘活及收益分配的实施意见》、《关于进一步做好易地扶贫搬迁增减挂钩复垦项目验收工作的实施意见》等7个配套文件。针对易地扶贫搬迁配套公共服务设施资金短缺的问题，省委、省政府研究决定将东西部扶贫协作资金主要用于学校医院等配套设施建设。积极探索易地扶贫搬迁安置地党的建设，推广运用"一架构三清单"[①]，确保搬迁群众搬得出、稳得住、能发展、可致富。

（五）探索创新金融扶贫新模式

第一，积极探索创新小额信贷风险防控机制。按照"政府推动、市场运作、防控风险、自主参与"的原则，在农户信用等级体系中增加"特惠级"，由建档立卡贫困户持有效身份证件、贫困户登记册，向贷款发放银行自愿提出申请，由银行自主审核、优先放贷，任何部门不得人为增加审批环节，切实精简贷款程序，确保贫困群众"贷得到"。制定《关于进一步规范扶贫小额信贷工作切实防控风险的通知》《关于改革创新财政专项扶贫资金管理的指导意见》，推动扶贫小额信贷精准有效、安全规范、可持续发展，

---

① "一架构三清单"即《易地扶贫搬迁安置地党的建设组织架构》《易地扶贫搬迁安置地党建工作清单》《易地扶贫搬迁安置地党建引领公共服务清单》《易地扶贫搬迁安置地党建引领便民利民服务清单》。

确保金融机构"愿意贷"。2018年，累计发放扶贫小额信贷资金348亿元，覆盖全省建档立卡贫困户66.6万户，贷款总量居全国第二，贷款增幅居全国第三。第二，探索创新设立绿色产业扶贫投资基金。为破解打赢脱贫攻坚战资金难题，充分发挥市场助力脱贫攻坚作用，减轻财政负担，2016年省委、省政府决定设立贵州脱贫攻坚投资基金。截至2018年底，扶贫产业子基金已投放项目476个，投放资金278.56亿元，企业使用资金项目462个，使用资金153.11亿元。2018年年初以来，受金融监管新规影响，省委、省政府决定调整贵州原脱贫攻坚投资基金，发起设立138亿元规模的贵州绿色产业扶贫投资基金，拟撬动784亿元的银行贷款，支持贵州省绿色产业发展，带动贫困户脱贫增收。基金使用需建立利益联结机制，面向在贵州境内注册、拥有20%资本金、符合绿色产业投向、带动贫困农户脱贫和脱贫农户持续增收的实体企业。基金主要投向茶叶、中药材、食用菌、优质草、农旅一体化、大健康养生、生态水产、干果等八大绿色产业。绿色产业扶贫投资基金全年已投放项目51个，投资资金28亿元，为助推产业扶贫提供了资金保障。第三，支持银行业金融机构精准对接脱贫攻坚金融服务需求，实现当地存款70%以上用于当地贷款投放，确保贫困地区各项贷款增速高于全省平均水平。第四，支持监管部门对金融机构支持深度贫困地区脱贫形成的不良贷款实行差异化考核。第五，加快政策性金融扶贫实验示范区建设，持续推进普惠金融及绿色金融建设，建立健全金融支持产业发展与带动贫困户脱贫的挂钩机制和扶持政策。第六，加快推进保险助推脱贫攻坚示范区建设，建立完善农业、大病、农房等保险扶贫保障体系，开发推广"黔惠保"系列产品，减少农户因灾或因市场价格波动损失。

（六）探索创新教育医疗"组团式"对口帮扶

第一，人才支援组团配套。改变过去选派单人，个人作用发挥有限的方式，开展"组团式"帮扶。第二，帮扶资金整合配套。按照"统筹安排、成果共享、各记其功"的原则，整合各方面资金改善医疗、教学设施。第三，制度建设稳步配套。帮扶团队注重把东部城市先进的制度、流程管理模式和理念整体带到帮扶医疗教育领域，相继修订出台了10余种管理制度。第四，人才培养灵活配套。围绕提升贫困地医疗教育人才专业能力和素养，相关帮扶城市按照"资源下沉与进修培训相结合、现场帮带与远程帮扶相结合、长期派驻与短期指导相结合"的原则，灵活开展专业人才培训。

（七）探索创新基层党建新模式助力脱贫攻坚

第一，开展村级党组织模板化建设，形成"一任务两要点三清单"，包含村级党组织4类10项的"一个基本任务"、村党支部书记6类11项和村第一书记4类9项的"两个履职要点"，市县乡三级党委3、4、5类8项、11项、12项的"三个任务清单"，对照清单履职、对照清单述职、对照清单考核，推动党组织书记坚守"主阵地"、种好"责任田"、交好"政治账"。第二，探索创新联村党委助推脱贫攻坚，组建"以强带弱型""产业引领型""跨界开放型""园区主导型""村企融合型""村居互助型"联村党委，统筹推进农村经济社会全面发展。

（八）扎实抓好大扶贫战略行动工作推进会

通过召开脱贫攻坚现场观摩会、发起脱贫"春季攻势""夏季大比武""秋季攻势"、召开大扶贫战略行动推进会和深度贫困地区脱贫攻坚推进会等形式，不断掀起攻坚高潮。

（九）想方设法增强攻坚力量和攻坚能力

第一，增强攻坚力量。从省直机关选派优秀处级干部赴贫困县挂职锻炼，任县委副书记或县委常委、副县长，进一步充实贫困县扶贫工作力量。

第二，加强攻坚能力培训。一是内外结合开展大轮训。按照"省级示范、市县轮训"的要求，通过开展脱贫攻坚"冬季充电"大讲习活动等形式，全年举办脱贫攻坚专题培训班493期、培训46.8万人次。利用东西部扶贫协作及对口帮扶资源，在山东、江苏等地举办现代农业、农村电商、乡村旅游等专题培训400期，组织2万名基层党员干部走出去取经。二是创办

"新时代学习大讲堂"。每月利用周末时间举办1~2期"时代前沿知识专题讲座",每周举办2~5期"业务知识专题讲座"。通过设立主会场和分会场,采取电信视频系统、电子政务网、电视直播等形式组织全省党员干部同步集中学习,帮助基层干部提升本领素养、增强攻坚能力。截至2018年底,举办新时代大讲堂121期,共培训干部315万余人次。三是创新实施干部教育"四项特色工程"。抓住用好建设遵义干部学院的重大机遇,深入实施党性教育特色基地建设、特色课程开发、特色课本编撰、特色名师培育"四项特色工程",进一步引导党员干部弘扬优良传统、传承红色基因、矢志攻坚克难。四是推动优质培训资源向基层延伸。分类建立省市县三级产业扶贫技术专家库,分级建立产业扶贫专家组,搭建培训供需对接平台,累计开展业务指导培训11万余人次,帮助干部群众有效破解产业发展中遇到的困难。充分利用干部在线学习学院、手机App、微信公众号等,组织基层干部群众开展经常性学习培训。2018年8月,中共中央组织部、国务院扶贫办在贵州召开西部片区脱贫攻坚干部教育培训工作推进座谈会,充分肯定贵州干部教育培训工作。

(十)多措并举激发贫困群众内生动力

将2018年作为扶志扶智"双扶"年,最大限度地激发贫困群众内生动力。加大培训力度,确保有劳动能力的贫困家庭至少1人熟练掌握一门实用技能。强化表彰激励,鼓励贫困群众向身边人身边事学习,营造光荣脱贫、勤劳致富的良好氛围。开展"法治扶贫",对扰乱社会秩序行为依法由相关部门进行教育引导。发挥村规民约作用,引导贫困群众自我管理。加强政策引导,转变扶持方式,规定除低保兜底发放现金外,其他扶贫措施要与贫困群众参与挂钩,原则上不采取直接发钱发物的方式进行。

(十一)颁布实施《贵州省精准扶贫标准体系》

全省紧紧围绕"两不愁三保障",广泛动员多方力量进行蹲点指导,帮助拟退出县和深度贫困县尽快补齐"两不愁三保障"短板。为此,颁布实施《贵州省精准扶贫标准体系》,全面总结贵州省精准扶贫成功经验和实践积累成果，系统梳理产业扶贫、农村"组组通"硬化路、易地扶贫搬迁等精准扶贫政策和工作内容，成为全国第一个发布《精准扶贫标准体系》的省份。

五 贵州大扶贫战略行动的实践成效

（一）贫困人口大幅减少

截至2018年底，全省农村建档立卡贫困人口大幅减少到155万人；农民人均可支配收入从2011年的4145元提高到2018年的9716元，年均增长12.9%，贫困县农民人均可支配收入增幅一直高于全省平均水平；实现道真县、务川县、安龙县、麻江县、施秉县、三穗县、雷山县、丹寨县、镇远县、贵定县、惠水县、印江县、石阡县、普定县、镇宁县、六枝特区、盘州市、大方县等18个县（市、区）"摘帽"[1]；2669个贫困村出列（2014年至2018年的4年间共有6388个贫困村出列）。可见，脱贫攻坚成效相当显著，攻坚成果相当丰富。

（二）产业扶贫发展成效显著改善

贵州紧紧围绕"八要素"，深入推进农村产业革命，有效推动了思想观念、发展方式、工作作风"三个转变"，全省五大经济作物规模基地由2017年的3016个增加到2018年的4208个，增长39.5%。全年经济作物种植面积达8000万亩次以上，经济作物种植面积占种植业全部种植面积的比重提高2个百分点。人均增收显著。

（三）补齐"两不愁三保障"短板进展有力

及时下达教育精准扶贫学生资助专项资金16.99亿元，资助农村贫困学

---

[1] 2016年赤水市脱贫摘帽；2017年有桐梓县、凤冈县、湄潭县、习水县、西秀区、平坝区、黔西县、碧江区、万山区、江口县、玉屏县、兴仁县、瓮安县、龙里县等14个县（区）脱贫摘帽。

生46.51万人次。完成农村危房改造21.13万户、老旧房透风漏雨整治19.06万户,并同步实施改厨、改厕、改圈。解决了88.41万贫困人口的饮水安全巩固提升问题。基本实现30户以上村民组100%通硬化路。贫困村通动力电达100%,9000个贫困村通光纤网络或4G网络。303.39万人次的贫困人口享受了健康扶贫医疗保障救助,累计补偿48.18亿元。

(四)易地扶贫搬迁捷报频传

截至2018年底,累计搬迁入住132.03万人(2016年、2017年分别搬迁入住44.8万人、76.2万人,2018年提前搬迁入住11.03万人),其中建档立卡贫困人口116.67万人,分别占规划任务的70.23%、77.78%,计划2019年6月底前全面完成易地扶贫搬迁任务。实现搬迁家庭劳动力就业创业49.88万人(其中,2016年18.87万人、2017年28.21万人、2018年2.79万人),户均就业1.78人(其中,2016年1.96人、2017年1.85人、2018年0.91人),搬迁群众的生产生活有了长远保障。

(五)深度贫困地区攻坚成绩斐然

2018年,16个深度贫困县共减少贫困人口11.48万户49.73万人,约占全省总减贫人口37.36万户148.14万人的1/3,占全国中西部169个深度贫困县减贫人口的14.17%;贫困发生率较2017年下降6.09%,比全省贫困发生率下降的4.1%高近2个百分点,比全国深度贫困县平均高0.69个百分点;据国家统计局贵州调查总局反馈,该地区农民人均可支配收入增幅高于全省平均水平。

(六)社会扶贫硕果累累

一是协作抓好东西部对口帮扶。第一,加强人才交流。全年东部帮扶省市共派出223名干部到贵州贫困地区挂职,接受贵州815名干部到7个帮扶城市学习;选派援黔干部360人,派出专业技术人才4203人,接收贵州派出挂职干部911人,派出专业技术人员交流3041人。第二,聚焦资金使用。

2018年，东部帮扶省市投入贵州财政帮扶资金27.13亿元，是2017年7.31亿元的3.71倍。第三，推进产业合作。引导东部省份或相关企业到结对地区开办扶贫企业423个，共建合作园区33个；销往帮扶城市特色农产品57.89万吨，销售收入31.34亿元。第四，深化劳务协作。制定《关于与对口帮扶城市加强劳务协作促进我省贫困劳动力就业脱贫的指导意见》，8个市州与7个帮扶城市签署劳务合作协议，创建劳务信息共享平台，及时提供贫困人口就业意愿和就业信息。2018年，解决转移到帮扶省市就业1.87万人，转移到帮扶省份在贵州省投资的企业就业11.85万人。第五，开展"携手奔小康"行动。2018年，成功召开全省东西部扶贫协作推进暨项目观摩会；全年推动与帮扶省份开展交流互访5000余人次。

二是配合做好中央单位定点帮扶。积极配合中组部等39家中央单位做好定点帮扶贵州省50个贫困县工作。2018年，中央定点帮扶单位共有2214人次干部到贵州贫困地区考察调研，选派121名干部到贵州贫困地区蹲点挂职，选派104名金融人才挂职推动金融扶贫，选派"博士服务团"209人到贵州贫困地区挂职帮扶，共向贵州贫困地区直接投入帮扶资金8.69亿元，提供银行贴息贷款10.5亿元，实施帮扶项目523个，帮助引进资金34.4亿元，受益建档立卡贫困群众33.2万人次。

三是做好企业及其他群团组织帮扶。2018年，全省参与"万企帮万村"精准扶贫行动的企业达4522家，帮扶3472个贫困村和有贫困户的1297个非贫困村，帮扶企业数位居全国第五，帮扶贫困人口119万人。茅台、瓮福等国有企业累计投入扶贫帮扶资金5.21亿元、帮助引进资金9.71亿元、发放帮扶贷款139.4亿元，帮助发展项目307个、解决就业人口3.7万余人，培训党政干部、技术人员、致富带头人13.5万人次，组织劳务输出12.5万人次。恒大、万达也定点帮扶贵州贫困地区，取得了较大成效。争取到澳门特别行政区对口帮扶从江县。开展以"脱贫攻坚·贵在行动"为主题的扶贫日"七个一"活动。召开"贵州省第五届慈善项目推介会"，现场募集善款2亿多元助推脱贫攻坚。动员全省社会组织助力脱贫攻坚，募集5.4亿元用于脱贫攻坚事业。扎实开展军队帮扶工作。

（七）"五个专项治理"成效明显

扎实抓好国家成效考核反馈问题整改，研究制定"1+5+1"整改方案①，将问题清单细化分解到各地各部门并要求限期整改销号。认真做好中央第四巡视组反馈问题整改，成立整改专班，制定整改方案，明确整改措施、整改时限、责任人。国家脱贫攻坚成效考核反馈的5类26项68个问题、国家督查发现4大类问题、中央第四巡视组反馈的4类20个问题、国家审计发现的47个问题、民主监督指出的4类问题已经全部完成整改。2018年8月，全省专门组织了对"五个专项治理"工作的交叉评估验收，结果显示治理成效明显。

（八）作风治理和能力建设初见成效

2018年全省扶贫领域共立案6075件，党纪政务处分4427人，移送司法机关43人，涉案金额2.17亿元，返还群众674.69万元。注重警示教育，建立贵州省反腐倡廉警示教育基地，并在基地专设全省扶贫系统警示教育展厅。将每年5月定为全省扶贫领域形式主义官僚主义警示教育月，实现省市县三级专项警示教育展全覆盖。加大培训力度，实现省、市、县、乡、村扶贫干部培训全覆盖。

六 贵州大扶贫战略行动的实践经验

（一）从全局高度谋划脱贫攻坚

1. 政治站位高

贵州省始终把贯彻落实习近平总书记关于扶贫工作的重要论述作为树牢"四个意识"、坚定"四个自信"、做到"两个维护"的具体体现。牢记嘱

---

① "1+5+1"整改方案即《贵州省脱贫攻坚存在问题专项治理工作方案》，针对贫困人口漏评错评、贫困人口错退、农村危房改造不到位、扶贫资金使用不规范、扶贫领域腐败和不正之风出台的5个专项治理方案，《贵州省2017年扶贫成效考核相关问题整改指导意见》。

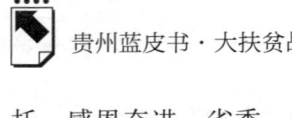

托、感恩奋进，省委、省政府主要领导以及其他省领导带头深入一线宣传宣讲、举办专题培训班等方式，带动全省广大党员干部持续掀起学习贯彻重要论述的热潮，深化了大家对打赢脱贫攻坚战重要性的认识，增强了责任感、紧迫感，提高了信心决心和能力。

2. 责任意识强

贵州省的扶贫攻坚狠抓"纵向到底""横向到边"的"两手硬"。纵向到底——始终坚持省负总责、市县抓落实的工作机制，始终强化党政一把手负总责的责任制，层层传导压力，压紧压实党委主责、政府主抓、干部主帮、基层主推、社会主扶和省领导包县、市领导包乡、县领导包村、乡镇领导包户、党员干部包人"五主五包"责任链任务链。横向到边——厘清和规范各部门及相关单位的主体责任，改变过去由扶贫开发部门一家领头扶贫的现状，清晰界定相关职能部门的扶贫责任。

（二）用绣花功夫锁定扶贫对象

1. 建立扶贫对象瞄准机制

贵州省制定了精准识别建档立卡工作方案，做到贫困人口户有卡、村有册、乡有簿、县有档、省市有数据库，实行多级贫困人口信息网络动态管理，为有效开展精准扶贫奠定了坚实基础。

2. 健全扶贫项目决策机制

从2014年起，贵州省专项扶贫资金项目审批权限原则上已经下放到县，将扶贫项目报账从过去的县报账改为乡报账，严格执行"谁审批、谁负责"的权责匹配制度。县级人民政府按照"项目跟着规划走，资金跟着项目走，监督跟着资金走"的原则，建立完善扶贫项目立项、审批、实施、验收、评估等管理制度和监管程序。

3. 改革扶贫资金管理机制

把扶贫资金安排与减贫成效挂钩，加大按扶贫成效分配资金的比重。建立县级扶贫项目数据库，加快资金拨付进度，简化资金拨付流程。扶贫资金使用和扶贫对象建档立卡成果相衔接，确保扶贫资金到村到户。完善资金项目公告公示制度，全面推行扶贫项目资金乡村公示公告和监察机关"民生特派"制度，发挥好"扶贫专线"监督举报电话作用。

4. 完善干部精准帮扶机制

按照"一村一同步小康工作组，一户一脱贫致富责任人"的要求，从各级机关、企事业单位中分期分批向全省贫困乡镇、贫困村派驻工作队和帮扶干部，建立省、市、县、乡、村五级联动扶贫工作机制，实现贫困乡镇、贫困村和贫困户结对帮扶全覆盖。实行定点定人定时定责帮扶，做到不稳定脱贫，队伍不能撤。

5. 建好干部选派使用机制

选派优秀干部到贫困村担任第一书记，第一书记的人选主要从各级机关优秀年轻干部、后备干部和国有企事业单位优秀人员中选派。对党组织软弱涣散村、贫困村和民族地区村，自上而下开展选派工作，缺什么样的人就派什么样的干部。第一书记任职考核结果，作为评选先进、提拔使用的重要依据。

6. 建立对象精准退出机制

建立贫困户脱贫和贫困村、贫困县退出评估机制，严格退出程序和标准，对扶贫对象进行动态管理，用"回头看"做到贫困户有进有出。对贫困县实施"摘帽不摘政策"激励机制，鼓励早脱贫，形成"早脱帽子早有好处，不脱帽子还有约束"的导向。

（三）用创新精神落实脱贫攻坚

1. 研究部署超前

省委、省政府有关脱贫攻坚的工作部署一直很"超前"和富有"成效"。例如，2016年9月30日，贵州省人大常委会第二十四次会议审议并全票通过了《贵州省大扶贫条例》，这是全国第一个通过立法的形式出台实施大扶贫条例的省份。2018年贵州颁布实施的《贵州省精准扶贫标准体系》，也是全国第一个发布《精准扶贫标准体系》的省份。2018年6月25~26日，贵州省委召开十二届三次全会并作出《中共贵州省委贵州省人民政府关于深入实施打赢脱贫攻坚战三年行动发起总攻夺取全胜的决定》，这是贵州以省委全会形式贯彻党中央国务院《关于打赢脱贫攻坚战三年行动的指导意见》，在全国是第一个；以省委全会形式专题研究脱贫攻坚，是党的十八大以来贵州省的第一次。且近年来，省委常委会议多次专题研究脱贫攻坚工作，推动各地各部门紧之又紧、细之又细、实之又实抓脱贫攻坚工作。省政府每次召开常务会议，至少有一个脱贫攻坚方面的议题，常态化研究推动脱贫攻坚工作。省人大、省政协、省军区、省法院、省检察院等均"第一时间"聚力脱贫攻坚。

2."顶层设计"创新

2018年，贵州省先后出台了《关于深入实施打赢脱贫攻坚战三年行动发起总攻夺取全胜的决定》、《关于深入推进农村产业革命坚决夺取脱贫攻坚战全面胜利的意见》、《关于加强和完善易地扶贫搬迁后期扶持和社区管理的意见》，以及7个配套文件、《贵州省精准扶贫标准体系》等重大政策文件。

3.实践举措创新

始终坚持改革创新，脱贫攻坚实践举措不断出新，如实行贫困退出"摘帽不摘政策"激励措施，探索实施"三变"改革、"村社一体、合股联营"的"塘约经验"、新时代农民讲习所，实行精准识别"四看法"，建设"精准扶贫云"，开展省领导定点包干极贫乡镇脱贫攻坚、探索创新开展农村产业革命、开创"五步工作法"助推贫困县退出等工作。其中，有些探索的影响甚大，如新时代农民讲习所得到习近平总书记肯定，"三变"改革连续多年被写进中央1号文件，"塘约经验"在全国推广等。

4.业务方法创新

如通过召开脱贫攻坚现场观摩会、深度贫困地区脱贫攻坚推进会、建立完善贵州扶贫云系统、创办"新时代学习大讲堂"、开展脱贫攻坚"冬季充电"大讲习活动等，为全省各地高质量完成减贫任务提供了有力支撑。

（四）用政策优化保障脱贫攻坚

贵州省积极探索创新了易地扶贫建设和后扶新模式、金融扶贫新模式、财政投入保障方式、完善扶贫开发用地政策等，用政策红利最大限度地提升了脱贫攻坚成效。

（五）用特色战法发力脱贫攻坚

贵州每年都要发起以打好"四场硬仗"为重点的脱贫攻坚"春风行动"和"夏秋攻势"，着力补齐短板，推动实现"两不愁三保障"。启动"冬季充电"活动，"充"出方向、"充"出干劲、"充"出信心。

（六）用产业革命筑牢脱贫基底

2018年，贵州省全力推进一场振兴农村经济的深刻的产业革命。一是结合实际，全面落实"八要素"，强弱项补短板，一个要素一个要素地都要设计、部署、检查、考核、推进，全流程、全环节推进结构调整，坚持质量兴农、绿色兴农、品牌强农，建设无公害绿色有机农产品大省。二是大力抓好产销对接。三是大力提高规模化标准化水平。四是大力培育壮大农业经营主体。坚持强龙头、创品牌、带农户，加大新型农业经营主体培育力度，大力推广"龙头企业+合作社+农户"等模式，完善新型农业经营主体与贫困农户联动发展的利益联结机制，实现贫困户与现代农业发展有机衔接。

（七）用聚焦思维攻克脱贫难点

把深度贫困地区脱贫攻坚始终摆在"攻坚战"的突出位置，推动扶贫资金、帮扶力量、东西部扶贫协作、基础设施向深度贫困地区倾斜。

（八）用法治思维护航脱贫攻坚

一方面是始终坚持以《贵州省大扶贫条例》来保障大扶贫战略行动的贯彻落实，另一方面是常态化推进专项治理，切实有效打击了扶贫领域腐败和作风问题。

（九）用多方力量助推脱贫攻坚

积极推动专项扶贫、行业扶贫、社会扶贫三位一体的大扶贫格局，推动所有的精兵强将、所有帮扶力量参与脱贫攻坚。一是协作抓好东西部对口帮扶。省市县成立东西部扶贫协作领导小组或工作专班，与帮扶城市签订扶贫协作框架协议，建立完善高层联席会议制度。二是配合做好中央单位定点帮扶。三是做好企业及其他群团组织帮扶。

（十）坚持党全面领导脱贫攻坚

进一步明晰和压实脱贫攻坚责任。实现所有省领导都挂帮贫困县，所有市州领导都有具体的帮扶乡镇，所有县区领导都有具体的帮扶村，所有贫困人口都有帮扶干部。市州党委和政府每季度至少专题研究两次脱贫攻坚工作，贫困县党委和政府每月至少专题研究两次脱贫攻坚工作。贫困县党政正职的主要工作就是抓好脱贫攻坚。县级党委、人大、政府、政协领导班子成员必须主动聚焦脱贫攻坚，形成整体合力。

健全扶贫考核办法。对贫困县考核突出扶贫实绩导向，将扶贫开发的权重提高到80%。对地处生态功能区的10个国家扶贫开发工作重点县取消GDP测评相关指标。每年原则上对县的考核不超过2次，着重加强对县委书记的工作考核。改进精准扶贫成效第三方评估方式，简化程序，重点评估"两不愁、三保障"实现情况。

建强贫困村党组织。注重探索灵活便捷、科学合理的基层党组织设置形式。注重从农村致富能手、退伍军人、外出务工经商人员中选拔或从县乡机关公职人员中选派贫困村党组织书记，大力储备一批村级后备力量，培养一支"永不走的工作队"。

营造良好舆论氛围。组织广播电视、报刊杂志、新媒体等，运用新时代农民（市民）讲习所等平台，深入宣传习近平总书记扶贫重要论述，宣传党中央、省委关于精准扶贫精准脱贫的重大决策部署，宣传脱贫攻坚典型经验、重要成就和"英雄人物"等。创作和推出一批反映扶贫脱贫先进典型的文艺作品。扎实开展"牢记嘱托·感恩奋进"教育，深化"党的声音进万家·总书记话儿记心上"活动，加强思想、道德、文化、感恩教育，大力培养贫困群众的致富信心，极力激发贫困群众的内生动力。

七 贵州脱贫攻坚存在的典型性问题

近些年，贵州农村的脱贫攻坚虽然取得了显著成绩，但同时也还面临以下问题和挑战。

（一）最根本的问题是产业扶贫带动效应不够

一是传统产业效益低下。目前，贵州农村产业结构仍比较单一，主要是以农业为主导产业，且农业产业又以烤烟、玉米、土豆、养猪等传统种养殖业为主，二、三产业没有形成规模化；同时，作为主导产业的农业科技含量也不高，市场化、商品化率非常低。

二是部分扶贫产业"见效"不明显。随着脱贫攻坚的深入推进，各地虽然纷纷上马了一些产业项目，但前期缺乏科学论证，这些项目要么就是"水土不服"，要么就是3~5年后才能"初见成效"，有些甚至一开始就是"低质""短命"的"双低"产业（成活率低、成长率低），对脱贫增收帮助有限。据贵州省扶贫办组织的一项针对贵州L县的抽样调查显示，74户受访贫困户中仅29户（仅占39.2%）认可扶贫产业对脱贫增收的贡献，对产业扶贫整体满意度仅为47.3%。

三是产业项目的利益联结机制不健全。因参与度不够、话语权较弱、监管不到位等原因，贫困户获益不公。

四是相关产业扶贫政策落实不细。调查发现，受访农户反映最多的问题就是产业发展中相关的补贴未能兑现或兑现不及时，以及土地流转中的"强流"（强制性流转）、流转土地的低效利用甚至被撂荒等，这些因素都无形影响了产业扶贫的惠及度、获得感。

（二）最矛盾的问题是"两不愁三保障"问题短板仍存

一是由于欠账太深，贵州农村很多地方还存在"吃水难"问题。具体来说，体现于水质不安全、取水难、干旱缺水等问题，以及相关的"饮水工程"建设存在施工慢、施工停的问题。据笔者在贵州TZ县的调查，饮水未保障或不安全的有 315 户，占受访贫困户 882 户的 35.7%。

二是贫困人口基本医疗保障仍存在"死角"。贫困户对基本医疗保险、大病保险和医疗救助等医保政策，特别是就诊程序、报销范围、报销比例等均存在较大认知盲点，部分常住户家庭未投保新农合的事例仍时有"出现"。如 882 户受访贫困户中，发现医疗未保障的有 58 户、占比 6.6%。

三是贫困户居危旧房问题仍一定程度地存在。如在 882 户受访贫困户中，发现安全住房未保障的有 119 户、占比 13.5%。且调研中还发现，个别地方在贫困户的危房改造工作中存在改造不彻底、形式主义甚至弄虚作假问题（如改楼下不改楼上、改前面不改后面等）。

四是义务教育阶段辍学现象仍一定程度地存在。截至 2019 年 3 月底，贵州省义务教育阶段实际辍学学生 10392 万人。甚至有些建档立卡户家庭也有辍学现象，至于教育资助方面存在的问题相对更多。如 882 户受访贫困户中，发现教育保障不到位的有 8 户、占比 0.9%。

（三）最难预料的问题是巩固脱贫成果任务繁重

一是脱贫户收入持续稳定存在一定风险。第一，转移性收入的"可调性"对总收入造成的不稳定。调研发现，很多脱贫户都属于低保贫困户，可以说当初"低保收入"为其脱贫做出了很大"贡献"，而"低保收入"又会因"季度""实情"（如脱贫实情）动态调整，这样就会对脱贫户收入的稳定性造成一定负性影响。第二，财产性收入的"周期性"对总收入造成的不稳定。近些年，因脱贫政策的灵活多样，很多脱贫户都选择了"入股"增收方式，其中最典型的就是以扶贫小额信贷作价入股、土地流转入股专业合作社两种方式。对于前者而言，扶贫小额信贷周期仅 3 年，且近年还限制了"户贷企用"的模式，这对脱贫户的"增收"会产生不利影响；对于后者来说，由于专业合作社自身存在管理制度不完善，以及受后续扶持力度减弱因素的影响，其盈利空间也将受影响，继而对农户土地租金收入、土地分红收入带来不利。第三，收入结构的"不合理性"不利于总收入的稳定、可持续增长。据我们团队在 TZ 县的调研，受访脱贫户中转移性收入占比12.06%、财产性收入占比3.11%，合计达15.17%，而经营性收入、工资性收入合计仅占84.83%。这意味着什么呢？如果按照家庭年人均纯收入4000元计算的话①，则其经营性收入、工资性收入之和仅为3393.2元，较2018年的脱贫收入线3555元还低了161.8元。也就是说，转移性收入、财产性收入稍有"闪失"，则这些脱贫户必定会返贫。

二是村集体积累少不利于脱贫成果的巩固。调研发现，贵州很多贫困村村集体增收渠道单一，村集体积累不足，其中还不乏"空壳村"现象。这样在市场经济时代，易陷入"越穷越没辙"、"越穷越落后"的被动境地，从而影响了对村寨公共服务和治理的水平，间接地也会给脱贫成果的巩固带来"不利"。

（四）最隐形的问题是区域经济脱贫增收支撑能力不足

一是特殊的自然地理条件限制区域经济发展。贵州省92.5%的面积为山地和丘陵，山间小盆地仅占7.5%；全省土地平均坡度值为17.78度，且15度以上约占60%。显然，如果没有特殊的经济"引爆点"，在这样的自然地理区域发展经济难度可想而知。事实上，贵州很多的贫困县基本上都属于农业县，大型工业产业项目严重不足，高新技术产业、第三产业发展也比较滞后，这样的区域经济"底色"对脱贫增收的支撑力必然不足。

二是薄弱的财力严重影响了公共服务供给质量。调研发现，贵州很多贫困县每年的公共预算收入还不到10亿元，甚至有些仅有1亿~5亿元，"吃饭财政"的特征明显。显然，这样的"财力"必然会影响水、电、路等基础设施的建设，以及教育、卫生、养老等社会事业的发展，进而影响脱贫攻坚成效。

（五）最意外的问题是贫困群众内生动力不足

一是贫困户主动"增收"的动力不足。贫困群众普遍文化底子薄，贫

---

① 据统计，当年脱贫户中家庭年人均纯收入低于4000元的约占比27%，即虽满足脱贫收入标准但水平较低。

困时间较长、贫困程度较深,多少有些"自暴自弃",再加之近些年扶贫力度大、惠及程度深,使得贫困户产生了严重的"等、靠、要"思想,即他们主动找门路或探寻产业发展的意识不强,眼光短视,严重缺乏开拓创新和主动"增收"精神。

二是贫困户脱贫的自信心不足。由于身份认同和标签效应,贫困户普遍存在"我就是这个命""我就是不如人"的自卑心理,对"自主脱贫""我要致富"完全缺乏信心。

三是贫困户的自我发展能力不足。由于贫困户文化水平不高,"不懂技术""不会经营"甚至"不会种地""不爱农业""不善交际"的现象较突出,亦即自我发展能力不仅不足,甚至还会"不进则退"。

(六)最棘手的问题是"特殊地""特殊人"的脱贫问题

从某种程度上说,贵州农村能脱贫、易脱贫的"地"或"人"基本已脱贫,现在最"难啃"的就是那些深度贫困地区和一些特殊群体。这些深度贫困地区的共性特征也可概况为"'两高两缺两差两低四重'——贫困人口占比高、贫困发生率高、耕地缺、饮用水缺、居住环境差、道路交通差、农业效益低、贫困人口收入低、低保兜底任务重、易地扶贫搬迁任务重、因病致贫返贫人口脱贫任务重、发展村级集体经济任务重"。[①] 因此,这就要调集更多、更大规模的扶贫资源和力量投入其中,现在关键的问题是"资源"和"力量"来自何处?这可能是令各级政府最为头痛的一个问题。"特殊人"的问题主要是指诸如聋哑人、癫痫病人、残疾人、智障人等群体基本无力脱贫,单一施策也许并不能凑效,必须要有前瞻性的战略思维、战略眼光并设计出前瞻性的"制度体系"才能啃下这块"硬骨头"。

(七)最揪心的问题是扶贫工作机制偶有失灵

一是资源配置统筹不够。贵州农村的扶贫始终坚持专项扶贫、行业扶贫、

---

① 覃娟、梁艳鸿:《广西脱贫攻坚发展报告》,《新西部》2018年第2~3期,第98页。

社会扶贫等多方力量、多种举措有机结合和互为支撑的"三位一体"大扶贫格局,应该说取得的成效也是显著的。但同时所出现的一个问题就是,扶贫项目多、种类多、渠道多、资金投入多的背后也可能是"散乱""低效",即资源分配统筹度不够,从而使得扶贫的针对性和实效性并未达预期效果。

二是部门协同不够。这里的不协同不仅指各职能部门之间的协同不够,而且指政府、企业、银行等部门之间的协同不够,即存在一定的"各自为政"现象;甚至还包括一定区域范围内的府际协同不够的问题。

三是"假大空"问题在局部地区仍有发生。如某些贫困县为搞政绩工程、面子工程,不惜浪费、挪用大量的扶贫资金,严重脱离扶贫的实际需要,弄得劳民伤财、怨声载道。

四是"四不精准"问题仍有发生。即识别不精准、帮扶不精准、退出不精准、管理不精准的问题虽然"死盯""狠纠",但个别地方仍有发生,这个老生常谈但总未"谈好"的问题值得高度关注。

八 进一步推进贵州大扶贫战略行动的对策建议

(一)紧盯严守退出工作"底线"

贫困人口脱贫的基本要求和核心指标是"一达标两不愁三保障",这个"底线"一定要严守。一是要加强饮水工程建设,要用科技手段开创新"饮水源",解决贫困群众"吃水难"问题。二是各地要全面摸清教育保障不到位的"底数",建立控辍保学责任清单,同时全面开展劝返入校工作,切实杜绝义务教育阶段辍学现象。三是医疗保障方面,要加强宣传,提高全民参保意识以及大病医保制度、报销制度等的知晓率,尤其是新农合参保率要提升至100%;要加强村卫生室建设力度,要建立健全家庭医生制度,并严格管理。四是住房方面,要制定和出台住房安全鉴定标准、危房改造工程竣工验收标准等,全面排查剩余农村危旧房,严格执行危房改造政策,坚决杜绝"以次充好""要改不改""形式主义"等问题。

（二）深推产业革命筑"富"基础

贵州农村经济要发展就必须改变传统的"小农经济"现状，当下就是要纵深推进农村产业革命"铲穷根"。一是大力培育和扶持新型农业经营主体。产业革命中相关农业经营主体普遍存在实力弱、规模小、层次低等方面的问题。因此，要在用地、金融、财政、转型等方面为农业经营主体出"实策"。二是要实现农业产业化、规模化。积极推动贵州农村土地经营权流转，鼓励采取"合作社+农户""龙头企业+合作社+农户"等组织方式开发农业项目，推进农业规模化、产业化发展。三是延伸传统产业链，推动产业业态更新。加大技术创新力度，努力提高农产品尤其是12大类特色农产品加工深度和附加值，不断延伸产业链，提升产业的市场竞争力。如当下培育和发展林下经济就是一种很好的业态创新。四是培育精品形成核心竞争力。贵州有着丰富的旅游资源、生态资源、气候资源、山地资源等，各地区可以此为基础走生态农业和高效农业发展模式，打造出属于自己的特色高效农业产业带，打造出"地区名片"。这种特色的打造也是一个塑造品牌的过程，必将不断提高贫困村的经济竞争优势和社会影响力，进而助推其内源式发展。五建立健全的利益联结机制。首先是分配机制要公平，尤其是要保障农民能通过利润返还、按股分红、价值增值等途径获益；其次是要公平赋权；最后是利益联结要具有稳定性、可持续性。

（三）多点突破提振区域经济

一是要大力发展村级集体经济。要通过"三变"改革，将村、企、社、民资源大盘活，稳步壮大集体经济。具体操作上要灵活多样，可采取资金入股企业、合作社及村民自我组织发展等模式，通过项目拉动、示范带动、农户参与等方式，有效增加贫困群众收入、壮大村级集体经济积累。在这个过程中，要高度关注这样一个问题，即要切实维护贫困群众的利益，要变短期扶持为长期受益，以让农村低收入困难人口获得更多的资产性收益；要加强监督，切实防止集体经济被少数人侵占，防止外部资本侵吞、控制集体资产,真正让改革成果惠及包括贫困户在内的全村农民。二是要构建城乡联动机制,提升"城市反哺农村"效应。要稳步推进新型城镇化战略,要采取农村城镇化模式加大城市反哺力度,即要统筹考虑城乡改革发展,统筹考虑公平和效率,统筹考虑城乡需求对接、市场对接、人才对接、技术对接等因素,不断在"对接"中增强贫困户发展的"造血功能"。三是要做好脱贫攻坚与乡村振兴战略的衔接工作。乡村振兴绝不是某一个"村"的振兴,它是一种区域范围内的整体性振兴。要在这样的一种理念前提下,通过"效率"的提升(包括经济效率、社会治理效率、公共服务效率等)彻底阻断"贫困再生"。

(四)开发人力资源、激发致富动能

一是从村的层面实施"领头羊工程"。贫困村要脱贫、要发展除了需要外力作用外,更主要的还是需要有一大批的新型农民、致富能人来带动。因此,大力推行"领头羊工程",营造农村优秀人才脱颖而出的氛围和机制,培养复合型和职业型的农民企业家,是实现贫困村快速发展的关键。第一,要通过加强职业教育、成人教育等培训工作,尽可能多地培养造就有文化、懂技术、会经营的新型职业农民。第二,要建立激励机制,对有突出贡献和创新精神的致富带头人大力给予精神奖励和物质奖励,使他们更好地发挥创新能力和传帮带作用。第三,应大力加强人才队伍建设,建立完善的人才吸纳机制,千方百计将懂科技、懂市场、懂法律的农村专业人才吸引和留在贵州农村。

二是从农民的层面抓建"内生动力培育工程"。第一,要加强对贫困户的思想道德教育,彻底扭转"等靠要"、"贫困也光荣"、"我是贫困户我怕谁"等思想。第二,要切实尊重贫困农户的项目选择权、获益权、话语权、监督权等,建立健全工作参与机制,以稳步提升贫困户的脱贫自信心。第三,要做好对贫困户的综合培训工作,以期提升其人际交往能力、市场适应能力、经营管理能力以及相关的技术能力等,化"能力"为自主脱贫"动力"。

(五)巩固提升后续帮扶计划

一是要不定期地总结前期脱贫攻坚工作的措施、成效以及还存在的短板

问题，要做到"了然于胸"。二是要根据脱贫户致贫的类型、后续发展情况及时调整帮扶措施和工作方式方法，要时刻将"精准"贯穿于脱贫"前""后"。三是要分期、分步骤做好相关的扶贫规划，尤其是要从基础设施建设、农村人居环境建设、脱贫户自我发展能力提升等方面"先入手"。四是要从整体上打破经济系统的"小农经济循环"、生态系统的"人口—资源矛盾"、社会系统的"二元结构"、文化系统的"贫困文化"。

（六）创新机制提升攻坚效率

一是建立与城镇化、大扶贫、大数据、大生态、大市场相适应的乡村治理体制。二是要创新合力攻坚机制。持续推动工作作风革命性转变，坚决破除形式主义、官僚主义；要扎实开展政策落实不到位、部门协作有差距等"专项治理"。三是完善农业产业、旅游产业、林业产业发展协调机制，建立健全产品体系、服务体系、政策体系和保障体系；优化各产业组织结构，推进标准化建设。四是要优化金融扶贫机制。要加强农村金融服务体系创新，进一步完善"特惠贷""互助金"等制度，使贫困农户所获或所贷扶贫资金真正成为一种可持续的生产性资金；积极争取国家的项目支持，争取国家无偿资金或金融优惠政策等。五是建立返贫的预警机制和风险防控机制，要将"苗头"消灭在萌芽状态。

九 结语：趋势与展望

（一）农村产业发展方式出现革命性转变

推进农村产业革命，已经成为全省各级各方的广泛共识。但目前看来，贵州农村产业革命的某些工作仍"在路上"。某种程度上说，农村产业革命要向纵深发展，农村产业发展方式革命必须"先行"，这是形势的"倒逼"。不过，产业发展中"人"这个最重要的生产要素已受到了革命洗礼，即随着各级党员干部干事创业的激情、领导发展的能力、做好群众工作的本领明显增强,广大人民群众市场经济的意识、改变命运的斗志、加快发展的能力不断提高①,农村产业发展方式从传统低效分散方式向现代高效集约方式转变,从单一农业向一二三产业融合发展转变,以及产业新业态的不断涌现,就必将是"顺理成章"之事,就会出现贵州农村产业发展方式革命。

(二)农村产业革命减贫效应越来越显著

2018年,贵州农村产业革命带动204万户788.2万人,实现户均增收1.01万元,人均增收2604.6元(其中带动贫困户45.5万户160.8万人,户均增收8296元,人均增收2348.4元)。全省农村常住居民人均可支配收入9716元,增长9.6%,增速继续保持全国前列。农民收入增长速度比城镇居民增长速度高1个百分点,比GDP增长速度高0.5个百分点。2019年是贵州脱贫攻坚决战之年,中共贵州省委十二届五次全会明确提出,"要在实践中不断完善,推动农村产业革命取得更大成效"。在这种形势背景下,贵州农村产业革命的减贫效应必将越来越显著。

(三)贫困户致富信心越来越足

随着产业革命的深入推进,贵州一些贫困户开始广泛接触市场、掌握规制、参与选择、维护权益,他们的生产生活方式逐渐"产业化改变"或"市场化改变",即其思想观念越来越解放,思维方式越来越现代,"等靠要的度日观"逐渐被摒弃。尤其是随着扶智扶志工作的深入开展,贫困户必将慢慢树立"自信脱贫""自觉脱贫""我要脱贫"的思想观念。

(四)扶贫开发的社会氛围越来越浓

随着大扶贫战略的深入实施,专项扶贫、行业扶贫、社会扶贫的格局日趋成熟,相关堵点、痛点必将有效化解。尤其是在中央的高度重视和大力支

---

① 《中共贵州省委 贵州省人民政府关于深入推进农村产业革命坚决夺取脱贫攻坚战全面胜利的意见》。

持下,社会各界投身扶贫开发的热情空前高涨,贫困群众的自我发展意识也越来越强烈,整个社会充满了反贫困的斗志和激情。

(五)贫困地区发展基础越来越牢固

一是城乡经济融合度的加深使得贫困地区发展基础越发牢固。一方面,农超对接、农校对接、农企对接等方式将农产品大量销往城市而助农民增收,另一方面,城市大量的资金、项目、信息、技术、管理等要素"下乡"又盘活了农村"沉睡资产",发展壮大了村级集体经济。二是城乡社会融合度的加深使得贫困地区发展基础越发牢固。社会融合的加深就意味着相关的公共服务加速向农村覆盖,基础设施如路网、水网、电网、生态网等也加快向农村延伸或趋于一体,从而使得贫困地区基础更加牢固,脱贫更加有保障。

(六)脱贫攻坚越来越接近"两个确保"的目标

脱贫攻坚的最终目标就是要做到"两个确保":确保现行标准下的农村贫困人口全部脱贫,消除绝对贫困;确保贫困县全部摘帽,解决区域性整体贫困。随着省委做出的"4541"决策部署的深入实施,我们可预计甚至有理由相信:19个非贫困县所剩余的13.2万农村贫困人口2019年可全部脱贫;已脱贫摘帽的33个县所剩余的19.82万农村贫困人口2019年可全部脱贫;2019年拟脱贫摘帽的县,其农村贫困人口绝大部分将于2019年顺利脱贫。这样一来,剩下的、未脱贫的贫困人口就将"寥寥无几",从而向"两个确保"的目标又前进了一大步。

(七)生态建设促脱贫可持续

按照"守底线"的要求,贵州在扶贫开发过程中,要始终坚持"保护第一"的方针,即要正确处理好扶贫开发和生态环境保护的关系。事实上,随着生态文明建设的持续深入,其必将倒逼贵州农村走出一条绿色、健康、生态、高效的扶贫之路。所以,从这点来说,生态建设越有成效,则其脱贫越具有可持续性。

（八）贫富分化问题值得关注

由于初始条件的差异，在贵州经济高速发展的过程中，其村与村之间、农户与农户之间、贫困户与非贫困户（包括"边缘户"）之间必定会出现发展不平衡的问题，即贫富差距问题，且一定程度上有可能较来越大，这种迹象亟须警惕。

（九）脱贫户后续发展问题需重视

在省委、省政府的坚强领导下，贵州的贫困户全部脱贫是必然的，但其脱贫后群众如何进一步发展又是一个大问题。否则，如果没有一个有效的生计之路，这些文化素质较低的、普遍缺技术的贫困农民极有可能陷入返贫或相对贫困的"新"境况。

参考文献

杨颖、胡娟：《贵州扶贫开发成效、历程及挑战思考》，《开发研究》2013年第2期，第89~90页。

刘奇：《创新思维：重构中国扶贫战略》，《中国发展观察》2010年第10期，第35~41页。

汪三贵、曾小溪：《从区域扶贫开发到精准扶贫》，《农业经济问题》2018年第8期，第43页。

李华红、张茜：《贵州农村扶贫开发成效认识、理性思考与路径优化》，《新西部》2019年第2~3期，第63页。

李华红：《贵州农村贫困现状观察及精准扶贫研究——基于扶贫成效第三方评估视角》，《新西部》2018年第2~3期，第79页。

黄承伟、叶韬：《脱贫攻坚省级样板——贵州精准扶贫精准脱贫模式研究》，社会科学文献出版社，2016，第21页。

覃娟、梁艳鸿：《广西脱贫攻坚发展报告》，《新西部》2018年第2~3期，第98页。

贵州省扶贫开发办公室：《关于党的十八大以来贵州省脱贫攻坚工作情况报告》，《内部资料汇编》，2019。

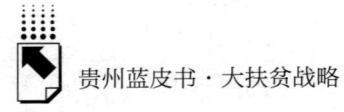

国家统计局农村社会经济调查司:《中国农村贫困监测报告(2009)》,中国统计出版社,2009,第96页。

《中共贵州省委 贵州省人民政府关于深入实施打赢脱贫攻坚战三年行动发起总攻夺取全胜的决定》。

产业扶贫篇

Sub Reports of the Poverty Alleviation
Through the Industrial Development

B.2
贵州推进农村产业革命、壮大集体经济助促脱贫攻坚研究*

陈康海**

摘　要： 农村集体经济是生产资料及其产生的成果归村民共同所有的一种公有制经济形式，是社会主义市场经济的重要组成部分。当前，我国正大力实施脱贫攻坚和乡村振兴战略，贵州正深入推进振兴农村经济的深刻的产业革命，对贵州加快发展壮大农村

---

* 本文系贵州省社会科学院创新工程创新团队项目《贵州省创新农村集体经济发展研究》（项目号2019CXTD08）、贵州省社会科学院创新工程特色学科项目《旅游经济学》（项目号2019CXTS03）的相关研究成果。
** 陈康海，贵州省社会科学院农村发展研究所所长、研究员，研究方向：区域经济、产业经济、农村经济等。

集体经济明确提出了新的要求。但是，贵州农村集体经济实力薄弱、发展明显滞后、体制机制不健全、发展资金短缺、人才严重缺乏等问题突出。贵州必须坚持以改革的精神、改革的举措，着力创新和实践多元化发展模式，推动农村集体经济不断壮大，加快建设社会主义新"三农"，从而助力实现乡村全面振兴。

关键词： 贵州农村产业革命　集体经济　脱贫攻坚　乡村振兴

　　近年来，贵州农业产业结构调整取得了很大成绩，但仍有不少突出问题。要想使农村产业有大发展，助推脱贫攻坚和乡村振兴，必须以前所未有的工作，来一场振兴农村经济的深刻的产业革命，即要在转变思想观念上来一场革命，在转变产业发展方式上来一场革命，在转变作风上来一场革命，以推动产业扶贫和农村产业结构调整取得重大突破。这其中，推动产业发展方式上的革命是产业革命的重中之重。且一般来说，转变产业发展方式要高度重视农村集体经济的"支撑作用"——集体经济越发达的乡村，则其产业发展方式就可能越"创新"或"先进"，从而产业革命的进展就越顺畅、成效就越显著；反之，集体经济越薄弱，产业革命的进度就可能变缓，从而使得以期通过产业革命助推脱贫攻坚和乡村振兴的"愿景"就要打折扣。

　　那么，何谓农村集体经济呢？其是指集体成员利用其资源要素，通过合作与联合实现共同发展的一种所有制形态。它是我国社会主义市场经济的重要组成部分，是社会主义公有制经济在农村的重要体现。我国宪法规定："农村集体经济组织实行家庭承包经营为基础、统分结合的双层经营体制。"党和国家历来高度重视农村集体经济发展，党的十九大报告明确提出，要深化农村集体产权制度改革，保障农民财产权益，发展壮大农村集体经济。但是，贵州农村集体经济的发展现状，既与其功能定位不相适应，也与当前推进农村产业革命、全面完成脱贫攻坚任务和实施乡村振兴战略的要求不相适应，亟待通过加强政策引导和创新体制机制来着力加以改变。

一 对农村集体经济的理论认识

（一）农村集体经济概念界定

农村集体经济亦称为"农村集体所有制经济"，是指生产资料及其产生的成果归村民共同所有的一种村级经济形式。从行政层次上分为村级集体经济和小组集体经济，其中村级集体经济作为一种重要表现形式，具备了农村集体经济一般特征，即生产资料和经营性财产归集体成员共同所有，劳动成果共同分享。当前，农村集体经济已成为美丽乡村建设和乡村振兴的重要经济基础，是推进农村产业兴旺、生活富裕的重要物质基础。[1] 农村集体经济的发展能够保障村级组织的有效运转，促进农村社会稳定，推动农民实现持续增收，也是推进农业产业现代化的重要途径。[2]

从发展阶段上看，农村集体经济是由农业合作化起步、集体化形成的一种经济形态。它分为传统和新型两种，传统农村集体经济伴随着社会主义改造而来，主要是指区域性（行政村）农村劳动群众（村民）集体共同占有生产资料、分享劳动成果的一种公有制形式。它是按照村民自愿互利原则，在产品生产与交换过程中实行一定程度的合作经营，并实现按劳分配的集体所有制经济。[3] 新型农村集体经济是指在社会主义市场经济体制下，以农民为主体，相关利益方通过联合与合作，形成具有明晰的产权关系、清晰的成员边界、合理的治理机制和利益分享机制，实行平等协商、民主管理、利益共享的经济形态。它实际上是村集体与村民股份合作、联合经营、统一管理，产权共有、分配清晰、共同富裕的合作性集体经济。

---

[1] 胡佳：《农村村级集体经济发展壮大路径分析与选择》，《农村经济与科技》2013年第2期，第49~50页。

[2] 王海英、屈宝香、李晨曦等：《贫困地区村级集体经济发展问题探讨——宁夏回族自治区隆德县村级集体经济调研》，《中国农业信息》2016年第9期，第3~5页。

[3] 黄延信：《发展农村集体经济的几个问题》，《农业经济问题》2015年第7期，第4~8页。

党的十五大以后，随着农村经济改革发展的不断推进，农村集体经济朝着市场化多样化的方向加快发展，其内涵和外延不断发生变化。全国各地涌现出了按照自愿原则发展，实行按劳动和按股份相结合分配的多种合作经营方式，股份制农村集体经济得到快速发展。[1] 发展壮大农村集体经济是完善"统分结合、双层经营"的农村基本经济制度的重要举措，是培育农村经济新增长点、挖掘农村市场消费需求潜力的重要手段，对促进社会和谐、统筹城乡发展和全面建成小康社会、实现乡村振兴意义十分重大。

（二）农村集体经济主要形式

农村集体经济发展需要借助相应的载体。伴随着我国农村改革和农业现代化的加快推进，农村集体经济形式呈现出多样化发展的良好势头。从实现形式和收入来源看，农村集体经济可分为两大类。

1. 外援式农村集体经济

即农村集体经济收入来源于外部，主要包括国家和地方政府财政转移支付，以及各种基金、企业和社会捐赠等。其中，以财政转移支付为主，其他各种基金、企业和社会捐赠等所占比例较少。

2. 内生式农村集体经济

即农村集体经济收入来源于内部，主要包括村集体内部资源、资产经营和劳动投入所获得的财产性收入、经营性收入等。财产性收入是指村集体财产出售（土地征收）、出租、投资等收入，经营性收入是指村集体开办经济组织经营所得。内生式农村集体经济又包含以下类型。

（1）村集体统一经营模式，即没有实行家庭联产承包，但由村级集体采取统一经营。该模式现行情况较少，主要集中在少数集体经济发达、生产力水平较高的农村地区，如江苏华西村、黑龙江兴十四村、河南刘庄村等。

---

[1] 金则青：《农业科技现代化下的村级集体经济发展——以浙江省湖州市南浔区为例》，浙江农林大学硕士学位论文，2017。

（2）以家庭联产承包为基础、以市场为导向、以村级资源有效利用为目标的村级集体经营模式。该模式是目前我国农村集体经济的主要实现形式，也是国家和各地区扶持农村集体经济发展试点的主要形式。其具体形式主要有：一是村集体作为控股股东或实际控制人，领办村级集体组织（农民专业合作社），并吸引其他主体（企业、农民）参股经营。它能有效发挥村级集体带动作用，确保村集体资源、资产、资金保值增效，增强村级集体自我发展能力，促进农民持续增收。二是村集体以土地、设备等要素投资入股，参与其他主体控股或控制的经济组织经营，实行按股分红、共享成果。它能有效利用外部资源，在控制投资风险前提下获取稳定收益。三是村集体通过直接购买、开发建设等形成资产资源，将其对外租赁获取投资收益。

诚然，我国农村集体经济实现形式多种多样，但以家庭联产承包为基础、通过村级集体采取多种方式开展经营的模式，则是农村集体经济的有效实现形式，目前认同度较高和较为普遍。作为国家扶持农村集体经济发展试点首推的模式，由村级集体领办农民专业合作社构成了其发展的主要内容。

二 农村集体经济对脱贫攻坚和乡村振兴的重大意义

当前，我国大力推进脱贫攻坚和全面实施乡村振兴战略的新形势，要求必须深刻认识农村集体经济的功能定位，深刻认识农村集体经济和农村产业革命对脱贫攻坚与乡村振兴的重大意义。推进脱贫攻坚的根本目标是消除贫困，改善民生，逐步实现共同富裕，其主战场在农村，难点焦点也在农村。在新时代，大力发展农村集体经济、推进农村产业革命，既是打赢脱贫攻坚战的重要举措，也是深化农业供给侧结构性改革、实现高质量发展的重要举措，更是贵州推进脱贫攻坚和经济社会发展的根本途径和长远大计。对于有效夯实党的执政基础、完善社会治理、全面建成小康社会、实施乡村振兴战略、实现中华民族伟大复兴具有重大的现实意义和历史意义。

（一）发展壮大农村集体经济是坚决打赢脱贫攻坚战的迫切需要

1. 发展壮大农村集体经济是实现农业增效农民增收的主要路径

国家《关于打赢脱贫攻坚战三年行动的指导意见》和《乡村振兴战略规划（2018～2022年）》明确提出，要着力激发贫困人口内生动力，着力夯实贫困人口稳定脱贫基础，着力加强扶贫领域作风建设，切实提高贫困人口获得感，确保到2020年贫困地区和贫困群众与全国一道进入全面小康社会，为实施乡村振兴战略打好基础。但是，目前贵州部分贫困地区很大程度上仍然依赖国家、区域政策支撑和社会帮扶，缺乏自主"造血"能力。特别是部分贫困村仍存在消极坐等、无所适从、思路不宽、办法不多、收入不稳定等问题。而农村集体经济作为农村基本经济形态，是实现农业增效、农村繁荣、农民增收的重要基础。发展壮大农村集体经济，其出发点和目的是增加农民收入、改善农村环境、提升农民生活质量，实现共同富裕和可持续发展，发展成果让全体村民共享。只有着力强化和壮大村级集体经济，才能切实推动对贫困地区实现从"输血"向"造血"的本质转变，切实增强贫困地区自我发展能力。可见，发展壮大农村集体经济与新时代推进精准扶贫、脱贫攻坚的目标完全一致，是坚决打赢脱贫攻坚战的迫切需要。只有找准农村产业革命的突破方向和着力点，找准村级集体经济与脱贫产业的契合点，积极发展农业适度规模经营、发展农村特色优势产业、发展农村服务业、乡村旅游等促进农民增收，才能够为精准扶贫、精准脱贫增添动力和活力，为顺利完成农村脱贫攻坚任务、实现共同富裕提供重要物质基础和根本保障。因此，要坚持充分发挥农村集体经济强村富民的重要作用，着力探索和推动集体经济与脱贫攻坚融合发展，采取更加有力的举措、更加集中的支持、更加精细的工作，切实加大精准扶贫力度，坚决打好精准脱贫这场对全面建成小康社会具有决定性意义的攻坚战。

2. 发展壮大农村集体经济是提高农民组织化程度的重要载体

农村集体经济属集体所有、村民共有，是农村党组织与群众之间最好的利益链接点。当前，贵州发展村级集体经济的过程就是脱贫攻坚的过程，而村级集体经济增收难一直是制约脱贫攻坚的短板。由于农村产业发展组织化和专业化程度低，村民单打独斗只可能使极少数人富裕起来，只有发挥集体的力量将村民组织起来实施抱团发展，才能有效应对市场经济竞争，助力脱贫攻坚。只有坚持走集体化发展道路，积极发展村级集体经济，才能把农民群众组织起来，培养职业化专业化的新时代农民队伍。无劳动能力贫困户的脱贫是脱贫攻坚的难中之难、重中之重、急中之急。只有发展壮大村级集体经济，聚集体之智，举集体之力，才能补齐脱贫攻坚最后一块短板，不让一个群众在小康路上掉队。总之，只有大力发展农村集体经济，切实加强农村党组织、集体经济组织、农民专业合作社、农村企业等组织建设，构建好农村产业经营体系，才能大幅提升农民组织化程度，有效整合农村产业发展要素，获取产业要素集聚效应。因此，要坚持把增强农村集体经济实力作为脱贫攻坚重点工程来抓，充分利用村集体的资源要素，采取土地流转、转变土地经营模式，入股龙头企业、农民专业合作社等方式，着力提高脱贫攻坚质量。通过实施抱团闯市场，逐步实现稳定增收、稳步脱贫、共同富裕，从而形成人人支持和参与农村集体经济发展的良好氛围，助推脱贫攻坚。

（二）发展壮大农村集体经济是实现乡村全面振兴的必由之路

1. 发展壮大农村集体经济是实施乡村振兴战略的基本途径

实施乡村振兴战略是党的十九大报告提出的重大战略，是新时代我国"三农"工作的总抓手和实现农业农村现代化的重大决策部署，是决胜全面建成小康社会、全面建设社会主义现代化国家的重大历史任务。其总体要求是：产业兴旺、生态宜居、乡风文明、治理有效、生活富裕。发展壮大村级集体经济正是强农业、美农村、富农民的重要举措，是实现乡村全面振兴的必由之路。现阶段全国许多地方村级集体经济发展却明显滞后，村集体经济收入低、可经营性资产少，并且村集体资产归属不清、权责不明、管理不善、保护不力，发展路子少、发展难度大等问题普遍存在。特别是贫困地区农村集体经济发展问题更加突出，面临的制约更多、难度更大，难以保障集体资产、资源、资金的保值增效，难以实现村集体的自我发展与壮大，难以适应发展现代农业和完善乡村治理的要求，从而导致村支两委工作正常运转不畅，严重削弱了党和政府在农村的影响力。解决这些问题，仅靠公共财政转移支付资金远远不够，其最现实最有效的途径就是发展壮大村级集体经济，增强基层组织造血功能，激活农村发展内生动力，让农村集体经济成为民心所向，民利之基。因此，必须深入思考农村集体经济如何实现发展壮大和提升自我发展能力。要坚持把大力振兴农村集体经济作为实施乡村振兴战略的必然要求和基本途径，让农业成为有奔头的产业，让农民成为有吸引力的职业，让农村成为安居乐业的美丽家园。

2. 发展壮大农村集体经济是实施乡村振兴战略的强力支撑

随着工业化、城镇化加速推进和市场化步伐不断加快，我国农村经济社会结构正发生深刻变化。当前，我国农村集体经济发展实力仍非常薄弱，存在着大量"无钱办事，无人办事，无章理事"的集体经济"空壳村"。实施乡村振兴战略，产业兴旺是重点，生活富裕是根本，其落脚点在于解决"三农"问题，只有农业振兴、农村振兴、农民振兴才能实现乡村振兴。农村集体经济的强弱直接关系"三农"问题解决质量，关系党在农村的凝聚力、号召力和战斗力，直接影响农业农村现代化建设和乡村治理体系的构建。只有加快发展村集体产业，不断增加村集体收入，不断壮大农村集体经济，才能统筹推进农村经济建设、政治建设、文化建设、社会建设、生态文明建设和党的建设，从而为乡村全面振兴提供有力支撑。因此，发展壮大农村集体经济是实现乡村振兴的根本保障。这就迫切要求，进一步统一思想认识，加快形成发展农村集体经济的广泛共识。要坚持把消除农村集体经济"空壳村"作为推进乡村振兴战略的重点来抓，使农村集体经济实力不断增强，走上跨越发展之路。要坚持以三产融合推动发展现代农业，以乡村旅游推动建设富美农村，以就业创业打造新型富裕农民的"三农"振兴新模式，辅以乡风民约建设、基层组织建设，实现社会主义新"三农"，从而助力实现乡村振兴。

三 贵州农村集体经济发展系统分析

（一）贵州农村集体经济发展现状

近年来，贵州省委、省政府高度重视农村集体经济发展，把发展壮大农村集体经济作为打赢脱贫攻坚战、推进农业现代化、提高农村公共服务能力和提高基层组织凝聚力战斗力的重要抓手，不断加大政策扶持力度。2014年，贵州出台了《关于培育发展壮大农村集体经济若干政策措施的意见》（黔府发〔2014〕30号），制定了培育壮大农村集体经济组织、创新涉农项目扶持方式、加大财税金融支持力度、大力拓展农村集体经济组织服务内容、建立健全激励约束机制、加强组织领导和典型示范等方面43条"含金量"极高的政策措施，为促进农村集体经济发展注入了强大动力。进入"十三五"后，贵州深入贯彻习近平总书记关于新形势下农村改革发展稳定的重要指示精神，着力推进改革创新，加强分类指导和政策扶持，充分调动村集体、企业、农民积极性，推动新型集体经济组织加快发展。2016年，贵州被国家财政部列为全国扶贫村级集体经济发展13个试点省份之一。[①]根据《中共贵州省委 贵州省人民政府关于稳步推进农村集体产权制度改革的实施意见》（黔党发〔2017〕20号），贵州优先支持贫困地区村级集体经济发展。2017年，全省共下拨中央和省级扶持村级集体经济发展试点补助资金6.45亿元，新增桐梓、湄潭等29个试点县，扶持村级集体经济发展试点县达到75个，实现了66个三大集中连片特困地区县和重点县全覆盖。通过扎实推进试点工作，已有622个村实现创收，收益5311.2万元，619个村创办了村集体企业、村集体专业合作社等集体经济组织，带动20.84万农民增加收入（其中贫困人口3.73万人），加快了脱贫发展步伐。

为促进农民专业合作社加快发展，充分发挥对脱贫攻坚的积极作用，

---

① 贵州省委政研室调研组：《贵州省发展村级集体经济调研报告》，内部资料汇编，2016。

《贵州省发展农民专业合作社助推脱贫攻坚三年行动方案（2017~2019年）》提出积极培育新型农业经营主体，大力发展农民专业合作社。根据统计，截至 2018 年 4 月，全省工商注册的农民合作社达到 73417 家，带动 292.74 万农户，其中建档立卡贫困户 85.21 万户。2017 年，全省农民合作社经营收入共 2752251.79 万元，社均 37.48 万元；入股分红 153051.12 万元，社均 2.08 万元。其中，建档立卡贫困户入股分红 63128.04 万元，户均 741 元。全省农民合作社拥有注册商标 1587 个，通过"三品一标"认证的农产品达 2611 个，通过 ISO9000、HACCP 等质量认证的合作社 179 家。全省有国家级示范社 171 家，省级示范社 160 家，省级以下示范社 2307 家。

贵州坚持以"三变"改革为统揽、以集体经济组织为支撑、以特色产业为关键、以科学管理为保障，采取"支部+合作社+农户"等多种形式，着力推进"生产、销售、信用""三位一体"新型合作，积极创办农民专业合作社，努力盘活农村集体"三资"，通过大胆探索和创新，推动了农村集体经济不断发展壮大。全省涌现出一批特色鲜明、效果明显的经验做法，如六盘水市"三变"改革、安顺市"三权"促进"三变"、遵义市"三资"转换、黔南州经营乡村促"三变"、铜仁市"三社合一"促"三变"等。

（二）贵州农村集体经济发展类型

贵州在大力推进农村集体经济发展过程中，各地区坚持紧密结合自身基础条件和资源禀赋，积极探索不同的发展类型，目前已形成了多元化发展的格局。从发展方向及收入来源看，全省农村集体经济发展可分为三大类型，即资产收益型、产业发展型和财政补贴型。

1. 资产收益型

资产收益型农村集体经济是指充分利用村级集体闲置资产，如自然资源（集体矿山、土地、山林、鱼塘、果园等）和不动产（办公用房、仓库、礼堂、学校等），来有效增加村集体经济收入。资产收益型农村集体经济又分为资产处置型、资源利用型和资产经营型。

资产处置型是指通过出售（征收）村级集体资产获取收入，为一次性农村集体经济收入来源，具有不可持续性特点。资源利用型是指通过采取土地入股、存量折股、增量配股等多种形式，推动实行农村集体资产股权化、股份化，增加村级集体收入。如余庆县构皮滩镇构皮滩村以水利资源折价320万元，参与投资建设天星桥水电站，每年可增加村集体经济收入56万元。资产经营型是指通过建设厂房、门面及服务设施，采取租赁经营方式，获取稳定的村级集体经济收入；也存在利用非农用地或开发利用集体经营性建设用地，新建沿街楼房、农贸市场、农家乐经营点、停车场、商铺等，通过租赁等途径盘活村级集体资产。如黔西县百里杜鹃向阳社区、育才社区，通过出租门面、建设停车场收费的方式，每年获取集体经济收入52.1万元。

2. 产业发展型

产业发展型农村集体经济是指依托村级各种优势和有利条件，通过在本村发展特色产业、服务业或易地发展"飞地经济"等，来有效增加村集体经济收入。产业发展型农村集体经济可细分为本地产业发展型和易地置业发展型。

本地产业发展型主要有两种形式：一是积极围绕实施"一村一品"，紧密结合本地产业发展，着力发展种养业、农产品加工、电子商务、乡村旅游等业态。如罗甸县龙坪镇五星村采取"支部＋公司＋农户"模式，与贵州新中盛公司联建"万亩火龙果示范种植园区"，与贵州汇生公司开发种植面积约700亩的酱香黄檀和柚林基地，实现农村集体经济积累58万元。二是充分利用本地劳动力建立村级建筑、劳务服务站等经营性实体，积极承担有关建设项目，开展道路养护、林业绿化、环卫清洁、家政、保安等经营服务。如花溪区孟关乡上板村投资90万元，注册成立贵州上板金桥工程有限公司，积极承揽周边地区工程项目，先后承接了国际汽车贸易城临时公交车站项目建设盈利约25万元、富源南路挡土墙建设盈利约10万元、贵阳传化物流港场平工程建设盈利100余万元。

易地置业型是指在外地投资兴业，发展"飞地经济"，以解决不靠近市场（城镇）和缺乏优势资源的不足，来有效实现村集体经济增收。村集体可以在区位优势明显的县城、园区或中心城镇，与具有发展潜力、缺乏资金的村寨实行易地新建、联村共建等，建设打造村级集体"飞地经济"。它有利于无资源优势、无稳定集体收入、无固定资产的经济薄弱村，通过行政划拨、社会投入、政府购买等，在区位较好的地区兴建商业门面、专业市场、停车场等物业设施，采取租赁或经营的方式来增加集体收入。如盘州市淤泥村村民集资了3000万元，在园区易地购置49亩土地，兴办食品加工厂，村级集体每年门面租赁及经营收入达100多万元。

3. 财政补贴型

财政补贴型农村集体经济是指依赖政府财政转移支付，通过争取获得财政拨款（补助），来实现村集体经济收入的原始积累。财政补贴型农村集体经济主要集中在地理位置偏，无有效资源收益来源，无相应产业发展支撑，集体经济非常薄弱的村寨。对于产业基础薄弱的村寨，政府往往采取先期给予一定财政支持方式，帮助发展村级产业。财政补贴也常用于具有一定发展基础、前景非常好的村寨，目的是更好更快发展农村集体经济，凸显发展示范带动效应。对于列入发展示范村建设的村寨，政府一般会有相应的财政配套补助资金。如黔东南州从2015年起每年安排200万元，建立集体经济发展以奖代补资金；县（市）每年投入不低于100万元，设立"农村集体经济发展扶持基金"。织金县财政每年为当年出列的贫困村每村整合村集体经济发展专项资金50万元，还分批为120个深度贫困村安排财政扶贫资金，整合后统一交由村集体领办、创办经济实体，目前已为120个深度贫困村每村安排第一批财政扶贫资金10万元。

（三）贵州农村集体经济发展存在的问题

1. 发展水平不高

（1）整体实力不强。与全国相比，贵州农村集体经济实力薄弱、发展明显滞后。2015年，贵州村级集体资产平均水平仅80.71万元，为全国平均水平1/7、东部地区平均水平1/13、中部地区平均水平1/3，不足西部地区平均水平1/2；全省村级集体总收入年均水平仅24.1万元，为全国平均水平1/3、东部地区平均水平1/5、中部地区平均水平1/2、西部地区平均水平3/4左右。全省农村集体经济产业层次较低，发展主体规模较小，融入工业化、城镇化程度不深，缺乏现代企业制度建设，缺乏像东部地区那样的集体经济明星村、知名产业，以及在全国叫得响的品牌。

（2）发展不平衡。贵州农村集体经济发展较好的村寨大多集中在城郊、县郊，村级资源利用率高、转化率高、收益率高，而发展较差的村寨主要分布在远郊，资源基本未利用起来，农村集体经济收入低。

2. 体制机制不顺

（1）面临着制度困境。贵州主要是通过村支两委领办（牵头组建）农民专业合作社，作为农村集体经济发展的依托。村支两委既是合作社发起人，也是实际出资社员，这与《农民专业合作社法》规定明显矛盾。法律明确规定，"具有民事行为能力的公民，以及从事与农民专业合作社业务直接有关的生产经营活动的企业、事业单位或者社会团体，能够利用农民专业合作社提供的服务，承认并遵守农民专业合作社章程，履行章程规定的入社手续的，可以成为农民专业合作社的成员。但是，具有管理公共事务职能的单位不得加入农民专业合作社"。村支两委（主要是村委会）并非我国民法严格意义上的"企业、事业单位或社会团体"。根据《村民委员会组织法》规定，村委会承担着公共事务管理职能。因此，由村支两委发起建立合作社并成为社员，面临着法律制度困境，从而使村级集体资产通过村委会入社的形式实现增值增收受到限制。

（2）制度机制不健全。一是未严格章程制度。主要是贵州农村集体经济组织管理制度不系统不完整，甚至章程照抄照搬示范章程，在重大事项上没有约定或约定不明确，缺乏管理基础。部分村级集体没有形成共同参与、利益共享、风险共担的有效管理体制，工作不透明，管理手段欠缺，监督力度不强，导致无法为农村集体经济良性运行提供顶层制度规范保障。

二是激励机制不健全。全省村支两委人员大多担任村级集体经济组织的管理职位，且多为政府推动，存在着被动兼职的现象。多数合作社奖励激励机制没有建立健全，没有明确规定成员报酬发放具体标准，加之上级奖励扶助政策尚未兑现到位，致使村集体经济管理人员待遇无法落实，从而影响了村支两委人员积极性,削弱了发展农村集体经济的动力。

三是共享机制不健全。全省农村集体经济组织多数采取认缴制方式组建,农户按"一户一入"要求自愿申请入社,按认缴金额占股受益,但要承诺用土地入股发展产业。对此,有的农村集体经济组织只考虑土地入股的农户利益,没有考虑其他成员利益。按照"公司+村级合作社+产业+农户"模式,农户获得保底分成是土地入股产业所取得分红,而集体经济则基本没有收入。

四是组织结构设置不合理。全省部分农村集体经济组织设立之初就存在产权归属不明晰问题,村级集体组织与设立主体产权不清,没有做到财务、管理、经营、项目"四分开",未能有效界定合作范围,导致组织结构松散,利益分配不明确,甚至有利则合、无利则散。还有部分农村集体经济组织设置不合理,存在"一股独大"现象,少数人控制利润分配,普通农户得益较少。

五是财务管理制度不健全。全省大多农村集体经济组织没有专门财务人员,没有建立专门成员账户,村级集体资金使用监管还处于盲区。主要是对公积金和财政扶持形成的资产未量化到成员账户,对主要成员流动、资金流动和法人变更缺乏监管和追责办法。另外,项目结余资金和经营盈余资金管理使用不统一,没有履行经济组织的职能,致使集体经济利益受损。

3. 发展要素有限

(1) 发展资金短缺。全省大多数村级集体原始积累有限,社员以现金入股比例很低,主要依赖政府财政补助资金或涉农项目资金。加之,农村集体经济组织运行不规范,金融风险抵押落实难,融资渠道狭窄,主要依靠社员个人信用贷款或抵押担保贷款。而农业开发投资较大、周期较长,需要持续的资金投入,从而使农村集体经济发展面临巨大资金缺口。这对产业规模、产业管护、产品开发、市场开拓、品牌打造、创收能力等产生了系列影响,严重制约着农村集体经济持续快速发展。

(2) 产业选择受限。全省农村集体经济发展主要围绕种植业和养殖业展开,较少延伸产业链和价值链,特别是对农产品标准化生产、深加工等涉足不深。目前仍停留在低层次上，往往只能在某个产品或环节上提供有效服务，无法提供全流程有效服务，致使产品附加值较低，多数产业规模很小。并且，产业发展选择和布局上对政府扶贫产业依赖过大，主导产业基本采取政府部门确定、乡镇配合实施、村级抓落实的模式，村社一级对产业发展选择空间很小。

（3）市场开拓不畅。全省农村集体经济组织对市场预判还存在着明显偏差，市场开发实力弱，致使产品生产与市场销售脱节，甚至出现滞销现象。加之，主导产业发展不成熟，产加销一条龙的产业链太少，品牌打造不力，叫得响、打得开的品牌严重缺乏。同时，主管部门对品牌和商标管理不到位，缺乏规划和设计，使网络营销受到制约，无法承接较大规模的商业服务。因此，提升产品质量还需更多时间，占有市场还需做进一步努力。

4. 能力素质不足

（1）村支两委作用有待加强。作为农村集体经济发展领头者，村支两委起着至关重要的作用。如果村支两委特别是村支书、村主任自身素质和能力强，就能带领群众发展生产，有效促进农村集体经济发展；如果自身素质和能力差，则会严重影响农村集体经济发展，其发展将会不理想。目前贵州一些村支两委在农村集体经济发展中作用不突出，有待进一步加强。通过调研发现，村支两委干部对发展农村集体经济认识仍然不高，缺乏切合实际的发展规划，发展思路不清晰，重视程度不够等，在指导、扶持和服务方面不够有力，从而使农村集体经济无法上档次、上规模。

（2）各类专业人才严重缺乏。贵州农村集体经济组织领导层基本由村干部或自身素质稍突出的成员担任，其中大专以上学历的人员基本没有，懂经营善管理的专业人才，尤其是带动发展的领军人才严重缺乏。管理者普遍缺乏管理、财务、技术、信息、营销等专业知识，思想封闭保守，合作意识缺乏，难以为社员提供优质、高效服务。另外，农村集体经济组织是围绕"当地优势主导产业"而组建，但加工型产业专业人才奇缺。虽然部分是种植多年的农户，具有一定实践经验，但严重缺乏新理论和新科技知识，特别是掌握现代农业生产技术的职业农民十分缺乏。

(3)社员素质能力亟须提升。全省农村集体经济组织的成员绝大部分是农民,文化程度低下。目前农村劳动力明显不足且结构不合理,剩余年轻劳动力少,生产人员年龄偏大。而农民对发展农村集体经济普遍认识不清,缺乏合作意识,以为加入合作社就是简单的合伙干,加入后又怕失去生产经营自主权。大多数农民都是根据经验从事农业生产经营,一般都不愿意将钱投入风险性大的生产经营当中。因此,必须加快提升农民合作社社员的素质能力。

四 贵州发展壮大农村集体经济的对策建议

(一)健全完善农村集体经济发展的体制机制

1. 探索和破解农村集体经济制度困境

(1)探索村集体成为合作社社员路径。如前所述,由村支两委(村委会)牵头组建农民专业合作社并成为社员,目前还面临着法律框架下的制度困境。显然,这将严重影响和制约农村集体经济实现程度,也会引致对农民专业合作社(村社合一)作为农村集体经济发展有效途径的正当性质疑。因此,急需加快探索村级集体(村委会)成为合作社社员的有效途径。

(2)深化农村集体资产产权制度改革。要坚持以农村"三变"改革为统揽,积极探索农村集体经济有效实现形式,确保集体资产、资源、资金增值增效。着力推进村级集体资产股份量化入股,加快实施以户为单位固化股权改革;积极推进增资扩股,引导社会闲散资金加速积聚,不断提高集体资产财产投资收益。深入研究、建立健全村级集体资产"三权"有序流动和科学计量的运行机制,加快推动资产股权流转,促进村级集体资产自由合理流动,保障村民和村集体合法权益。着力培育发展农村集体经济组织,不断扩大市场份额和竞争力,使其真正成为市场化主体。

(3)推进农村集体经济股份合作制改革。积极推进股份合作制改革,能有效解决村集体资产经营中产权模糊、责权不明、监督失灵、权能结构错误等体制缺陷,建立完善适应现代农业生产和市场经济发展的经营管理体制,打造农村集体经济全新运作平台。贵州应坚持在依法、公正、合理、民主的基础上,加快农村集体经济股份合作制改革,实行民主决策、规范操作,努力提升运作透明度。要合理计量农村集体资产入股,将村级集体资产和财政补助资金合理量化到村集体和村民,在条件允许时适当减少村级集体股份,增加村民股份,以充分发动农民群众,切实保障农民利益。

2.建立完善农村集体经济内部制度

(1)建立完善治理结构。贵州农村集体经济组织应坚持借鉴现代企业经营管理制度,加快建立完善"产权清晰,权责明确,运行规范,管理高效"的法人治理结构。一是着力处理好与村级集体的关系,确保村级集体资产获得有效收益;处理好与村支两委的关系,避免"政社不分",确保独立运行;协调好内部成员关系,降低决策失误造成集体资产损失。二是有条件的集体经济组织,应探索采取经理人和内部激励等措施,充分激发运行动力和活力。三是加强内部管理控制,降低无效浪费,提升运营水平,规避运营管理风险。

(2)建立健全管理制度。为督促农村集体经济组织规范运行,要加强严格管理。一是建立完善民主管理机制。认真履行民主选举、民主决策、民主管理、民主监督程序,确保成员主人翁地位和经济利益。二是建立健全利益分配机制。兼顾投资者与生产者利益,构建利益均沾、风险共担利益共同体,真正做到联办、联心、联利。三是健全完善动态监管制度。加强指导、严格工商年检等工作,加大动态监管力度,对年检不合格的进行限期整改或启动注销制度。四是规范完善财务管理制度。强化资金管理,特别是财政补助资金管理,严格推行社务、财务公开;规范配置财务人员,规范设置会计账簿,依法设立成员账户、明细账;加大对管理人员的监督,着力提高财务管理合法、合规和真实性。

(二)着力夯实农村集体经济的发展能力

1.加大政策支持力度

一是建立加快农村集体经济发展的联席会议制度。应在全省县级以上建立联席会议制度，以政府主要领导或分管领导为召集人，以工商、财政、扶贫、供销、林业及金融等单位为主要成员，研究提出加快农村集体经济发展的方针政策，加强分类指导，推动新型农村集体经济尽快发展壮大。二是进一步加大政策扶持、落实和支持力度。着力整合各项惠农政策，进一步落实和引导财政支农专项资金和项目向村级集体经济倾斜，政府可优先购买村级集体提供的相关服务。加大以奖代补力度，积极支持农村集体经济产业发展，努力提高建设投资收益。三是进一步加强涉农资金捆绑集中使用。重点支持农村集体经济发展贷款贴息、技术培训、新品种引进、新技术推广、信息化建设、标准化生产、市场开拓、加工和质量安全监测体系建设，以及水、电、路等农村基础设施建设。四是进一步简化工作程序，创新工作模式。在"三权"分置改革的基础上，积极为农村集体经济组织办理林权、土地经营权、厂房产权等权属证书，切实盘活农村资源、资产。五是建立完善农村产业扶贫资金入股分红机制。对贫困户到户产业扶贫资金折股量化后，要集中投入农村集体经济发展中使用，实行按股分红。

2. 加强人才培养引进

针对农村集体经济的人才瓶颈问题，应切实加强培养与引进，着力提高经营能力和水平。一是强化人才培养。加快建立人才培育机制，多渠道多形式培养农村集体经济发展所需人才。要加强对农村集体经济管理者特别是负责人的培训，充分利用新型职业农民培育、远程教育、农业职业学院等相关平台，着力培养适应市场需要的职业经理人、农业经纪人、市场营销人才和生产技术型人才，不断提升经营者及成员的管理能力和专业技能。二是加强人才引进。对农村集体经济组织发展，应着力开展"能人回请"计划，要鼓励支持科研、农技人员前来兼职或担任技术顾问，积极吸收返乡农民工、大中专毕业生入职，探索大学生村官兼职制度，支持吸纳物流、信息、营销等农村经纪人加盟。对"会管理、善经营、能致富、敢带头"的能人，要积极吸纳其担任负责人，以有效提升农村集体经济发展能力和水平。

3. 加强村支两委建设

村支两委是农村集体经济发展的组织者和推动者，要着力加强村支两委建设，为发展农村集体经济提供有力保障。一是全面加强对村支两委考核考评。要将发展农村集体经济作为对村支两委考评的硬性指标，纳入年度考核重要内容。坚持以农村"三变"改革为契机，着力推进农村集体产权制度改革，加快建立健全农村集体经济组织，补齐或完善乡村治理中集体经济管理服务功能。以深入实施产业党建为抓手，积极推行建立党支部，发挥支部应有的指导作用。二是全面加强村支两委队伍建设。要坚持将经营管理能力强、政治素质过硬、责任心强、能奉献的人选到两委班子中来，让其选得上、留得下、干得好。注重从致富能手、农民合作社负责人、优秀民营企业家、外出务工经商人员、复员退伍军人、返乡创业人员、大学生村官中，选拔优秀人才进入村级领导班子，提高村级领导班子成员"理财治家"能力。要加强对村支两委成员（特别是村支部书记、村主任）教育培训，选派到乡镇挂职锻炼，组织成员外出考察学习，增强带领村民发展致富的能力；鼓励支持有能力、想干事的村支书、村主任积极牵头，依托本地优势资源，推动农村集体经济加快发展。

（三）增强农村集体经济组织市场化运作能力

1. 探索多元投融资渠道

（1）加强金融融资。要建立健全风险防范机制，加快建设贷款担保资金池，认真落实金融信贷扶持措施，着力解决农村集体经济组织贷款无抵押、无担保和贷款难等突出问题，切实增加中长期和规模化经营资金投入。大力推进"三权"担保抵押融资贷款，积极探索土地经营权、林权、房屋所有权、宅基地使用权、农业生产设施、养殖圈舍以及生物资产（禽畜、果树、苗木）等抵（质）押贷款模式。对运行较好、产业前景好的农村集体经济组织，要加大金融支持力度，优先推进农村信贷、小额信用贷款、互助资金覆盖面，扩大免担保、免抵押和基准利率贴息的惠农扶贫小额信贷规模。

（2）开展资本运作。加快探索和创新农村集体经济资本投入方式，积极开展资本运作、开发金融产品。一是着力吸引资本入股经营。对有一定实力的农村集体经济组织，应通过优化分配制度，努力吸纳货币资金入股经营，不断增加流动资金，确保生产经营良性运行。二是着力吸纳社会资本。对资源丰富、市场前景好，但发展条件差、积累少的农村集体经济组织，应利用优势资源引入社会资本，特别是要与有实力的企业开展合作，可采取以项目经营收益充抵投资。总之，要充分调动和有效配置各类要素资源，不断提升资产运营效益，切实解决发展资金短缺问题，促进农村集体经济良性运行。

2. 大力拓展业务范围

（1）优化调整产业结构。全省各地应坚持以市场为导向，以完善利益联结机制为核心，紧紧围绕农业供给侧结构性改革，着力优化调整农村产业结构，推动农村集体经济创新发展。要坚持立足市场、资源、区位、资产等优势，选准选好发展路子，实行宜农则农、宜工则工、宜商则商、宜游则游，积极发展特色优势产业，促进第一产业"接二连三"。一是大力发展"资源经济"。对于土地、气候、生物、旅游等资源较为丰富的村寨，可依托当地生产条件、景观条件，积极发展山地特色高效农业和观光农业，发展乡村旅游、养生养老、休闲度假、民俗体验等旅游项目。二是大力发展"物业经济"。对于区位条件较好，如城中村、城郊村和产业商贸园及交通沿线的村寨，可充分利用自身优势，将村级集体存量资产和留用地用于建设标准厂房、商铺店面、写字楼、职工宿舍等，实行租赁经营增加集体收入。三是大力发展"三产"服务业。对于产业积淀深厚或服务业基础较好的村寨，可围绕特色优势及市场需求，积极开展农业技术服务，承揽服务业外包，如建筑工程、道路养护、河道保洁、家政服务等。同时，发挥政府调控作用，着力引导特色优势产业集聚，建立健全生产、加工、销售一体化产业链体系，促进产业集约化规模化发展，不断提升农村集体经济产业化水平。

（2）实施联合抱团发展。面对农村集体经济发展资金少、发展成本高、增收平台小等突出问题，全省必须从实际出发，因地制宜，积极实施联合抱团发展，切实扩大农村集体经济发展规模。一是联合抱团发展产业。要围绕特色产业发展，跳出村域限制，联合抱团联村或易地共建"飞地"产业项目，将发展条件好的临近村域确定为产业共同发展区域，共同分享生产技术、管理经验、销售渠道，以分担生产成本，扩大产业规模，提升产业效益。二是加快组建经济联合体。要大力引导互补性较强的村寨组建农村集体经济联合体，以现代经营理念实施联合抱团发展。通过村与村之间联合，共同打造一批经营水平高、盈利能力强的经济联合体。三是积极推进示范带动。要以制度健全、运行规范、产业前景好、增收明显的农村集体经济组织为龙头，充分发挥特色资源、交通区位、发展环境氛围及扶持政策等优势，积极支持具备条件的村寨做大做强，成为发展样板，着力放大名村名寨效应，推动农村集体经济加快发展壮大。

（3）借助外力推动发展。全省各地区一定要坚持对外合作，充分借助外力，积极吸纳外来资源要素，加快发展农村集体经济。一是借助外力解决市场销售问题。积极借助外力是破解农村集体经济市场开拓难题的重要途径。目前全省农村集体经济市场销售渠道狭窄，有的甚至是项目已落地并投产，而销售市场却仍未打开。对此，必须加强市场资源整合，通过与企业签订产品供销合同，或引入公司开展合作经营，切实增强亢市场风险的能力。二是借助外力开拓产业发展空间。通过借助外力，既可以引入经济战略资源，补齐自身发展短板，又可以实现强强联合，有效拓展农村集体经济发展空间。因此，要积极借助外力，着力突破或降低发展条件的限制，实现劣势地区借势发展、优势地区强势发展，为实现乡村振兴打下坚实的产业基础。

参考文献

《省人民政府关于培育发展壮大村级集体经济若干政策措施的意见》（黔府发〔2014〕30号），贵州省人民政府，2014年11月17日。

谌贻琴：《在全省发展村级集体经济推进大会上的讲话》，《贵州日报》2016年7月29日。

《中共中央 国务院关于稳步推进农村集体产权制度改革的意见》，新华社，2016年12月26日。

朱奕龙：《夯实农村集体经济基础》，《经济日报》2019年3月15日。

汪恭礼：《乡村振兴战略背景下壮大集体经济的思考》，央广网，2018年2月3日。

黄凯南：《乡村振兴的历史使命与动力机制》，《光明日报》2018年9月18日。

《做实做强村集体经济，消除"空心村"推动乡村振兴发展》，中国经济网，2018年3月15日。

王威：《发展壮大村级集体经济的探索与思考》，《领导科学报》2018年1月18日。

赵强社：《"乡村振兴战略"需要振兴新集体经济——陕西袁家村以新集体经济助力乡村振兴的启示》，中国农业新闻网，2017年11月22日。

王启尧：《农村集体经济发展的思路创新》，《学习时报》2017年6月21日。

扈映：《村级集体经济的主要实现形式及问题》，《财政科学》2017年第6期。

葛晓泉：《扶贫攻坚应增强村级集体经济实力》，《农民日报》2016年5月28日。

B.3 贵州大旅游助推大扶贫实践研究[*]

邓小海[**]

摘　要： 贵州旅游资源丰富多样，并与贫困分布高度重叠，为实施大旅游助推大扶贫奠定了坚实的基础条件。一直以来，贵州大力发展旅游业，努力将旅游资源优势转为经济优势，将扶贫开发与旅游业有机结合起来，通过先行先试、积极探索，实施差异化和规范化发展，全面推动旅游扶贫，不断发挥旅游贴近农村、贴近农民的优势，走出了一条特色的旅游扶贫之路。在大旅游助推大扶贫实践中，贵州依然面临着基础设施薄弱、产业联动不足、发展质量不高、利益联结不紧等问题，应加快旅游经济发展，推进旅游精准扶贫，提升旅游发展质量。

关键词： 大旅游　大扶贫　贵州

一　贵州大旅游助推大扶贫实践逻辑起点

（一）旅游资源与贫困分布高度重叠

1. 贵州旅游资源分布特征

（1）类型多样

贵州山地旅游资源丰富，绚丽的自然风光、宜人舒适的气候、厚重悠久

---

[*] 本文系贵州省软科学项目《贵州乡村旅游资源开发中的民生绩效评价与改善研究》（项目号：黔科合体 R 字〔2012〕2034 号）的阶段性成果。
[**] 邓小海，博士，贵州省社会科学院农村发展研究所副研究员，黔西南州文化与旅游发展委员会副主任（挂职），研究方向：旅游经济管理。

的历史文化、浓郁质朴的民族风情交相辉映、融为一体，共同构成了"多彩贵州"的美丽画卷，造就了"文化千岛"的珍贵样本，营造了"贵山、贵水迎贵客"的喜庆场景。旅游资源大普查表明，贵州各类各级旅游资源多达82679处，其中，三级及以上旅游资源（优良级旅游资源）7607处，占比9.20%；二级及以下旅游资源（普通级旅游资源）75072处，占比90.80%。

（2）分布广泛

在自然旅游资源方面，贵州在整个西北高东北低的贵州大地上，崇山峻岭、溪川深谷、森林流瀑随处可见。广袤和多样的山地不仅造就了贵州山地旅游资源的高度密集，而且成就了贵州山地旅游资源的丰富多样。贵州省自然旅游资源丰富多彩，唐代诗人孟郊盛赞："旧说天下山，半在黔中青。又闻天下泉，半落黔中鸣。"贵州可谓"山的王国"，97.5%为山地和丘陵，五个5A级景区全与山地有关。此外，贵州位于典型的亚热带湿润季风气候区，气候温暖湿润，大部分地区年平均气温大约在15摄氏度，冬无严寒、夏无酷暑，四季皆宜旅游。特别是夏季气候凉爽，已成为国内主要的避暑地之一。

在文化旅游资源方面，贵州有着从未中断的人类文明和多元多彩的民族文化（多彩贵州）。贵州历史文化源远流长，在茫茫的历史长河中，形成夜郎文化、屯堡文化、阳明文化、土司文化、红色文化等。除此之外，贵州人民世世代代的辛勤劳动和集体智慧创造了特色鲜明的酒文化、茶文化、饮食文化等。各民族在共同的生产生活中，创造了丰富多彩的民族文化，共同形成了"大杂居、小聚集"的多元文化格局。目前，贵州省有世界文化遗产地1处，人类非物质文化遗产代表作名录1项，国家历史文化名城2个，中国历史文化名城（镇、村）25个，已经入选国家非物质文化遗产109处、省级非物质文化遗产665处。有中国戏剧活化石之称的地戏、傩戏等。

2. 贵州贫困空间分布

以2013年数据为例①，2013年贵州全省共有贫困人口745万人，贫困

---

① 相较于目前数据，2013年数据能更为全面地反映贵州贫困分布状况，故本文采用2013年数据进行说明。资料来源于《贵州统计年鉴（2014）》。

发生率21.30%（见表1），其中50个扶贫开发重点县贫困人口580.47万人，占全省贫困总人口的77.92%，贫困发生率27.05%。

表1　2013年贵州省贫困人口市州分布情况

市（州）	贫困人口（万人）	贫困发生率（%）	贫困发生率排序
贵阳市	4.21	2.2	9
遵义市	92.22	13.8	8
六盘水市	60.37	23.3	5
安顺市	51.63	20.8	7
毕节市	166.97	23.9	4
铜仁市	92.70	24.6	2
黔东南州	120.64	30.1	1
黔南州	86.76	24.1	3
黔西南州	69.50	22.3	6
全省	745.00	21.30	—

资料来源：《贵州统计年鉴（2014）》。

（1）多分布在集中连片特困地区

贵州农村贫困人口主要分布在乌蒙山区、武陵山区和黔桂石漠化区，三个连片特困区共涉及70个县（市、区），分别覆盖了全省面积的、贫困镇的、贫困村的和贫困人口的85.3%、87.6%、84.3%和90.7%。

（2）少数民族地区贫困较突出

贵州民族众多，为全国8个民族省区之一，少数民族人口占全省总人口的39%，是一个以汉族为主体，少数民族众多的移民大省。贵州是苗族、布依族、侗族、水族、仡佬族人口主要分布地。受自然地理条件限制，长期以来贵州民族地区经济发展水平较为滞后，贫困程度较深。从市州级来看，2013年贵州省三个民族自治州（黔东南州、黔南州、黔西南州）贫困发生率分别为30.1%、24.1%和22.3%，贫困发生率分别位列全省第一、第三和第六。从县级层面来看，2013年全省11个民族自治县（道真县、务川县、紫云县、关岭县、镇宁县、玉屏县、印江县、沿河县、威宁县、松桃县、三都县）贫困发生率都在19%以上（见表2）。

表2　2013年贵州民族自治县贫困发生率

县份	所在市(州)	贫困发生率(%)	县份	所在市(州)	贫困发生率(%)
务川县	遵义市	23.5	玉屏县	铜仁市	19.2
道真县	遵义市	19.6	印江县	铜仁市	23.6
镇宁县	安顺市	25.7	沿河县	铜仁市	27.1
紫云县	安顺市	28.7	松桃县	铜仁市	23.3
关岭县	安顺市	28.6	三都县	黔南州	35.6
威宁县	毕节市	24.0			

资料来源：《贵州统计年鉴（2014）》。

3. 贵州旅游资源与贫困分布重叠分析

从旅游资源普查结果来看，贵州旅游资源分布与贫困分布有着较高的重叠度。按照旅游资源丰度进行排列，旅游资源丰度排在前30的县（市、区）中，有27个属于贫困县（见表3）。因此，从总体范围来看，贵州省旅游资源与贫困分布的重叠度超过80%。旅游资源分布与贫困分布高度重叠为贵州通过大力发展旅游业助推大扶贫实践奠定了坚实的基础条件。

表3　贵州省旅游资源丰度与贫困县重叠[*]

序号	县(市、区)	三级旅游资源 数量	三级旅游资源 赋分	四级旅游资源 数量	四级旅游资源 赋分	五级旅游资源 数量	五级旅游资源 赋分	综合得分	排位	是否为贫困县
1	赤水市	267	801	27	108	9	45	954	1	是
2	镇远县	194	582	18	72	4	20	674	2	是
3	西秀区	172	516	30	120	7	35	671	3	是
4	思南县	188	564	23	92	1	5	661	4	是
5	织金县	182	546	12	48	4	20	614	5	是
6	花溪区	135	405	41	164	3	15	584	6	否
7	江口县	143	429	24	96	7	35	560	7	是
8	黎平县	118	354	31	124	8	40	518	8	是
9	习水县	125	375	20	80	4	20	475	9	是
10	平坝区	141	423	10	40	1	5	468	10	是
11	锦屏县	139	417	11	44	1	5	466	11	是
12	麻江县	134	402	12	48	1	5	455	12	是
13	荔波县	110	330	14	56	9	45	431	13	是

续表

序号	县(市、区)	三级旅游资源 数量	三级旅游资源 赋分	四级旅游资源 数量	四级旅游资源 赋分	五级旅游资源 数量	五级旅游资源 赋分	综合得分	排位	是否为贫困县
14	道真县	123	369	14	56	0	0	425	14	是
15	松桃县	122	366	9	36	4	20	422	15	是
16	汇川区	97	291	24	96	2	10	397	16	否
17	岑巩县	111	333	9	36	1	5	374	17	是
18	开阳县	97	291	14	56	4	20	367	18	否
19	镇宁县	97	291	14	56	3	15	362	19	是
20	从江县	73	219	25	100	7	35	354	20	是
21	水城县	87	261	14	56	7	35	352	21	是
22	沿河县	103	309	4	16	2	10	335	22	是
23	榕江县	75	225	24	96	2	10	331	23	是
24	盘州市	80	240	15	60	5	25	325	24	是
25	印江县	98	294	4	16	2	10	320	25	是
26	德江县	88	264	8	32	2	10	306	26	是
27	紫云县	81	243	8	32	5	25	300	27	是
28	黄平县	63	189	25	100	2	10	299	28	是
29	普定县	83	249	12	48	0	0	297	29	是
30	施秉县	71	213	12	48	7	35	296	30	是

注：＊此处仅考察各县（市、区）三级以上（含）旅游资源分布情况，为综合评定旅游资源丰度，采取对不同级别旅游资源赋分的方式计算综合得分确定排名，即三级3分、四级4分、五级5分。

资料来源：县（市、区）旅游资源资料来源于贵州省文化和旅游厅。

（二）旅游益贫优势凸显

1. 旅游彰显地区优势

过去几十年来，虽然中国经济实现了高速增长，但其对生态环境造成了严重的破坏。因此，十八大报告中首次将生态文明建设摆在"五位一体"的战略高度。在当前建设生态文明的过程中，与其他地区相比，贫困地区原生态的自然环境，是其最大的比较优势。贫困地区在经济社会发展的同时，如果还能维持甚至改善其生态环境，便会加快贫困地区生态文明时代的到来，实现贫困地区经济社会发展的历史性跨越；但在经济社会发展过程中，因其地处山区，一旦生态环境遭到破坏，就很难恢复，丧失了比较优势，贫困地区便再难以摆脱贫困和落后的现实。因此，大力发展旅游业，能有效彰显贫困地区生态优势。

2. 旅游关联带动明显

旅游业属于以产品和服务提供为基础的高度综合性产业，旅游业能有效带动地区经济、社会、文化和生态的全面发展，具备拉动第一产业、联动第二产业和带动第三产业的"综合动力"，被认为是促进经济持续发展的"润滑剂"，旅游开发已成为加快经济发展的重要手段。[1] 旅游业的联动性源自其高综合性和关联性。为满足旅游者的多样性需求，旅游业的发展离不开其他相关行业的共同参与。从旅游供给角度来看，旅游间接供给企业和旅游直接供给企业共同构成了旅游供给主体（见图1）。相关研究表明，旅游业与110个行业相关联，尤其是现代旅游业与其他行业的横向和纵向联系更加紧密[2]。因此，旅游具有显著的联动性，正因为此，通过旅游发展能有效带动贫困地区脱贫致富。

二　贵州大旅游助推大扶贫实践做法与成效

（一）主要做法

1. 先行先试，积极探索

作为全国较先提出"旅游扶贫"理念、较早实施旅游扶贫战略的省份之一，贵州从旅游资源丰富而独特，但农村贫困人口多、贫困面大的实际出发，广泛深入地开展"旅游扶贫"实践和理论探讨，并将乡村旅游确定为"旅游扶贫"的主要形式。贵州旅游业在改革开放的新形势下应运而生。在

---

[1] 牛海桢、高燕、雷金瑞：《甘肃省县域旅游经济发展论纲》，《甘肃联合大学学报（社会科学版）》2010年第4期，第65~70页。

[2] 徐金海、王俊：《"互联网+"时代的旅游产业融合研究》，《财经问题研究》2016年第3期，第123~129页。

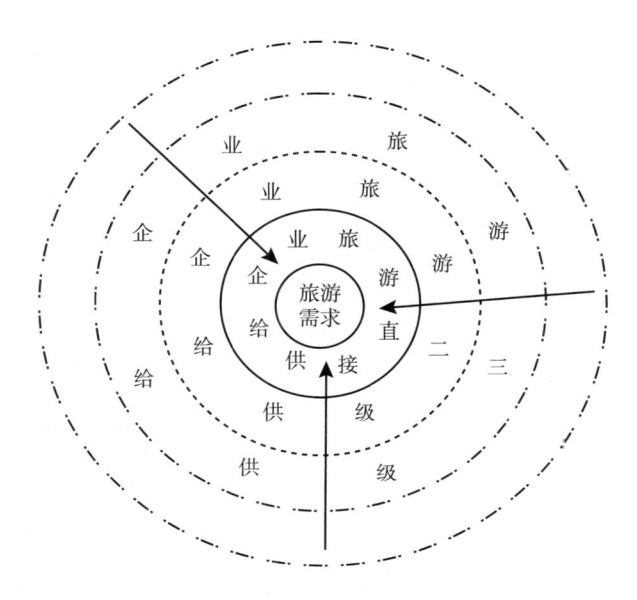

图1　基于旅游者需求的旅游产业结构

早期开发自然风光旅游的过程中，贵州以自然民族村寨和原生态民族风情吸引游客，选择在贵阳的黑土苗寨、安顺的布依族石头寨、黔东南的上朗德苗寨等少数民族村寨开展乡村旅游。1992年，贵州就确定"以旅游促进对外开放，以旅游促进脱贫致富"的旅游业发展方向。为推动与国际旅游扶贫合作，贵州省政府与国家旅游局、联合国世界旅游组织联合举办乡村旅游国际论坛，贵州先后成为世界银行旅游开发与脱贫致富的试点、世界旅游组织可持续旅游发展实现脱贫致富（Sustainable Tourism Eliminating Poverty，ST-EP）在中国的第一个执行点和乡村旅游发展长期观测点。通过先行先试、积极探索，贵州涌现出了以建设美丽乡村而整村脱贫的"花茂路径"、互联网+旅游扶贫的"好花红模式"、民族文化+旅游扶贫的"西江样本"、特色产业发展的"杉坪路径"……

2.高度重视，全面推进

旅游业已成为贵州守住发展和生态两条底线、推动产业转型升级的战略重点。从1986年开始，为统筹各方力量推进乡村旅游扶贫，贵州先后成立了省旅游资源开发领导小组、省旅游发展规划领导小组、省旅游事业委员会、省乡村旅游工作指导小组等机构，以不断凝聚乡村旅游扶贫发展合力。近年来，为进一步推进旅游业发展，省、市、县三级分别成立了以党委或政府"一把手"为组长，发改、旅游、扶贫等10多家单位为成员的旅游发展和改革领导小组，并下设旅游扶贫专项组，以统筹协调和制定旅游扶贫支持政策，督促指导各地组织实施和开展旅游扶贫工作，督促建设和完善旅游精准扶贫云，指导贵州脱贫攻坚投资基金旅游扶贫子基金相关工作和统筹解决旅游扶贫中的有关问题。

3. 差异发展，精准发力

贵州努力实现旅游资源优势互补和差异化发展，形成了以自然生态、特色农业、民族村寨、文化遗产等资源为依托、以多种类型的客源市场需求为导向的丰富多彩的复合型乡村旅游产品体系。贵州重点推出了包括乡村观光型（湄潭茶海、贵定音寨等）、乡村体验型（荔波"泰美乡居"、余庆"四在农家"等）、休闲型（桐梓、开阳"十里画廊"等）、乡村风情型（安顺屯堡、雷山西江苗寨）、乡村度假型（贵阳温泉、剑河温泉等）旅游产品。同时，也策划了一系乡村旅游文化节庆活动，如百里杜鹃花节、安顺油菜花节、德江傩文化艺术节等。

在充分认识将旅游扶贫作为典型的产业扶贫的基础上，贵州以贫困人口充分参与受益为核心，围绕贫困人口"能否参与、参与什么"进行贫困人口精准定位，多渠道构建贫困人口受益机制，通过让贫困人口充分参与实现贫困人口获得收益、分享成果。围绕旅游景区、旅游项目开发所能提供的就业岗位，并结合当地贫困人口的参与意愿，对旅游景区、旅游项目周边贫困人口进行精准定位和识别。

4. 法治思维，规范发展

做好旅游扶贫工作，需要树立法治思维，用法治视角分析旅游扶贫，运用法治方法管理旅游扶贫。为加快旅游扶贫开发法治建设，提高旅游扶贫管理规范水平，使旅游扶贫工作自始至终都在法治轨道上运行，贵州出台了一系列政策、文件，从法律上明确旅游扶贫开发的方针政策、实施步骤和工作重点、方法措施。2011年，贵州出台了《关于大力实施乡村旅游扶贫倍增计划的意见》，提出"积极探索扶贫开发新途径、新方式，推动扶贫开发与乡村旅游有机融合，拓宽贫困农民增收渠道，实现持续稳定脱贫致富"。2017年，贵州出台了《贵州省发展旅游业助推脱贫攻坚三年行动方案（2017~2019年）》，进一步明确了旅游扶贫的目标、重点任务及保障措施，要求确保100万以上贫困人口通过发展旅游业实现增收脱贫。此外，为规范乡村旅游发展，贵州还相继出台了涉及乡村村寨、乡村旅游经营户（农家乐）、客栈、设施与服务等的一系列文件和标准。

（二）取得成效

1. 旅游扶贫重要性认识不断提升

贵州省高度重视旅游扶贫发展，将加快推进旅游扶贫工作作为决战脱贫攻坚的有效途径，各级各部门把旅游扶贫放在脱贫攻坚大局中去部署实施，带动贫困地区群众加快脱贫致富步伐。为推动旅游扶贫发展，贵州省出台了《贵州省发展旅游业助推脱贫攻坚三年行动方案（2017~2019年）》，提出实施旅游扶贫九大工程。根据全省旅游扶贫工作安排，全省各市（州）、县（市区）结合自身实际都制定了《旅游扶贫实施方案》，并细分为九大工程实施方案。同时，为推进旅游扶贫工作，各地还根据实际成立了相应的旅游扶贫工作推进机制，如为加快全县旅游扶贫工作整体推进，充分发挥旅游扶贫在脱贫攻坚中的重要作用，实现全县贫困人口整体脱贫增收，丹寨县委县政府成立了由县级领导挂帅、各职能部门"一把手"为成员的旅游发展改革领导小组，成立了中共丹寨县龙泉山景区党工委和丹寨县龙泉山景区管理委员会，深入贯彻党和国家关于脱贫攻坚相关政策以及落实省委、省政府旅游扶贫决策，实现了全县资金、资源整合工作单独调度，保证了全县旅游扶贫各项工作有序推进。

2. 旅游扶贫作用日益凸显

当前，贵州省脱贫攻坚工作进入决战决胜期，面对新形势、新要求，各地以大旅游助推大扶贫，使旅游业发展在全省脱贫攻坚中发挥更大作用，旅游扶贫成为实现贵州大扶贫战略和大旅游战略深度融合的重要平台，成为贵州脱贫攻坚的新引擎。从各地实践来看，部分县（市、区）旅游扶贫带动脱贫人口数量（含计划）占到该县（市、区）全部脱贫人口（含计划）的1/3左右。如从江县2017年脱贫总人口才13000多人，但旅游扶贫脱贫人数就达到3650人，占总脱贫人口的28.08%。旅游业的发展增强了贫困地区"造血"功能，让贫困人口生活"好起来"；提升当地社会文明程度，让贫困群众素质"高起来"；放大了生态效益，让贫困地区颜值"靓起来"。

3. 旅游扶贫基础逐步夯实

经过全省上下的不断努力，全省旅游扶贫基础得到不断夯实，为发挥旅游扶贫在脱贫攻坚的重要作用奠定了坚实的基础。主要表现为：一是旅游扶贫机制不断完善，构建起了全省上下齐抓旅游扶贫的工作机制。省级层面上出台了三年行动方案，市州和县级层面上围绕省级目标任务建立了相应的工作机制，并结合各地实际细化实施方案。进一步完善了旅游扶贫组织领导。省级层面在旅发领导小组下增设旅游扶贫专项组，负责统筹协调全省旅游扶贫工作。二是培养、锻炼了一批旅游扶贫队伍和人才。通过业务培训，全省逐步建立起了一批能服务的干部人员；通过抓好旅游技能培训，将旅游培训作为促进贫困人口内生动力提升的重要内容，培养了一批懂管理、善经营、会技能的旅游人才，为推动旅游扶贫的发展奠定了坚实的人才基础。三是启动了一大批旅游扶贫项目建设。各地以旅游基础设施建设、旅游资源开发等为抓手，不断加大对旅游扶贫投入，实施"四个优先"，大力支持贫困地区推进旅游扶贫[1]，旅游扶贫发展后劲逐步增强。

4. 旅游扶贫日趋精准

一是旅游扶贫目标日趋精准。立足旅游扶贫九项工程，明确每年旅游扶贫目标和各类工程各年旅游扶贫目标，进一步细化了旅游扶贫目标考核任务，如"财政资金每投资10万元至少扶持3.6名建档立卡贫困人口脱贫，

---

[1] 即以贫困地区旅游发展为重点，优先开发旅游资源、优先安排旅游项目、优先保障建设资金、优先支持基础设施。

脱贫攻坚旅游子基金每投资50万元至少扶持3.6名建档立卡贫困人口脱贫";"5A级旅游景区、4A级旅游景区和其他旅游景区,每家分别带动不少于700名、500名和300名贫困人口脱贫"。各地围绕贫困人口"能否参与、参与什么"进行贫困人口精准识别;围绕旅游景区、旅游项目所能提供的就业岗位,并结合当地贫困人口的参与意愿,对旅游景区、旅游项目点贫困人口进行精准定位和识别。二是旅游扶贫管理日趋精准。依托云计算、大数据创新旅游扶贫手段,提升全省旅游扶贫信息化水平,增强旅游精准扶贫"云"功能,加强旅游扶贫监测,实施动态管理和评估。加强旅游扶贫弱管理队伍建设,开展市县乡信息员培训,加大旅游扶贫基础数据采集、跟踪、调整,提供信息数据质量和精准度,精准掌握和监测精淮扶贫"云"涉及的贫困村和贫困人口。

三 贵州大旅游助推大扶贫实践的问题与对策

(一)存在的问题

1. 旅游扶贫基础设施薄弱

真正的贫困村多处边远山地,基础设施严重不足,信息较为封闭。通常生态环境良好的、旅游资源保持较好地区,都是对外交通条件较差、基础设施缺乏、村寨卫生状况较为糟糕的地区。要发展旅游业,实施旅游扶贫,必须加快基础设施和公共服务设施建设,全面提升当地生产、生活条件。

2. 产业发展联动不足

要最大限度发挥旅游业在扶贫开发中的效果,就应充分依托旅游业综合带动性强的特征,使旅游业与当地三次产业充分融合,实现联动发展。目前,贵州旅游扶贫在实际开展过程中,各部门间的协调尚未完全实现无缝对接,对资源投入未能做到全面整合,产业联动发展机制还没形成。就具体旅游扶贫项目而言,由于多为政府主导推动,在项目实施中多止步于项目前期开发建设，而忽略了项目建成后运营，因此项目效益无法全面释放，弱化了项目在带动当地产业发展的效能。

3. 发展质量不高

旅游扶贫发展质量不高突出表现在以下方面：一是乡村旅游产品质量不高，服务水平有待提升；二是乡村旅游经济效益有待提升；三是乡村旅游可持续性发展能力较弱。

4. 贫困户利益联结尚需深化

一是贫困户多为多重原因致贫叠加，是条件滞后、能力不足等综合性结果，而旅游扶贫参与者需要具备一定的能力和条件，导致贫困人口参与旅游扶贫的程度不够深，旅游扶贫的扶贫性也在一定程度受到局限。二是多数旅游扶贫点尚处于建设初期，带动效应尚不明显。由于旅游前期投入大，对参与人群有一定的要求，贫困户真正从事乡村旅游业并通过"旅游"来致富的人员不多。三是"三变"（资源变资产、资金变股金、农民变股民）模式仍有待深入推进。"三变"改革对推进贫困户参与旅游扶贫提供了新的途径，但当前在旅游扶贫实践中，贫困户通过"三变"方式参与旅游扶贫的数量依然不多、程度依然不深，且多以被动式的参与为主，导致对贫困户自身能力提升帮助不大。调查发现，贫困户以土地入股的形式参与旅游扶贫较少，而最常见的是收取土地流转费，虽然也有扶贫专项资金入股贫困户分红的形式，但整体而言，贫困户通过"三变"方式参与旅游扶贫依然有待提升。

（二）对策建议

1. 加快旅游经济发展

（1）加快"旅游+"产业体系建设

加快推进全域旅游规划，形成大旅游发展格局，打造旅游业全产业链，实现旅游与多产业融合和全产业发展。充分发挥贵州优质旅游资源和大景区的带动作用，加快推动旅游与大扶贫、旅游与城镇化、旅游与农业、旅游与工业、旅游与大数据等相关产业深入融合，推动实现优势产业、特色产业旅游化，不断创新业态、丰富产品供给。

（2）夯实旅游发展基础

提高旅游设施便捷度、舒适度、智慧度。加大对旅游公路建设的支持力度，将贫困地区乡村旅游公路纳入财政涉农资金整合范畴，探索旅游公路建设财政补贴方式。加大重点乡村旅游示范点基础设施建设投入，优化示范点乡村公路、慢行道、停车场、标识标牌等交通服务体系、公共服务体系，支持有条件的示范点建设综合性游客服务中心。整合实施乡村振兴战略资源，优先支持有条件的乡村旅游村寨、小镇完善基础设施建设，建设一批乡村旅游公路、慢行绿道、休闲农业园区、特色农副产品生产基地等。

2. 着力推进旅游精准扶贫

（1）提升旅游扶贫数据精准度

做到依法统计、科学统计、应统则统，紧盯贫困人口参与旅游这一环节，加强与省、州旅发委汇报对接和扶贫部门大数据对接，做好旅游扶贫统计数据支撑，继续提升旅游扶贫数据精准度。完善扶贫云的姓名查询、系统内部数据筛查等功能，对实际作用不大的功能模块进行改善，使系统操作更为便捷、实用，提高扶贫云系统的准确性、实用性，充分发挥好扶贫云的调度作用。旅游扶贫云系统信息的录入质量事关省、市、县三级的调度工作，旅游管理部门的话语权较弱，需县旅发领导小组加大统筹协调力度，将工作要求作为任务真正落到实处，确保各乡镇数据填报的完整、真实、准确。同时，要加大培训力度。旅游扶贫云平台指标多，技术要求高，目前因培训时间短，录入人员对相关数据录入概念模糊，难以理解和把握相关概念及逻辑关系，应加大省、市、县三级培训力度，并与运维机构建立良好的沟通交流机制。

（2）完善贫困人口旅游受益机制

一是探索创新乡村旅游扶贫方式。探索贫困户乡村旅游参与联合扶持机制，在贫困户享受普惠扶贫政策的同时，探索跨部门扶持政策和项目整合，发挥各部门扶贫政策的叠加效应。优化企业乡村旅游扶贫政策，推动企业与贫困户利益联结和捆绑，如企业在享受政策优惠时必须先行履行相关责任，如对贫困户产品收购、吸纳贫困人口就业等。二是健全"三变"参与方式，建立合理的利益分配机制。加快"三变"改革在旅游扶贫中的推广，通过土地、房屋、林地、扶贫资金等入股乡村旅游企业，不断释放贫困人口在乡村旅游发展中的财产性收益。三是提升贫困人口参与能力。以提升贫困人口内生动力为抓手，大力开展乡村旅游培训，提高贫困人口旅游从业技能，实现贫困人口旅游扶贫的深度参与。四是巩固旅游扶贫成果。强化贫困人口参与和旅游扶贫项目的后续监控和指导，确保贫困人口持续参与受益、旅游扶贫项目持续见效。

3. 推进旅游高质量发展

深入实施《贵州省标准化推进乡村旅游高质量发展工作方案》，加快完善和实施乡村旅游系列标准，推进乡村旅游规划、建设、经营、管理标准化和规范化。持续开展乡村旅游星级村寨、乡村旅游星级客栈、乡村旅游星级经营户质量等级认定工作，推动乡村旅游高效优质发展。强化乡村旅游市场监管，加快建设乡村旅游行业信用体系。加快形成乡村旅游多渠道资本投入格局，培育乡村旅游可持续发展动能。加大乡村旅游培训力度。加大本地乡村旅游带头人培养力度，结合全省新时代学习大讲堂和各地讲习所，把农民培训与发展产业、传承文化等结合起来，重点开展餐饮服务、住宿服务、乡村旅游经营管理、乡土文化讲解、民族歌舞表演、民族乐器演奏、刺绣、蜡染、石雕、银饰制作、民族服装服饰、民族手工艺品制作、文化旅游商品制作、电子商务等特色实用技能培训。鼓励和支持旅游企业开展贫困人口就业培训。

参考文献

贵州省统计局、国家统计局贵州调查总队：《贵州统计年鉴（2014）》，中国统计出版社，2014。

王兴斌：《关于现代旅游业若干特征的探讨》，《中国旅游报》2007年5月16日第13版。

牛海桢、高燕、雷金瑞：《甘肃省县域旅游经济发展论纲》，《甘肃联合大学学报（社会科学版）》2010年第4期。

徐金海、王俊：《"互联网+"时代的旅游产业融合研究》，《财经问题研究》2016年第3期。

B.4
贵州农村一二三产业融合发展促进产业扶贫研究

王国丽*

摘　要： 加快推进农村一二三产业融合发展是破解贵州"三农"问题的重要途径，是实现乡村产业振兴的有效抓手。在新时期农业供给侧结构性改革的内在要求和乡村振兴战略背景下，贵州积极推进农村一二三产业融合发展，主要表现为产业融合主体不断壮大、农产品加工体系逐步形成、新业态不断出现、农村改革不断深化等。同时也存在产业融合不够深入、经营主体实力不强、利益联结机制不紧密、服务体系不够完善等问题。基于此，应从培育多元化融合主体、构建新型农业经营体系，发展新业态新模式、构建多态融合的生产体系，完善紧密的利益联结机制、构建多元农民增收渠道，完善产业融合发展服务等方面入手，全面深入推进农村一二三产业融合，以促进乡村产业全面振兴，为推动农业供给侧结构性改革和实现贵州乡村振兴奠定基础。

关键词： 乡村产业融合　乡村产业振兴　农民增收　贵州

农村一二三产业融合是新时期我国供给侧结构性改革的内在要求，是实

---

* 王国丽，硕士，贵州省社会科学院区域经济研究所助理研究员，研究方向：产业经济、农村经济。

施乡村振兴战略的关键举措，对于推动农村农业现代化具有十分重要的作用。2015年中央一号文件明确推动农村一二三产业融合发展是促进农民增收的有效支撑，是促进农业产业链不断拓展、农业附加值明显提高的有效途径。2016年1月，国务院发布《关于推进农村一二三产业融合发展的指导意见》。2018年1月，贵州省出台《贵州省农村一二三产业融合发展制定实施意见》，农村一二三产业融合发展的战略地位在中央和地方都得到提高。

一 贵州农村一二三产业融合促进产业扶贫的内涵机理

贵州是典型的喀斯特地貌地区，全省平原面积不到国土面积的5%，农业农村发展相对滞后，加快推进农村一二三产业的融合发展是破解贵州"三农"问题的有效抓手，是新时代农业产业化发展的必然要求、是催生农村新业态形成经济增长点的关键举措、是增加农民收入分享产业融合红利的有效途径，有利于推动贵州农业供给侧结构性改革和实现乡村振兴。

（一）农村产业融合是新时代下农业产业化发展的必然要求

农村产业融合同农业产业化在本质上是有区别和联系的。所谓农村产业融合指农业与其他产业的融合、联动发展。农业产业化是指对传统农业进行技术改造，形成种养加工、产供销、贸工农、农工商、农科教一体化经营体系，推动农业科技进步的过程。我国农业产业化从提出到现在已有约二十年时间，在实践发展过程中有产业融合的内容，农业产业发展过程包含农村产业融合。农村产业融合是对农业产业化政策的补充和完善。我国在农业产业化实践过程中主要体现农业的独立发展，未充分考虑农业与第二和第三产业的联动发展，而农村产业融合下，并不是将一二三产业进行简单地加总，而是关注产业内部价值和产业链条的交叉与相互嵌入。同时，农村产业融合可以提高生产效率和经营效率，更有利于农业引进新技术和管理创新，实现农业智能化，极大提高农业生产效率。农业产业融合过程中，经营主体通过搜集信息为生产经营者提供参考，有效吸引城市的资金、技术和管理等资源，进一步提高了资源的配置效率，而这也正是农业产业化要求。

（二）农村产业融合是催生新业态形成经济增长点的关键举措

农村一二三产业融合实践过程中，可以丰富产业业态，催生出终端型、体验型、循环型、智慧型四种农业业态。终端型业态是指农产品从生产到终端消费的产业体系，农业产业链向前延伸可以形成产品初加工、精深加工、商贸物流等后续产业，向后延伸可以发展餐饮业和流通业；体验型农业则是指农业与旅游业融合形成的休闲旅游、观光旅游、采摘旅游等参与式较强的业态；循环型业态是在充分利用废弃物的基础上形成的生态农业、绿色农业；智慧型农业是借助互联网、物联网等信息技术对传统农业进行改造、升级而形成的农村电商等新业态。

（三）农村产业融合是增加农民收入的有效途径

在农村产业融合过程中，会发展壮大一批新型的农业经营主体，以家庭农场、农民专业合作社、农业企业的方式存在，并且他们之间经常会发生合作关系，例如有家庭农场和农民专业合作社合作，家庭农场或农民专业合作社与农业企业合作，还有更加微观的农户与家庭农场、农民专业合作社、农业企业之间的合作。各经营主体之间会以契约合同的方式建立以利益为联结的合作机制，且在契约合同中，各方都是平等的利益代表者，以确保利益方特别是实力单薄的农民在产业融合过程中分享农产品在各个环节的利益。那么在实践过程中，农村产业融合是否能使农户的收入增加？从现有的文献搜索来看，学者们从不同的角度均证实了农村产业融合在一定程度上的确能增加农民的收入。

二 贵州农村一二三产业融合发展的现状及问题

2015年底、贵州提前实现了县县通高速公路，实现了与珠三角、中国—东盟自由贸易区等周边省市的无缝对接。在这一大背景下，贵州加快完善农业农村基础设施,加快推动农业农村发展步伐。近年来,贵州全省建制村公路实现100%通硬化路,交通条件大大改善,基本实现"村村通光纤",信息化程度大大提高,农业农村综合改革稳步推进,农村发展活力不断增强。各项条件的改善为促进农村一二三产业融合发展创造有利条件。

(一)贵州农村产业融合的现状和成效

近两年来,贵州农村经济得到快速发展。2017年全省第一产业总产值完成2032.27亿元,同比增长9.2%,一二三产业比重优化到15∶40∶45,农村居民人均可支配收入8869元,同比增长9.6%,农业增加值完成1306.43亿元,同比增速9.2%。全省农业农村发展的利好环境有利于推动农村产业融合发展,2016年贵州成为农村一二三产业融合发展试点省,率先在湄潭、兴仁等11个县(区、市)开展农村一二三产业融合发展试点。贵州农村产业融合发展的现状和取得的成效主要表现在以下几方面。

1. 产业融合发展的格局初步显现

全省积极推动农村一二三产业融合发展,形成了以农业园区为产业融合核心区的农产品加工、销售服务产业格局。全省现代山地高效农业示范园区从2013年113个增加到2017年的431个,年均增长39.75%。开展蔬菜、茶叶、家禽等11个现代农业产业体系,实现特色优势产业园区全覆盖,初步形成引领型、发展型、追赶型园区竞相发展新格局。同时,以园区为平台开展重大技术联合攻关,强化农业科技成果转化应用,实施良种良法配套,推广肥水一体化、漂浮育苗、膜下滴灌、物联网等先进适用技术,产业发展水平稳步提高,农业转型升级步伐加快,乌当羊昌花画小镇、白云蓬莱仙境等省级农业园区正逐步成为集农业生产、加工和休闲旅游于一体的靓丽风景线。

2. 产业融合发展主体不断壮大

全省积极发展多种形式的适度规模经营,大力培育龙头企业、家庭农场、农民专业合作社等新型农业经营主体,重点培育龙头企业做大,农民专业合作社做强。目前,贵州省产业组织形式仍然以农业企业或龙头企业带动为主,其典型形式是"企业+农户""企业+合作社+农户"。2017年,贵州省级以上龙头企业711家，其中国家级龙头企业25家，拥有固定资产总额630亿元，实现销售收入570亿元，辐射产业基地面积512万亩，带动农户140万户458万人。711家龙头企业销售收入过亿的达到61家，同比增长22%。全省农民专业合作社5.7万家，家庭农场3300家，合作社社员179.52万人，带动农户538.01万人，实现了县、乡农民专业合作社全覆盖。龙头企业、农民合作社已覆盖了全省特色优势产业和农业园区，已成为带动农民增收、推动产业融合和产业转型升级的关键力量。

3. 农产品加工体系逐步形成

除传统的烟、白酒加工外，贵州依托特色优势产业规模，目前已基本形成了以特色食品加工和民族医药加工为主的农产品加工体系，特色食品加工以辣椒制品、大米和菜籽油为主的粮油加工、薏仁米加工、畜禽产品加工以及茶叶加工为主。辣椒制品出口美国、新西兰等50多个国家和地区，薏仁米加工能辐射到周边省市及东南亚国家。民族医药加工以中药饮片加工和中成药制造为主，并已成为除烟、酒之外的第三大支柱产业。同时贵州积极推进茶叶、辣椒、少数民族风味食品等农产品加工转型升级，将原生态、绿色无污染的生态优势转化为商品优势、产业优势，不断提高农产品附加值，具有山区特色的农产品加工产业体系逐步形成。2017年，规模以上农产品加工企业完成总产值达3400亿元，农产品加工转化率稳步提高，全省农产品加工转化率达48%。2017年，全省规模以上农产品加工企业达1560家，累计完成总产值3048.76亿元，同比增长10%。

4. 产业融合新业态不断出现

农业与旅游融合下，休闲农业与乡村旅游得到加速发展。2017年，全省休闲农业经营主体营业收入达80亿元，较上年增长20%。全省累计创建省级休闲农业与乡村旅游示范点90家、国家级休闲农业示范点（县）等24家、国家级重要农业文化遗产2家、中国美丽田园15家、中国最美休闲乡村18家、中国休闲农业与乡村旅游十大精品线路1条。

农业与"互联网""物联网"融合下，农村电商迅猛发展。2015年以来，贵州加快推动"网货下乡""农货进城""黔货出山"，引进淘宝、京东等大型电商运营企业入驻，促成省政府与阿里巴巴、京东、苏宁等国内知名大型电商平台签订战略合作协议，建立市（州）、县（区）和乡镇三级电商服务点，目前，贵州79个县（市区）参与了国家级、省级电子商务进农村综合示范项目。2017年全省电商交易额累计完成2023.95亿元，同比增长43.76%。通过电商平台，剑河小香鸡、兴仁薏仁米、册亨糯米蕉、修文猕猴桃、罗甸火龙果、赫章核桃、威宁荞酥、都匀毛尖、湄潭翠芽农产品畅销国内外。

5. 农产品品牌不断显现

近几年来，贵州加大对农产品品牌的创立力度，全省"三品一标"认证提速，无公害、绿色、有机农产品从2013年的502个增加到2017年的3831个，同比增长6.63倍，农产品地理标志产品从2013年的11个增加到2017年的48个，同比增长336%。"三品一标"农产品发展迅猛。截至2017年底，共有"三品一标"农产品4084个，其中无公害农产品2909个、绿色食品64个、有机农产品1057个、农产品地理标志54个。同时，加快推进农产品质量安全追溯体系建设。建立贵州省农产品质量安全追溯体系，该体系由最初的13家，增至2017年底的572家，涵盖了茶叶、蔬菜、禽蛋、生猪养殖等主要农产品种类。

6. 农村改革不断深化

全面推开农村土地承包经营权确权登记颁证整省试点工作，采取召开土地确权推进会、组织开展专项督查、加强资金保障等措施加快推进土地确权进度。健全农业农村投入持续增长机制，设立畜牧产业发展基金，撬动社会资金投入。协同推进农业保险改革，率先在贵阳市启动茶叶气象指数保险试点，继续扩大农产品目标价格保险试点范围和规模，贵阳市计划投保生猪15万头、蔬菜5万亩（次）。黔西南等市（州）食用菌等农产品目标价格保险稳步开展。持续推进"三变"改革。"三变"改革写入中央1号文件，加强组织领导和顶层设计，建立以省政府分管领导为召集人的省农村"三变"改革联席会议制度，制定出台《关于在全省开展资源变资产资金变股金农民变股东试点工作方案（试行）》。积极推广"三变"改革经验，全省88个县950个乡镇2523个村开展农村"三变"改革试点工作，实现232.83

万农民变股东。深入推进农村土地确权。全省1357个乡（镇）全部开展了确权工作并完成了权属调查；完成实测面积6495万亩，是二轮延包面积的210%。各地根据实际情况，不断涌现出"三变改革""塘约经验""秀水五股""猴场模式"等一批农村综合改革的成功经验。

（二）贵州农村产业融合面临的困境及问题

1.农业经营主体实力不强

新型农业经营主体存在数量增长快但质量不够高、分布地域广但规模偏小、有基本制度但规范不细等问题，而"龙头不强、细胞（合作社）不活"在很大程度上制约了全省农村产业深度融合。经营主体小、散、弱的问题十分突出，对农村产业融合发展的推动和农民增收的辐射带动能力有限，还有较大的提升空间。与周边省市相比，贵州省农业经营主体在数量、规模和带动农户方面均存在一定差距。从龙头企业发展看，重庆市现有市级龙头企业837家，其中国家级龙头企业32家，分别比贵州多126家和7家，固定资产685亿元，实现销售收入1653亿元，净利润158.1亿元，辐射带动农户370万户，均高于贵州水平。湖南省省级以上龙头企业虽然只有649家，但企业规模大、实力强，2016年产值过100亿元的企业4家，贵州没有一家产值过亿。广西区级规模以上龙头企业1825家，年销售收入超100亿元的1家，超50亿元的3家，超亿元的343家。2016年，全国在工商部门登记的农民专业合作社已达193.3万家，实有入社农户超过1亿户，约占全国农户总数的46.8%，贵州合作社在数量上仅占全国的2.7%，带动农户为全省农户总数的31%。四川省2016年农民合作社达到7.4万个、家庭农场3.4万家，分别是贵州的1.3倍和10.3倍；广西家庭农场已达6628家，是贵州的2倍。同时，大多数合作社是由村干部或村支两委带头组建的，合作社在经营过程中存在不规范、管理不科学、监管不到位等问题，导致合作社未能很好地发挥市场主体作用。

2.产业融合链条不完整

当前，农业与二、三产业的融合还停留在初级阶段，大多数的融合发展仅仅是对农产品进行简单的清洗、加工和包装，比如经营茶产业的农民专业合作社或企业，仅仅是对茶叶进行揉搓、烘干和简单包装，销售服务也仅限于本乡镇、本县内，品牌意识不强，更未朝着茶旅一体化的方向发展。又如大多数休闲旅游业业态的开发简单、粗糙，缺乏文化底蕴，产品雷同现象严重，相关配套设施不健全，体验型和深度游玩的项目较少。总之，产业融合链条不完整主要表现为产业链条短、附加值不高、缺乏文化品牌和包装设计等。

3. 融合的服务体系不够完善

首先，科技支撑服务体系不健全。全省范围内的产业融合未能充分发挥和利用与农业气象局（站）、省（市）农业研究院所、农业高等学校和农业龙头企业建立紧密的战略合作关系，未能形成完全的科技支撑服务体系。还处于"技术成果引进—配套技术服务"阶段，在研发、配套技术运用、培训等环节相对薄弱，有待加强。其次，政策支撑服务体系不健全。产业融合过程中对土地、金融、税收、人才等方面的需求不能得到满足，某些项目常常因为缺乏土地指标、人才指标和融资不足等原因被搁置。

4. 利益联结机制不够紧密

产业融合的利益联结机制多是采用订单式、流转承包、反租倒包，形式单一，农户将土地流转出去变为产业工人，通过参与到企业、基地劳动获得工资报酬，但很少能参与企业利润的分红，农产品往往是在加工和销售阶段的利润空间更大，农户与企业或基地的利益联结形式简单，获得的利益也很低。合作社与龙头企业的利益往往因为前者规模较小，力量弱小，在利益联结方面处于被动地位，不能很好地代表农民的利益。在产业融合过程中，通过采取股份制或股份合作制，建立"利益共享、风险共担"的紧密型利益联结机制的，所占比例不高。

三　贵州农村一二三产业融合发展的对策建议

农村一二三产业的融合发展，实质上是从经营主体、到产业业态、再到服务阶段的升级过程，在充分挖掘农业多功能性和多价值性基础上，将农业附加价值内部化。对贵州而言，全省产业融合的深度和广度还不够，要借助产业融合契机促进乡村产业振兴，乡村产业振兴反过来又能促进乡村产业深度融合。

（一）培育多元化融合主体，构建新型农业经营体系

党的十九大做出实施乡村振兴战略的重大决策部署，要求培育新型农业经营主体，为推动农村产业融合提出了新要求、指明了方向和路径。

要积极发展以龙头企业为支撑，以农民专业合作社、家庭农场和新型职业农民为主体的多种形式的适度规模经营，努力构建形成"龙头企业＋农民合作社＋家庭农场＋新型职业农民"的多元的、持续稳定的产业融合经营主体。加大招商引资力度。围绕农村一二三产业全价值链，制定完善的招商引资计划，集中力量积极引进和培育一批优势的龙头企业。优先推荐有潜力、发展条件好的龙头企业入选省、市级的龙头企业，鼓励推荐参评国家级龙头企业。大力扶持发展农民专业合作社。鼓励和支持返乡农民、退伍军人、返乡大学生、农技人员等带头领办或参办农民专业合作社，规范合作社规章制度，引导其完善运行机制、利益分配机制，增强服务功能。积极扶持省、市、县三级农民专业合作社示范建设，享受相关扶持政策。要鼓励规模经营大户登记注册，成立家庭农场，实现"自然人农业"向"法人农业"过渡。探索建立家庭农场管理服务制度，明确家庭农场认定标准。构建专业大户、家庭农场扶持激励体系，将家庭农场纳入与农民专业合作社等其他经营主体同等享受财政、金融、用地、保险等政策优惠体系。积极探索家庭农场用地、不动产入股和抵押贷款模式，稳步推进各金融机构对种养大户和家庭农场的信贷投放，帮助家庭农场拓宽信贷渠道。大力培育新型职业农民。加大对新型职业农民的职业培训力度，严格资格准入、强化培训、考核、发证、质量控制等环节管理，加强对新型职业农民管理服务水平，提升整体素质。

（二）发展新业态新模式，构建多态融合的生产体系

产业融合下催生出休闲农业与乡村旅游业、农村电商等新业态，但发展仍显滞后。因此，要高质量推进新兴业态发展，构建多态融合的生产体系。

首先，要高质量推进休闲农业与乡村旅游业发展。农村休闲农业与乡村旅游业具有与城市资金、管理等资源有效结合的优势，这就要求我们积极拓展农业新业态、完善体验和休闲功能，优化产业布局，引导和推动城市资源向乡村聚集，加快形成产业兴旺的新型产业体系。在实践过程中要注重依托村庄产业发展和民族文化特色，加强对村庄建筑风格、乡土风情、村落风貌的规划和指导，突出"一村一品、一村一景、一村一韵"。结合村庄资源优势抓好村庄景区建设，拓展农业综合功能，打造全社会参与、全产业发展、全方位服务、全区域管理的富美乡村。围绕水、电、路、讯、房、寨等基础设施和公共服务设施深入实施"四在农家·美丽乡村"小康行动计划升级版。强化农村人居环境综合整治，着力实施"厕所革命"，稳步推进生活垃圾和生活污水治理。

其次，要加快农村电商发展。加快完善农村信息化基础设施建设，深入推进"四在农家，美丽乡村"小康行动计划升级版，以农村信息基础设施建设和构建信息普遍服务体系为重点，加快解决制约农村发展的信息高速公路"最后一公里"问题。加快推进所有行政村通光纤网络实现100Mbps以上接入能力，加快完善乡镇、村快递服务站点的建设，挂进村级通邮方式由代转改直通，扩大农村邮政电商服务站点，实现快递普遍服务。积极支持物流公司在各区县建立物流运营中心。建立农产品电商交易中心、网络供货平台、物流基地等产业体系，提高农产品交易和物流配送效率，拓宽农产品销售渠道。探索推进农产品冷链流通标准化建设，探索在农产品源头地区建立低温保鲜库、扩大运输过程冷库车的使用、在社区建立冷链工作站，逐步实现由田间地头到百姓餐桌的全程冷链。

最后，要积极创建农产品品牌。充分发挥贵州省生态优势和小农生产的特色优势，打造无公害、绿色、有机农产品和私人定制的贵州农产品品牌影响力，将资源优势转化为经济优势。加快"三品一标"认证，加大对农产品品牌的创立力度。加快推进农产品质量安全追溯体系建设，进一步扩大追溯体系的数量和范围。开展农产品质量安全专项整治，将农产品质量安全监测、日常监督检查等农产品质量安全指标纳入地方政府考核评价体系。

（三）完善紧密的利益联结机制，构建多元农民增收渠道

树立平等互利、共同发展的原则，积极鼓励各经营主体建立紧密的利益联结机制。利益联结机制是产业融合发展的核心，确保各利益方特别是让农民享受产业融合发展过程中各个环节的利益，是保障产业融合得以持续稳定发展的关键。首先要发挥龙头企业的带头和引领作用，引导龙头企业与农民专业合作社、家庭农场或农民通过签订产品购销合同的方式建立利益联结机制，发展订单农业，同时要规范购销合同内容，明确利益方的权、责、利，提高合同履约率。其次要在订单农业的基础上加快发展股份制的利益联结机制。积极引导农民专业合作社、家庭农场或农户以土地、劳动、资金、技术等方式入股龙头企业，参与龙头企业利益的分红，或龙头企业以资金、技术、品牌等方式入股农民专业合作社，扶持和带动农民专业合作社发展，让农民享受合作社发展的收益。大力支持合作制模式。鼓励支持农民自办专业合作社或农业协会等自治组织，引导普通农户以土地、林地、资金、劳动、技术等形式折价入股，合作社或自治组织采取"保底收益+按股分红+按交易分红"或"保底收益+按股分红+劳务收入"等方式分配。进一步推广"合作社（协会）+公司""合作社（协会）+基地+公司"等组织模式，稳定合作社（协会）收入，确保农民收益稳定。

（四）完善产业融合发展服务

一是充分发挥财税金融的支持服务作用。加大对农业经营主体发展的支持，采取以奖代补或直接补贴等综合性的补贴政策对经营主体进行扶持，加大对新型农业经营主体购置农机器具的支持补贴力度，支持和鼓励农业龙头企业或新型农业经营主体加大科技研发，建立服务平台，为周边农户提供公共服务。落实农民专业合作社税收优惠政策。加大引进产业发展的复合型人才力度，对引进的高级人才给予政策支持。鼓励企业或农民专业合作社，通过与高校定向合作培养相关产业发展需要的人才，同时加大引进产业发展需

要的复合型人才力度，对引进的高级人才给予政策支持。鼓励金融信贷企业创新金融产品，加大对新型农业经营主体的信贷支持，加快推进农业经营权、大型农机器具等生产设施的抵押融资机制。鼓励有条件的龙头企业或农民专业合作社建立联合担保融资，为其他需要融资的新型农业经营主体提供融资服务，规范联合担保融资体系的运行和管理。简化对新型农业经营主体的审核及放贷流程，建立新型农业经营主体的信用评价体系，对正常经营生产、信用高的优先放贷。二是加强对农业生产的保险力度。扩大对农产品保险的承包范围，逐步放宽赔付的条件，加快推进生态家禽、蔬菜等政策性保险，简化农产品承保和赔保的流程，切实提高农产品保险办理效率。三是强化利益保障机制。针对合同契约式的订单农业，要建立相关约束监督机制，规范合同内容，建立平等的合作关系，对违约责任进行相应处罚并与相关利益挂钩，提高合同履约率。针对股份合作经营模式，要明确股权和股比，建立合作约束机制，强化生产经营监督，确保农民分享生产经营各个环节的利益。规范农民专业合作社的运作和管理，健全服务功能，强化监督，确保合作社切实发挥服务农民和带动农民增收的作用。

参考文献

王国丽：《贵州农村产业融合发展促进乡村产业振兴》，《贵州日报》2019年2月18日。

赵舰：《推进农村一二三产业融合发展的研究》，《中国农业信息》2017年第8期。

彭静：《小议重庆市江津区一二三产业融合发展进程中农民增收问题》，《经贸实践》2017年第11期。

朱信凯、徐星美：《一二三产业融合发展的问题与对策研究》，《华中农业大学学报（社会科学版）》2017年第4期。

孙鸿雁：《黑龙江省农村一二三产业融合发展的思路与模式》，《经济与管理》2017年第1期。

易地扶贫搬迁篇

Sub Reports of the Poverty Relieving Relocation

B.5
贵州省易地扶贫搬迁实践研究

杨青贵　李华红　王红霞[*]

摘　要： 易地扶贫搬迁是我国脱贫攻坚的重要路径。贵州省非常重视并充分发挥易地扶贫搬迁在贫困人口脱贫中的积极作用。本报告基于实践调查和文献研究，采取对比分析、案例分析和跨学科研究的方法，全面梳理了贵州省2018年度易地扶贫搬迁取得的重大进展和实际成效，揭示了贵州省易地扶贫搬迁的主要经验，提出了2019年推进贵州省易地扶贫搬迁的对策

---

[*] 杨青贵，博士，重庆市人文社科重点研究基地西南政法大学中国农村经济法制创新研究中心副主任，西南政法大学经济法学院副教授，西南政法大学与贵州省社会科学院联合培养博士后研究人员。研究方向：乡村振兴与土地法治；李华红，贵州省社会科学院农村发展研究所研究员，研究方向：贫困与反贫困问题；王红霞，贵州省社会科学院农村发展研究所助理研究员，研究方向：农村经济发展。

建议，最后提出了易地扶贫搬迁与乡村振兴有效衔接的实践路径。

关键词： 易地扶贫搬迁　脱贫攻坚　贵州

中国的脱贫攻坚是影响21世纪全球发展进程的重大事件。易地扶贫搬迁作为精准扶贫的主要方式之一，成为脱贫攻坚战中攻克深度贫困地区、深度贫困人口这一重大任务的重要路径。贵州省是全国脱贫攻坚的主战场。做好2018年的易地扶贫搬迁工作是贵州掌握脱贫攻坚主动权和制胜权的关键。经过各方努力，贵州省2018年的易地扶贫搬迁取得了重大成效，为决战脱贫攻坚、实现全面小康奠定了坚实基础。

一　贵州省易地扶贫搬迁的政策背景

（一）扶贫搬迁的两个阶段

总体来看，贵州省的扶贫搬迁可以划分为两个阶段，即扶贫生态移民阶段和新时期易地扶贫搬迁阶段。

1. 扶贫生态移民阶段（2012~2015年）

2012年5月26日，贵州省委、省政府在贵阳召开全省扶贫生态移民工程启动大会，标志着贵州省扶贫搬迁工程序幕的拉开。

2014年10月，省扶贫生态移民工程领导小组下发《关于加强和规范扶贫生态移民工程管理的通知》（黔移领发〔2014〕1号），要求各地加强组织领导，规范扶贫生态移民用地和建房，规范扶贫生态移民工程建设管理，规范扶贫生态移民资金筹集、管理和使用，通过审计查找、自我排查问题以及有效整改，不断完善工程管理，把扶贫生态移民工程建成"拿得出手、经得起看、经得起问"的工程，让群众切实得到实惠。

2015年10月16日，贵州省委办公厅印发《中共贵州省委贵州省人民政府关于坚决打赢扶贫攻坚战确保同步全面建成小康社会的决定》（以下简称《决定》）（黔党办发〔2015〕21号），《决定》第三部分"大力实施精准扶贫精准脱贫'十项行动'"中第三部分"实施扶贫生态移民行动"：坚持群众自愿、积极稳妥原则，加强规划引领，因地制宜确定搬迁安置方式，对贫困人口实行差别化补助，加大扶贫生态移民力度，到2020年，把"一方水土养不起一方人"的深山区、石山区和生态脆弱地区142万人全部迁出，从根本上解决这部分群众的生存发展问题。

2. 新时期易地扶贫搬迁阶段（2016年—）

2015年12月2日，在惠水县举行了贵州省新一轮易地扶贫搬迁工程集中开工仪式，这标志着贵州省的易地扶贫搬迁正式进入"新时期"。开工仪式上，共开工项目14个，总投资16亿元，计划搬迁6011户、26316人，其中整体搬迁的自然村组人口占89%。

2016年8月，贵州省人民政府发布新时期易地扶贫搬迁"1+6"文件。根据中央新时期易地扶贫搬迁政策，结合贵州实际，制定和印发了以《贵州省人民政府关于深入推进新时期易地扶贫搬迁工作的实施意见》为龙头，《贵州省易地扶贫搬迁对象识别登记办法》《贵州省易地扶贫搬迁工程管理暂行办法》《贵州省易地扶贫搬迁就业和产业扶持指导意见》《关于用好用活增减挂钩政策积极支持易地扶贫搬迁的实施意见》《贵州省易地扶贫搬迁资金监督管理办法》《贵州省易地扶贫搬迁工程考核办法》为支撑的"1+6"系列政策文件。同时，贵州省委、省政府决定在惠水县开展易地扶贫搬迁生计保障和后续发展试点，为全省探索可复制可推广的搬迁脱贫和发展致富新模式。

2017年3月，贵州省委、省政府印发《关于精准实施易地扶贫搬迁的若干政策意见》（黔党发〔2017〕6号），全面系统地提出了贵州易地扶贫搬迁的指导思想、目标任务、基本路径、重点政策和实施要求，成为贵州省"十三五"时期易地扶贫搬迁工作的纲领性文件和基本遵循。其中，有一个最重要的政策主基调即从2017年起全面实施易地扶贫搬迁的城镇化集中安置方式。贵州省委、省政府立足于山区贫困群众的彻底脱贫和长远发展,从贵州省情实际出发,对 2017 年及以后全省易地扶贫搬迁全部实行城镇化集中安置模式,推动搬迁群众向资源要素集中、公共服务水平高的县城和市州政府所在城市集聚,实行以岗定搬、以产定搬,确保每户 1 人以上城镇就业。为了保证工程建设质量和安置效果,所有安置点一律实行以县为单位集中建设管理,并实行项目县委书记、县长包保责任制。全部实行城镇化集中安置和以县为单位集中建设管理,这在全国"十三五"时期易地扶贫搬迁中贵州是唯一的省份。

2018 年 8 月,贵州省委办公厅、省政府办公厅印发《关于贯彻落实"六个坚持"进一步加强和规范易地扶贫搬迁工作的意见》,以期解决好易地扶贫搬迁中搬得出、稳得住、能致富等问题。

2019 年始,贵州省易地扶贫搬迁工作重心逐渐从以搬迁为主向后续扶持和社会管理为主转移,并提出了系统的政策设计。

(二)贵州省易地扶贫搬迁规模确定

2015 年 11 月 29 日颁布的《中共中央 国务院关于打赢脱贫攻坚战的决定》指出,"对居住在生存条件恶劣、生态环境脆弱、自然灾害频发等地区的农村贫困人口,加快实施易地扶贫搬迁工程。坚持群众自愿、积极稳妥的原则,因地制宜选择搬迁安置方式,合理确定住房建设标准,完善搬迁后续扶持政策,确保搬迁对象有业可就、稳定脱贫,做到搬得出、稳得住、能致富。要紧密结合推进新型城镇化,编制实施易地扶贫搬迁规划,支持有条件的地方依托小城镇、工业园区安置搬迁群众,帮助其尽快实现转移就业,享有与当地群众同等的基本公共服务。"[①] 同年,《关于印发"十三五"时期易地扶贫搬迁工作方案的通知》(发改地区〔2015〕2769 号)指出,"用 5 年时间对'一方水土养不起一方人'地方建档立卡贫困人口实施易地扶贫搬迁,力争'十三五'期间完成 1000 万人口搬迁任务,到 2020 年,搬迁对

---

① 《中共中央 国务院关于打赢脱贫攻坚战的决定》。

象生产生活条件明显改善,享有便利可及的基本公共服务,收入水平明显提升,迁出区生态环境有效改善,与全国人民一道同步进入全面小康社会。"①

贵州省作为全国脱贫攻坚的主战场和关键区域,坚决贯彻"五大发展"理念,落实中央相关重大方针政策,全力实施精准扶贫。贵州省在实现精准扶贫多样化的框架下,将易地扶贫搬迁作为精准扶贫的核心举措,极大地助力扶贫攻坚战略的深度推进。贵州省在"十三五"期间明确提出,围绕"一方水土养不起一方人"的地方和50户以下、贫困发生率50%以上的自然村寨,按照迁出地区域条件和搬迁家庭个体条件,完成易地扶贫搬迁162.5万人,其中建档立卡贫困户130万人、同步搬迁人口32.5万人。②

2017年8~9月,为深入贯彻落实习近平总书记关于深度贫困地区脱贫攻坚的重要讲话精神,对居住在自然条件特别恶劣地区的群众加大易地扶贫搬迁力度,深度贫困地区新增的搬迁自然村寨贫困发生率调整为20%以上,并以"组组通"难以覆盖的自然村寨为重点,经过核查,全省新增易地扶贫搬迁建档立卡贫困人口19.4万人。2018年4月28日,国务院扶贫办《关于印发调整后"十三五"易地扶贫搬迁建档立卡贫困人口分省规模的通知》核定,贵州省调整后"十三五"易地扶贫搬迁贵州省计划实施易地扶贫搬迁188万人,其中建档立卡贫困人口为150万人(国家下达搬迁计划149.4万人),占全国搬迁计划的15%;整体搬迁贫困自然村寨10090个,同步搬迁人口38万人。

规划集中建设安置点946个。其中:县城安置点354个、安置人口1472450人,占78.32%;中心集镇安置点347个,安置人口318315人,占16.93%;其他安置点245个,安置人口89248人,占4.75%。计划分三年实施,其中2016年搬迁44.8万人,2017搬迁76.2万人,2018年搬迁67万人。

---

① 《关于印发"十三五"时期易地扶贫搬迁工作方案的通知》(发改地区〔2015〕2769号)。
② 《贵州省"十三五"脱贫攻坚专项规划》,http://fpb.guizhou.gov.cn/xxgk/zdgk/ghjh/201709/t20170905_1997102.html。

二 贵州省易地扶贫搬迁的重大进展

贵州省自2000年以来便已开展了易地扶贫搬迁,取得了显著成效并逐渐形成较大影响力。[①] 仅2002年贵州省就完成2万特困人口自愿移民搬迁任务。[②] 2012年至2015年,贵州对53万人实施了扶贫生态移民工程搬迁。

2016年,贵州全省在易地扶贫搬迁中共建成安置点562个,建成住房10.39万套,拟实施搬迁45万人,其中城镇安置点353个36.46万人、占81%,旅游服务区安置点26个2.25万人、占5%,中心村安置点183个6.31万人、占14%。整体搬迁自然村寨3822个,跨区域搬迁2.63万人(主要分布在黔西南州、黔东南州)。全年共搬迁入住10.28万户45.04万人[③],占计划任务的100%,其中建档立卡贫困人口8.76万户38.15万人,占国家下达计划任务26万人的146.73%,有37.46万贫困人口已在国家扶贫开发建档立卡信息系统中精准标识,占98.17%。

2017年,全省计划搬迁76.28万人,其中建档立卡贫困人口68.62万人,占国家下达计划任务65万人的105.57%。实际建设安置点251个,其中75.38万人实施城镇化集中安置,0.9万人实施中心村安置。整体搬迁自然村寨2085个,跨区域搬迁10.93万人(其中铜仁市6万人、黔西南州3.93万人、黔东南州1万人)。到2017年底,贵州省共121万人的易地扶贫搬迁任务全部完成,其中建档立卡贫困人口搬迁入住逾107万人。

2018年,全省计划搬迁66.1万人,整体搬迁自然村寨4002个,跨区域安置10万人(铜仁市6.8万人、黔西南州2.34万人、黔东南州0.84万人)。规划建设132个安置点,全部实行城镇化集中安置。截至2019年2月

[①] 李培林、魏后凯:《中国扶贫开发报告(2016)》,社会科学文献出版社,2016,第122~125页。
[②] 参见《2002年贵州省政府工作报告》。
[③] 说明:实际搬迁入住是在次年完成的。

10日,贵州易地扶贫搬迁已累计搬迁入住132万人,剩下56万人在2019年上半年全部搬迁入住。①

2018年,贵州省各州市易地扶贫搬迁均取得重大进展。贵阳市易地扶贫搬迁工程入住519户、2042人;② 遵义市实施易地扶贫搬迁2.36万人;③ 六盘水市全面完成易地扶贫搬迁任务,在全省率先开展易地扶贫搬迁安置点和谐社区、活力社区创建;④ 安顺市完成2017年度所建14个易地扶贫搬迁安置点的3.53万人搬迁,新开建的6个安置点主体工程全部完工;⑤ 毕节市的19.5万易地扶贫搬迁群众全部入住,累计建成安置房62143套;⑥ 铜仁市完成易地扶贫搬迁11.34万人,其中跨区域搬迁1.25万户5.68万人,17个新建安置点全部完成主体工程,建成跨区域搬迁安置区学校21所,社区服务中心(站)24座,完成102个易地扶贫搬迁安置区村卫生室标准化建设;⑦ 黔西南州建成新市民居住区17个,建成住房36811套,累计实现18.22万人搬迁入住;⑧ 黔南州2018年计划建设安置点22个,搬迁安置23931户101334人,2018年实际新建易地扶贫搬迁安置点22个,建成住房2.4万套;⑨ 截至2018年12月底,黔东南州16个安置点均已全面开工,已搬迁5105户20532人,其中丹寨、麻江、雷山、镇远、三穗、施秉等六县2018年已搬迁入住4729户18310人,搬迁入住率达100%。⑩

---

① 赵翠:《如何做好易地扶贫搬迁"后半篇文章"——贵州这套全国首创的"1+7"系列文件都讲明白了》,多彩贵州网,http://www.gog.cn/zonghe/system/2019/02/23/017127355.shtml。
② 参见《2019年贵阳市人民政府工作报告》。
③ 参见《2019年遵义市人民政府工作报告》。
④ 参见《2019年六盘水市人民政府工作报告》。
⑤ 参见《2019年安顺市人民政府工作报告》。
⑥ 参见《2019年毕节市人民政府工作报告》。
⑦ 参见《2019年铜仁市人民政府工作报告》。
⑧ 参见《2019年黔西南州人民政府工作报告》。
⑨ 参见《2019年黔南州人民政府工作报告》。
⑩ 王莉:黔东南州2018年易地扶贫搬迁已完成搬迁入住5105户20532人[EB/OL],多彩贵州网,http://news.gog.cn/system/2018/12/28/017022462.shtml。

三 贵州省易地扶贫搬迁的主要经验

(一)以制度建设谋划好易地扶贫搬迁"后半篇文章"

伴随着易地扶贫搬迁的不断推进,贵州省明确提出易地扶贫搬迁的工作重心将从解决好"怎么搬"向"搬后怎么办"转移,从以搬为主向后续扶持和社会管理转移。如果说"六个坚持"(即坚持省级统贷统还、坚持以自然村寨整体搬迁为主、坚持城镇化集中安置、坚持以县为单位集中建设、坚持不让贫困户因搬迁而负债、坚持以产定搬以岗定搬)、"五个三"(盘活"三块地"、统筹"三就"、衔接"三类保障"、建设经营性"三个场所"、探索建立服务群众"三种机制")是聚焦于"搬得出"或"怎么搬"的话,那么省委于2018年12月所提出的"五个体系"、2019年2月所出台的"1+7"政策体系设计就是为了解决好"搬后怎么办"或做好易地扶贫搬迁"后半篇文章"的。

"五个体系"即基本公共服务体系、培训和就业服务体系、文化服务体系、社区治理体系和基层党建体系。具体是指:一要扎实抓好基本公共服务体系建设,保障好义务教育和学前教育,完善医疗配套服务、社会保障服务和社区综合服务。二要扎实抓好培训和就业服务体系建设,推进搬迁劳动力全员培训,加快安置点产业培育和发展,促进搬迁劳动力充分就业。三要扎实抓好文化服务体系建设,深入开展感恩教育,加强文明创建,加强社区公共文化建设,加强民族文化传承与保护。四要扎实抓好社区治理体系建设,合理设置管理单元和管理机构,建立健全社区居民自治机制、治安防控机制。五要扎实抓好基层党建体系建设,强化政治功能,健全组织体系,配强干部队伍,完善工作机制,发挥好基层党组织的战斗堡垒作用。

"1+7"政策体系是指省委、省政府所出台的《关于加强和完善易地扶贫搬迁后续工作的意见》1个总文件及《关于加强和完善易地扶贫搬迁安置点基本公共服务体系的实施意见》《关于加强和完善易地扶贫搬迁群众培训和就业服务体系的实施意见》《关于加强和完善易地扶贫搬迁安置点文化服务体系的实施意见》《关于建立和完善易地扶贫搬迁安置点社区治理体系的实施意见》《关于加强和完善易地扶贫搬迁安置点基层党建体系的实施意见》《关于加强易地扶贫搬迁安置点社会治安综合治理维护社会稳定的实施意见》《关于进一步推进易地扶贫搬迁迁出地资源盘活及收益分配的实施意见》等7个配套文件。

事实上，许多地方在推进易地扶贫搬迁中就已注重解决好"搬后怎么办"的问题。例如：黔西南州以"新市民"计划为主线和引领创新探索的居住证制度、公积金制度、公共维修基金制度等十五项机制，遵义市桐梓县探索建立的公共服务体系、产业发展体系和就业保障体系"三大体系"，黔南州龙里县探索的"一建四进"模式。

（二）重视社会治理与易地扶贫搬迁的衔接

习近平总书记深刻指出，"要继续加强和创新社会治理"，形成"党委领导、政府主导、社会协同、公众参与、法治保障的社会治理体系"，"要处理好活力和秩序的关系，坚持系统治理、依法治理、综合治理、源头治理"，形成"政府和社会各归其位、各担其责"的"社会善治"。始终体现完善国家治理体系的要求，将提升治理能力作为扶贫攻坚的主线，成为新时代习近平扶贫重要论述的精神实质和基本内容。贵州省在易地扶贫搬迁实践中，深入贯彻习近平总书记有关创新社会治理及其融入易地扶贫搬迁实践的相关论述和要求，形成了许多具有创造性的社会治理模式和方式，实现了多方的社会共治[1]。例如：黔西南州位于滇黔桂三省（区）结合部，是一个多民族聚居，尤以布依族、苗族居多的少数民族自治州。黔西南州在易地扶贫搬迁中逐渐摸索形成"四方五共"工作法，[2] 即由政府牵头，构建由政府、群众（搬迁户）、工商联（企业）、社会组成的"四方联盟"，通过四方联

---

[1] 王巍：《相对主义：从典范、语言和理性的观点看》，清华大学出版社，2003。
[2] "四方五共"工作法部分内容源自黔西南州望谟县蔗香村在龙滩水电站建设移民搬迁安置中所提出的"五共"工作法，后经发展形成，是在问题与压力倒逼中创造出来的群众路线。此后，黔西南州在易地扶贫搬迁攻坚工作中形成"四方五共"的基本内容。"四方五共"又被用于解决移民搬迁安置、小城镇建设、旅游开发、扶贫等重大现实问题。

动，实现四方共商、共识、共建、共享、共担的"四方五共"，实现"七个搬出"目标，对扶贫搬迁工作发挥了重大推动效应。①例如：册亨县巧马镇运用"四方五共"工作法，与相关群众开展19轮"共商"，共同议定乡村发展倍增计划和易地扶贫搬迁内容，并就实施中的相关问题及时"共商"，激发了群众和相关工作人员的积极性和主动性，顺利实现64个自然村寨整体搬迁（其中孔屯等4个村属于整村搬迁），覆盖该镇2026户8400余人。

（三）将协调、系统作为推进易地扶贫搬迁重要思路

总体而言，贵州省易地扶贫搬迁推进的协调性、系统性值得肯定。贵州省通过制定科学的精准扶贫规划以及较为完善的实施体系、支持政策、风险防范措施等，在很大程度上实现了易地扶贫搬迁工作推进的协调性和系统性。例如：《贵州省人民政府关于深入推进新时期易地扶贫搬迁工作的意见》（黔府发〔2016〕22号）明确提出，按照"省负总责、市州协调、县为主体"的管理体制，整合资源、各负其责、齐抓共管、合力攻坚，完成好贵州省"十三五"期间易地扶贫搬迁任务。再如，形成"五个三"经验：一是统筹资源盘活"三地"（盘活用好承包地、盘活用好林地、盘活用好宅基地），建立助民增收机制；二是广开门路落实"三就"（通过多渠道促进就业创业、满足就学需求、提高医疗服务能力），建立稳定脱贫机制；三是用足政策衔接"三保"，建立为民服务机制（做好低保政策衔接工作、做好城乡医疗保险统筹工作、做好养老保险保障工作）；四是整合资金建设"三所"（开辟经营性场所、开辟农耕场所、开辟公共服务场所），建立为民解忧机制；五是探索好集体经营、社区管理、群众动员三个机制（建立集体经营机制、社区管理服务机制、群众动员机制）。用地政策向易地扶贫搬迁倾斜。具体要求到2020年累计实施增减挂钩20万亩以上，为易地扶贫搬迁

---

① 参见《中共黔西南州委　黔西南州人民政府脱贫攻坚战区第二号令》（州党发〔2016〕23号）。

筹集资金 200 亿元以上，新增耕地 10 万亩以上，增减挂钩指标全部用于易地扶贫搬迁。①

（四）以基层党建和大数据建设为保障

党建是改革发展和实践探索的核心和重要保障。农村改革发展和易地扶贫搬迁的有效实施离不开党组织在其中的作用。各级党组织尤其是基层党组织在易地扶贫搬迁中的态度、能力、实力，在很大程度上影响到易地扶贫搬迁工作的科学性、合理性、有效性。贵州省在易地扶贫搬迁实践中，注重大数据的优势作用，积极探索"1+N+N"，即"一云助力、多端协力、多方合力"的模式，将易地扶贫搬迁与大数据有效衔接起来，逐渐探索形成了用数据甄别、数据决策、数据管理、数据考核的搬迁与综合治理方式。例如，黔西南州通过建立"智慧党建云"、"党建扶贫云"平台、民意调查中心，使得基层党建和大数据的优势作用在其易地扶贫搬迁实践中得到较好体现和发挥。

四 贵州省易地扶贫搬迁的推进建议

（一）注重易地扶贫搬迁与"三治"有效融合

党的十九大报告提出，"健全自治、法治、德治相结合的乡村治理体系"，"加强社会治理制度建设，完善党委领导、政府负责、社会协同、公众参与、法治保障的社会治理体制，提高社会治理社会化、法治化、智能化、专业化水平"。易地扶贫搬迁同样是新时代"三治"融合的重要领域。贵州省是一个多民族聚居的地方。长期以来，少数民族在实践中形成了丰富的德治文化，是新时代"三治"融合应当考虑的重要方面，然而，受制于新时代"三治"融合内涵及其实现路径的研究与探索不足，加之自治相关的规则体系和制度

---

① 张鹤林：《贵州：增减挂钩指标全部用于易地扶贫搬迁》，《中国国土资源报》2016 年 9 月 2 日。

设计尚需进一步完善和发展,新时代"三治"融合在易地扶贫搬迁中的有效实现尚需进一步创新性探索。部分地方在易地扶贫搬迁中注意到民族地方寨老等传统力量和习俗的优势作用,但在搬出地和搬入地涉及集体产权、集体利益的决策和协调等方面,尚与新时代"三治"融合的要求存在一定的差距。为此,将新时代"三治"融合的乡村治理有效融入易地扶贫搬迁,应当成为各地在脱贫攻坚中要切实注重落实的核心任务之一。

(二)统筹利用城乡建设用地指标

国土资源部于 2016 年印发的《关于用好用活增减挂钩政策积极支持扶贫开发及易地扶贫搬迁工作的通知》明确规定,允许集中连片特困地区和国家扶贫开发工作重点县将增减挂钩节余指标在省域范围内流转使用;2017年,1250 个贫困县及省级扶贫开发工作重点县可以将增减挂钩节余指标在省域内流转使用。① 贵州省同年出台的《关于深入推进新时期易地扶贫搬迁工作的意见》指出,新增建设用地计划指标优先保障易地扶贫搬迁工程用地需要。城乡建设用地增减挂钩指标极大地满足了贵州省部分地方尤其是易地扶贫搬迁工作任务较重地方的安置点建设及相关产业发展用地指标需求。

然而,贵州省深入推进易地扶贫搬迁工作,应当统筹使用好城乡建设用地指标增减挂钩,有效实现建设用地指标交易所形成的增值收益公平分享。对此,需要关注如下几个方面。

一是建设用地指标的形成与农地规模和质量保障要求的关系。易地扶贫搬迁、宅基地有偿退出等是形成节余的建设用地指标的重要渠道。尽管复垦等方式所形成的建设用地指标必须先经过验收才可以确定,但现行土地整治和复垦相关验收规则仍然与确保耕地量与质的根本要求之间存在一定的差距。这意味着某些地方新增的耕地数量与建设用地占用的耕地数量可能指标相同或相近,但其农业生产用途与产值可能存在本质差异。

---

① 宋兴国:《贫困地区迎脱贫利器:用地指标有望支援对口省市》,http://finance.sina.com.cn/roll/2017-10-11/doc-ifymqxpz2991036.shtml。

二是城乡建设用地指标流转使用涉及对指标流转收益性质的认定、指标流转收益的相关者的确定及对收益的公平分享的正当性实现。尽管土地具有公共资源属性、指标流转收益的增长与政府行为具有重大关联性，但不可忽视的是，建设用地指标的增加由农民集体、个体放弃经济价值较高的建设用地使用权而形成的。并且建设用地指标流转利益向农民倾斜配置，则对其参与易地扶贫搬迁等的主动性和积极性以及搬迁后的可持续发展，均具有较强的利益驱动和制度保障作用。

（三）推进财政扶贫资金在易地扶贫搬迁中的股权化利用

在精准扶贫中，贵州省整合利用中央及地方财政资金，加大财政支持力度。截至2018年7月30日，中央财政共安排贵州省2018年易地扶贫搬迁资金706056万元，省级财政安排资金120000万元，共计安排资金826056万元用于贵州省易地扶贫搬迁。① 事实上，各市州区（县）也围绕易地扶贫搬迁工作，在地方财政范围内增加了财政投入。大量财政资金的投入成为贵州省易地扶贫搬迁工作得以有效推进的重要保障。不过，财政扶贫资金投入方式上应有所创新和突破。其中，"财政扶贫资金折股量化"方式应被关注和广泛利用。具体来说，这种资产收益的权益保障模式在易地扶贫搬迁乃至易地扶贫搬迁与乡村振兴的有效衔接方面就具有重要价值，也是农村"三变"改革、农村集体资产量化确权改革的重要实践形式，应当在易地扶贫搬迁乃至精准扶贫中有效发挥其功能。

（四）注重集体权益的有效维护和实现

易地扶贫搬迁或多或少会涉及集体权益的再分配或再安排。贵州省易地扶贫搬迁主要采取的是县城安置、中心集镇安置等方式。在搬迁对象上，既

---

① 贵州省财政厅农业处：《贵州省下达易地扶贫搬迁资金82.6亿元》，https：//www.baidu.com/link? url = IH – eyq – OPzY25nzv – TUSWwx5EU1SqpS693EIgsFk9oM7QWSmgUGYSBQBuBcveUQu1LL0BtlWpCvDHgdTwMegsMZP234G3Vlwj5hsbzGcSlu&wd = &eqid = eac237b700055d3b000000065d24a81f。

存在建档立卡户的整体搬迁（整村整寨搬迁），也存在非建档立卡户的同步搬迁。这就意味着，易地扶贫搬迁无论采取何种搬迁方式和安置方式，不仅会涉及作为搬迁对象的贫困人口在不同的搬迁方式下，其原有农村土地使用权及集体收益分配权等权益的制度安排，还会涉及不同搬迁模式下农民集体及其集体产权的处置问题。从实践来看，贵州省易地扶贫搬迁强调并切实要求对易地扶贫搬迁的贫困人口原有宅基地使用权、农村土地承包经营权、集体收益分配权等权益处置的自愿性的尊重，以及易地扶贫搬迁不以退出上述原有权益为前提的原则，极大缓解了易地扶贫搬迁对象的后顾之忧。

然而，许多地方在开展易地扶贫搬迁中对主体及其权益问题的关注亦主要集中在易地扶贫搬迁的贫困人口层面，极少涉及对搬迁人口在搬迁前所在农民集体以及搬迁后安置点相关农民集体的集体权益的有效维护问题。对此，在易地扶贫搬迁中必须注重协调好集体利益、个人利益、社会资本利益及其他相关方利益的关系，注重集体权益的有效维护和实现。这就需要切实回应和解决好如下问题：一是在整村整寨搬迁的情况下，对搬迁的村寨原有土地等集体产权的有效保护与实现，总体上缺乏有效的盘活利用手段和方式。尤其是自然条件相当恶劣的深度贫困地方，整村整寨搬迁后原集体产权价值不高且可利用率不高。二是对于农民新村安置方式，农民新村建设用地往往是从安置点所在农民集体处无偿获得和使用的，至少对安置点土地的原有农民集体的集体土地所有权的补偿是相对缺失的。安置点建设必然会影响到安置点所在农民集体产权规模以及该地块未来的增值性收益的有效实现。对所有权层面的集体产权补偿，易地扶贫搬迁实践普遍未加以考虑。三是仍然需要考虑易地扶贫搬迁的贫困人口选择非城镇化安置方式时，是否能够融入安置点所在农民集体？成为该农民集体的集体成员？享有该农民集体的集体成员哪些权益？这些都缺乏现实可用的方案和做法，需要在易地扶贫搬迁实践中注意探索。

（五）探索自然资源产权的制度安排

自然资源资产产权制度安排对于易地扶贫搬迁所需经济来源以及对于贫

困人口财产性收入的可持续增长具有重大影响。从目前来看,易地扶贫搬迁必然涉及到以土地为核心的自然资源及其产权制度。然而,受制于我国自然资源产权制度建设的滞后性,在易地扶贫搬迁的地方实践中仍然有必要注重对自然资源产权的探索,以推动自然资源产权制度建设。详言之,需要注意的重点内容包括:一是自然资源资产的性质与权利安排。在理论和实践中,哪些属于自然资源资产?亦即自然资源资产的范围尚未得到有效理清。比如:易地扶贫搬迁涉及到哪些自然资源资产,其归属应当如何。二是自然资源资产所有与行使主体的制度安排。从公有制层面来看,属于公有的自然资源资产主要存在国家所有和集体所有两类。然而,《物权法》及其他相关立法并未对国有或集体所有的自然资源资产的所有权及其主体制度加以详细立法设计。同时,对于自然资源的国家所有权和集体所有权的行使制度安排亦存在缺失问题。三是自然资源资产的监管。异地扶贫搬迁中设计的自然资源及其产权应当由哪个主体监管?哪级主体监管?如何监管?都有待进一步明确和细化。四是自然资源资产的收益分享。贵州省内许多农村集体经济实力普遍较低,精准扶贫的投入主要依赖于政府财政。事实上,集体土地所有权等自然资源产权的收益分享机制建设,可以为易地扶贫搬迁乃至集体经济发展、农民财产性收入增长提供重要的物质基础。

五 贵州省易地扶贫搬迁与乡村振兴战略有效衔接的路径

易地扶贫搬迁作为精准扶贫的重要措施,既有其突出的优势功能,也存在其适用的边界。但作为精准扶贫的关键路径,易地扶贫搬迁仍然面临着在脱贫攻坚这一重大使命结束后的持续性问题。关于易地扶贫搬迁与乡村振兴战略的有效衔接,关键在于精准把握易地扶贫搬迁与中国特色社会主义发展、乡村振兴战略实施等方面都是具有辩证关系的。从宏观层面看,实现与乡村振兴战略的有效衔接是易地扶贫搬迁乃至精准扶贫的主要发展方向和使命要求。这就意味着,一方面,在推进和实施易地扶贫搬迁中相关制度、措施、举措应当将乡村振兴战略的相关要求和思路融入进去，以实现易地扶贫搬迁与乡村振兴战略的有效对接；另一方面，实施乡村振兴战略必须考虑到易地扶贫搬迁在制度和实践中对其的惯性制约，在科学辨识的基础上将易地扶贫搬迁中的有效做法和成功经验吸收到乡村振兴战略中。从中观层面看，易地扶贫搬迁的推进，应当高度重视和把握好新时代"三治"协调的乡村治理的要求，将新时代"三治"协调的乡村治理融入易地扶贫搬迁，并作为其实施的主线。从微观层面看，在乡村振兴背景下实现易地扶贫搬迁后人与经济社会、生态环境的协调发展，既是当前易地扶贫搬迁的重要任务和重点方向，也是后脱贫攻坚时代的重要任务。可见，易地扶贫搬迁是我国经济社会协调发展中的阶段性的重大工程，同时易地扶贫搬迁也深刻影响和制约着我国经济社会的持续发展。只有将易地扶贫搬迁置于中国特色社会主义中明确其目标要求和发展方向，植入我国 2020 年以后的可持续性减贫战略中，方能更好地推动精准扶贫、实施好乡村振兴战略。

参考文献

李培林、魏后凯：《中国扶贫开发报告（2016）》，社会科学文献出版社，2016。

赵墨：《如何做好易地扶贫搬迁"后半篇文章"——贵州这套全国首创的"1+7"系列文件都讲明白了》，多彩贵州网，http：//www.gog.cn/zongLe/system/2019/02/23/017127355.shtml。

王巍：《相对主义：从典范、语言和理性的观点看》，清华大学出版社，2003。

佚名：《贵州下达易地扶贫搬迁资金 82.6 亿元》，中国发展网，http：//www.chinadevelopment.com.cn/news/zj/2018/08/1323307.shtml。

王莉：《黔东南州 2018 年易地扶贫搬迁已完成搬迁入住 5105 户 20532 人》，多彩贵州网，http：//news.gog.cn/system/2018/12/28/017022462.shtml。

张鹤林：《贵州：增减挂钩指标全部用于易地扶贫搬迁》，《中国国土资源报》2016 年 9 月 2 日。

宋兴国：《贫困地区迎脱贫利器：用地指标有望支援对口省市》，http：//finance.sina.com.cn/roll/2017-10-11/doc-ifymqxpz2991036.shtml。

贵州省生态移民局：《历年工作总结和下一年工作打算报告》，内部资料汇编，2014~2018。

B.6
贵州省易地扶贫搬迁成效巩固研究

韩镇宇*

摘　要： 易地扶贫搬迁是贵州省精准扶贫"头号工程"。理论上，易地扶贫搬迁成效巩固亦即实现稳定脱贫的关键，主要在于实现人力资本发展、土地权益存续以及公共服务均等化三个方面。经过多年探索，贵州省形成了易地扶贫搬迁"六五五"实施路径，在顶层设计上较好覆盖了成效巩固的三个方面，取得了一定的脱贫成效。但与此同时，贵州省易地扶贫搬迁仍面临摩擦性和结构性两类问题，其中后者的应对难度更大，原因是在移民就业需求增加的同时配套产业发展不足。贵州省易地扶贫搬迁成效巩固要明确补短板、增就业、重均等、强支持的目标方向，并确保落实好"五个体系"建设。

关键词： 精准扶贫　脱贫攻坚　易地扶贫搬迁　成效巩固　贵州

一　易地扶贫搬迁概念与原理

（一）概念溯源

人逐水草而居，环境不适所引发的人类迁徙活动自古有之；但移民搬迁

---

* 韩镇宇，博士，贵州省社会科学院城市经济研究所副研究员，研究方向：区域经济和城市经济发展。

作为一个被严谨讨论的学术话题，始于西方学者莱斯·布朗在1976年提出的"生态难民（Ecological Refugees）"概念。① 生态难民是指由于自然或人为的生态环境恶化严重影响到生活质量而被迫离开原居住环境的人。这一定义尽管后来经历了多次修改，但基本内容并无变化，仅仅是鉴于现实中难以因环境问题赋予移民法定难民身份，从而在表述上逐渐转向使用"生态移民"一词。

易地扶贫搬迁是有中国特色的生态移民概念。20世纪90年代，国内学者在三峡库区移民的有关研究中首次使用了"生态移民"一词。2001年原国家计委出台了《关于易地扶贫搬迁试点工程的实施意见》，正式提出"易地扶贫搬迁"及其相关任务。随后在2006年，国家发改委颁布《易地扶贫搬迁"十一五"规划》，提出"易地扶贫搬迁，亦称生态移民"。由此，两个说法在国内正式统一。但这并不是简单的等同，易地扶贫搬迁的提出实际上是为生态移民概念抹上了中国特色。易地扶贫搬迁概念的中国特色表现在三方面：①生态脆弱因素不仅可以是造成生存条件恶化的意外性、冲击性因素（如重大灾害），也可以是资源贫瘠、灾害易发的常态性环境因素；②把扶贫思想融入了生态移民，拓展了生态脆弱的内涵，即难以支持生存、绝对贫困高发、"一方水土养不起一方人"的生态环境和资源状态都属于生态脆弱，扶贫由此成为生态移民的第一目的；③将传统先有生态恶化再有搬迁移民的被动做法，发展为政府主动推进、居民自愿参与的主动做法。

（二）机制原理

易地扶贫搬迁旨在把居住在"一方水土养不起一方人"地区的贫困群众搬迁出来，增加其谋生机会，实现稳定脱贫。这是易地扶贫搬迁的基本原理。但为厘清政策着力的具体重点，必须借助可持续生计资本分析框架和城乡人口流动框架两种理论来分析易地扶贫搬迁的理论原理。

---

① 在同类研究中，还使用环境难民、气候难民、强制环境移民等同义语。

1. 新古典城乡人口流动框架

理解易地扶贫搬迁，关键在于理解贫困移民在搬迁前后如何实现持续增收。首先看无政府干预的情形。若"一方水土养不起一方人"，那么在城乡劳动力可以自由流动的前提下，贫困移民的脱贫能够通过易地迁徙并在附加值更高的行业就业来实现。在此借助亚瑟·刘易斯的城乡二元模型基本设定来进一步阐释。

在城乡一体化时，假设城乡各自存在着传统和现代两个产业部门，农村属于资源贫瘠和环境脆弱地区，并且政府除了做好公共服务均等化并不采取其他反贫措施。在这种情况下（详见图1），劳动力可在空间上自由流动，但受制于人力资本尤其受制于就业技能和分工，劳动力只能在技能要求较低的传统产业部门中自由流动，并且从乡村传统部门流动到城镇[1]传统部门也需要一定的人力资本基础。至于从传统部门流动到现代部门以及分工差异较大的现代部门之间的流动，都只能经过较长时间的培训教育甚至代际教育才能实现。农村劳动力由于居住在资源贫瘠和环境脆弱地区，人力资本较好的大多通过转移到城镇传统部门就业来增收，人力资本较差的则只能留在农村成为贫困风险户。

从以上分析可知，推进条件恶劣地区农户脱贫，治本之法是做好代际教育的均等化、阻断贫困代际传递。因为这样就算在自由主义政府管理之下，长期来看，农村贫困也会因城乡劳动力人力资本的均等提升而逐渐消除。而对于社会主义政府，不仅要同样做好代际教育的均等化，还需充分补偿移民的搬迁和安置成本，补偿移民短期职业教育成本，加快实现移民易地就业与稳定脱贫。

2. 可持续生计资本分析框架

借助可持续生计分析框架，可知当政府主动推进易地扶贫搬迁，做好搬迁、安置与后续稳定脱贫的关键点。

在可持续生计分析框架中（见图2），能够让贫困移民持续获得收入的

---

[1] 本文中的"城镇"与国家统计局在统计上划分的城镇相同，主要包括城市和镇。

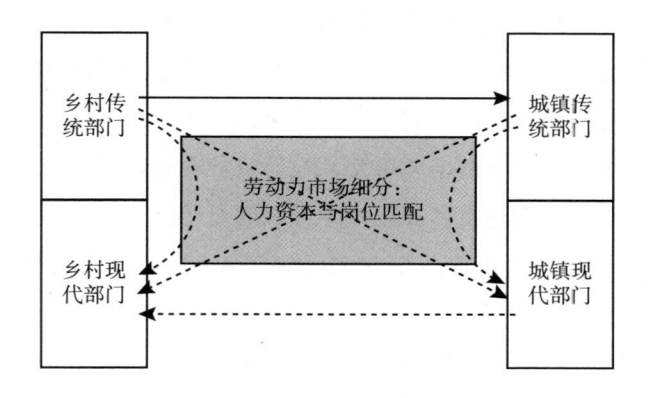

图1　劳动力在城乡不同产业部门之间的流动

注：实线箭头表示短期迁徙，虚线箭头表示长期甚至是代际的迁徙。

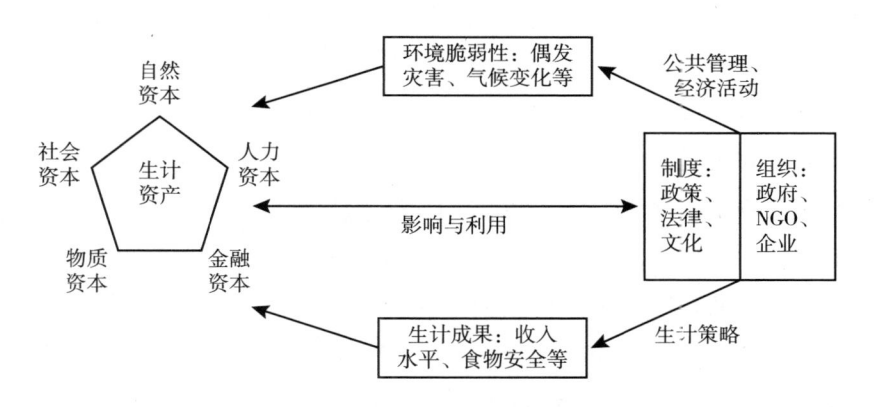

图2　可持续生计资本分析框架

注：箭头从影响的主体指向客体。

资本被称为生计资产，具体是指在不主动破坏生态环境的情况下，在经受经济、社会和生态环境的常见冲击之后，居民所拥有的仍能支持其短期乃至长期谋生的各种资本或资产，包括人力资本、自然资本、物质资本、社会资本和金融资本。一般来讲，贫困移民的人力资本主要是指就业技能和健康状况；自然资本主要是耕地，包括耕地的数量和质量两方面因素；物质资本是指具有劳动价值的生产资料以及具有抵押价值的贵重生活资料，最主要的是住房；社会资本是指贫困移民的社会人脉，一般以亲友为主，贫困移民在脱贫攻坚期的社会人脉还包括帮扶干部；金融资本是指贫困移民的劳动收入、现有存款、政府补贴以及政府的贴息贷款。

从可持续生计资本分析框架可知，政府与社会能够通过三个途径提高贫困移民的生活水平：①政府和社会组织可以通过协同生态环境治理来降低环境脆弱性，比如石漠化治理或整村搬迁，进而优化贫困移民的生计资产；②政府和社会组织可以通过建设亲贫困（pro-poor）的市场制度和福利制度来提高贫困移民收入水平和生活质量，比如引入劳动密集型企业、提供就业培训，进而优化贫困移民的生计资产；③长期而言，贫困移民在生计资本尤其是人力资本得到优化以后，参加公共生活、进行公共监督的能力将增强，[1] 从而通过两种渠道实现生计资产的持续优化——一方面是在公共生活中强化自身社会资本，另一方面是通过给出具体的政策反馈帮助政府提高进一步的帮扶效率。

对比新古典城乡人口流动框架的分析，可持续生计资本分析框架对于如何构建贫困移民的长期帮扶政策能够给出更多启示：①强调了移民长期参与公共生活对稳定脱贫的作用；②强调了帮扶力量既可来自公共部门，也可来自市场部门，易地扶贫搬迁需要政府和社会不同组织的协同合作；③指出了易地扶贫搬迁的政策落脚点可以是移民的不同生计资产，比如土地资产。

3. 易地扶贫搬迁成效巩固重点

至此可以明确，易地扶贫搬迁成效的巩固就是指保障移民的生计资产。结合以上两种框架分析，同时考虑到移民物质资本无法带来利息、移民金融资本与其人力资本和自然资本相关，易地扶贫搬迁实现移民生计可持续的理论关键点应该是实现人力资本、自然资本、社会资本的可持续，相应的目标任务则是人力资本发展、土地权益存续和公共服务均等化。但是，这三方面任务在短期和长期有着不同的成效巩固重点。

在短期，易地扶贫搬迁的成效巩固重点在于确保移民易地可就业、社会

---

[1] 理论上，公共监督是公共生活的一部分，此处将二者并列是为强调公共监督的重要性。

保障可接续、土地权益可持续，这些既是易地扶贫搬迁的主要目的，也是能让移民搬出的激励。在长期而言，易地扶贫搬迁则有三个成效巩固重点：①特别重视持续提高移民人力资本，这既是移民实现长久自我发展的充分条件，也是移民积极参与城镇公共生活的前提；②做好移民的社区建设，既能加快移民形成融入城镇公共生活的基本能力，也能培育移民积极参与公共监督的良好社区氛围，总体促进移民社会资本的良性发展；③做好移民包括社会保障在内的所有均等化公共服务建设，尤其注重对安置社区教育资源的均等投入，阻断贫困代际传递，这是人力资本持续培养的一个方面。

二 贵州易地扶贫搬迁实施路径及可持续性评价

贵州省的易地扶贫搬迁实践在经过长期探索之后，已形成一套成熟的实施路径。1986年，国家启动大规模开发扶贫，贵州省随之开始了扶贫搬迁探索，对部分生活在偏远山洞和破旧窝棚的特困人口实施了易地扶贫搬迁。1997年，贵州省启动了以工代赈扶贫搬迁试点工作。2001年，国家批准贵州省成为首批四个省级试点之一。长期以来，尽管在易地扶贫搬迁的工程规划、组织实施方面积累了经验，但资金投入捉襟见肘、组织管理计划不周、规划建设考虑不全等短板始终存在，搬迁任务重、待迁人口多的形势始终没有改变。2012年，贵州省积极响应全国在2020年全面建成小康社会的战略要求，正式启动扶贫生态移民工程。2015年，贵州省在全国率先启动了新时期易地扶贫搬迁工程，在"十三五"期间规划搬迁188万人。面对艰巨的任务，贵州省以做好顶层设计和组织保障工作为切入点，形成了丰富的政策体系以及成熟的实施路径。

（一）实施路径

从扶贫生态移民到新时期易地扶贫搬迁，贵州省易地扶贫搬迁实施路径经历了以搬迁安置为重到以搬迁与就业并重的演变，逐渐形成了"六五五"实施路径。"六五五"顶层设计即"六个坚持"搬迁安置原则、"五个三"

后续脱贫做法以及"五个体系"移民发展与融入机制。

落实"搬得出"——"六个坚持"搬迁安置原则。"六个坚持"是贵州省易地扶贫搬迁确保"搬得出"的实施原则，具体是指投资管理上坚持省级统贷统还，搬迁方法上坚持自然村寨整体搬迁为主，安置方法上坚持城镇化集中安置，统筹推进上坚持以县为单位集中建设，搬迁成本上坚持不让搬迁户因搬迁而负债，搬迁成效上坚持以产定搬、以岗定搬。

落实"稳得住"——"五个三"后续脱贫做法。"五个三"是贵州省易地扶贫搬迁确保移民"稳得住"的实施办法，具体是指盘活"三块地"（承包地、山林地和宅基地），统筹解决"三就"问题（就业、就学和就医），有效衔接"三类保障"（低保、医保和养老保险），建设经营性"三个场所"（经营性服务公司、小型农场和公共服务站），探索建立服务群众"三种机制"（集体经营、社区管理服务、群众动员组织）。

落实"能发展"——"五个体系"移民发展与融入机制。"五个体系"是2019年《中共贵州省委贵州省人民政府关于加强和完善易地扶贫搬迁后期扶持和社区管理的意见》及其配套文件（即"1+7"文件）所提出的，为有效落实移民后续发展与融入的重点任务，包括基本公共服务体系、培训和就业服务体系、文化服务体系、社区治理体系、基层党建体系共五个体系的建设。

"五个体系"是在落实"六个坚持"和"五个三"决策部署基础上，围绕移民的发展与融入问题，更加系统地提出了贵州省易地扶贫搬迁"后半篇"的建设推进任务，详见表1。

表1 贵州省安置点"五个体系"主要建设内容

建设项目	主要任务
基本公共服务体系	建立完善安置社区的教育、卫生、社会保障、户籍、社区服务、便民服务等基本公共服务
培训和就业服务体系	夯实移民就业台账信息基础、建立服务中心、拓宽增收渠道、推进全员培训等
文化服务体系	建设安置社区文化设施、开展感恩教育、创建文明社区、丰富安置社区文化活动内容、建设社区文化队伍、加强民族文化传承与保护

续表

建设项目	主要任务
社区治理体系	合理设置基本管理单元、发挥基层党组织领导核心作用、发挥基层政府主导作用、发挥基层群众性自治组织基础作用、发挥社会力量协同作用
基层党建体系	健全安置点组织体系、建强安置点干部队伍、强化安置点党组织政治功能、健全安置点党建工作机制

注：内容摘自"1+7"文件。

"六五五"的具体政策即易地扶贫搬迁方案设计与推进的各项政策，其中与移民利益相关的主要是搬迁对象识别办法、安置地点、安置条件、资金投入以及后续扶持政策。具体内容参见表2。

表2 2016年以来贵州省易地扶贫搬迁方案

主要措施	主要内容
搬迁对象识别	聚焦"一方水土养不起一方人"地方的建档立卡贫困人口，以自然村寨整体搬迁为重点，精准确定搬迁对象。建档立卡贫困人口搬迁对象必须是符合规定的地域特征条件和搬迁家庭个体条件，经过11个识别登记程序，列入建档立卡台账标识为易地扶贫搬迁对象的贫困农户；整村寨同步搬迁人口必须是符合规定的贫困自然村寨经过精准识别认定的整体搬迁随迁人口
安置地点	以依托县城、中心集镇、产业园区、旅游景区服务区集中安置为主，零星搬迁为辅；2017年起贵州省全部实行城镇化安置
安置条件	城镇安置的住房面积人均不超过20平方米，中心村和移民新村安置的住房面积人均不超过25平方米；配套建设水电路、学校、卫生院、社区综合服务中心（站）以及电视和互联网设施
资金投入	建档立卡贫困人口安置房建设按人均2万元标准给予补助，同步搬迁人口人均1.2万元，按时拆除旧房每人奖励1.5万元，建档立卡贫困户人均自筹不能超过0.2万元
后续扶持	按"五个三"做法推进移民后续脱贫，其中，鳏寡孤独残移民由政府提供安置房或由民政供养服务机构安置

注：内容整理自贵州省生态移民局《贵州省易地扶贫搬迁工程实施规划》。

（二）可持续性评价

由前文可知，在理论上，易地扶贫搬迁的三个成效巩固重点是人力资本发展、土地权益存续、公共服务均等化。贵州省易地扶贫搬迁的实施路径比较完整地涵盖了可持续生计的三个成效巩固重点。

首先,能"稳得住"才能"搬得出",而"稳得住"的"五个三"体现了理论上的易地扶贫搬迁短期成效巩固重点。"五个三"中的"三地"盘活,落实了移民土地权益的可持续,在移民易地就业困难或就业收入低时,能够起到保底收入的效用。"五个三"中的建设经营性"三个场所"和建立服务群众"三种机制"则旨在提升移民土地资产的权益水平及其可持续性。统筹解决"三就",则是通过为移民提供职业培训、园区吸纳、自主创业、劳务输出、自主经营等就业服务以及提供政府公益岗位等多种手段,直接解决移民易地就业问题。"三类保障"则是直接解决移民社会保障可接续的问题。

其次,"五个体系"建设是移民稳定脱贫的成效巩固重点。在长期,移民稳定脱贫的关键因素是人力资本的持续提升,而"五个体系"的培训和就业服务体系、文化服务体系能够为移民持续提升人力资本,其中就业部分直接与移民的劳动就业相关。社区治理体系、基层党建体系建设体现了在长期推进安置社区建设的理论重点,理论上这两个体系的建设能够通过构建安置社区基层组织、引导移民逐步参与公共生活、培养安置社区对政策的反应能力来提高公共决策效率,以此进一步保障移民发展的可持续。基本公共服务体系建设一方面可推进安置社区公共设施配套建设,另一方面则可实现移民享受均等化的社会保障。其中,安置社区教育设施建设是现实中移民比较关心的问题,也是长期而言移民实现人力资本代际进步、阻断贫困代际传递的关键。

最后,"六个坚持"中的坚持以岗定产实际上强调确保移民顺利易地就业的原则指引,而其他五个"坚持"则是保障搬迁工作的原则指引,因此"六个坚持"旨在指导"搬得出"。

三 取得的成效与面临的问题

总的来看,贵州省自扶贫生态移民以来,随着搬迁安置建设的逐步完成,安置社区移民规模不断增大,取得的成效主要集中在搬迁安置方面,而现存问题①和挑战多是在移民后续就业与融入方面。

(一)取得的成效

以下从人力资本发展、土地权益存续、公共服务均等化等三项可持续生计资产,以及搬迁项目进展和移民收入总体情况来分析易地扶贫搬迁成效。在搬迁安置方面,项目建设顺利推进,移民居住条件明显改善。首先,安置房建设任务较好完成。2012至2015年,贵州省扶贫生态移民工程共完成搬迁53万人。"十三五"以来,2016年和2017年度项目共121万人的搬迁任务全部完成,其中建档立卡贫困人口搬迁入住逾107万;2018年项目计划搬迁安置66.98万人,已提前搬迁入住11.03万人。② 其次从安置项目启动到移民实现入住的时间进度来看,"十三五"期间移民入住进度明显快于扶贫生态移民阶段——如图3所示,在扶贫生态移民时期,2012年项目在3年后才实现接近100%入住率,之后的项目均未达到80%入住率;在新时期易地扶贫搬迁阶段,2016年和2017年项目在一年半以后便能达到接近100%入住率。最后,移民住房条件显著改善。据2016年的调查,移民的安置房质量约为搬迁前原有住房的2倍。

在人力资本发展方面,首先是移民就业率超过户均1人就业的规划目标。③ 截至2019年2月,2016年项目计划实现就业9.52万户19.75万人,就业率84%,户均就业2.07人;2017年项目计划实现就业15.46万户30.46万人,就业率82.37%,户均就业1.97人。2016年、2017年两年均基本实现了移民家家有就业。其次是移民健康和技能水平明显提高。从抽样调查来看,移民在搬迁后的健康状况是搬迁前的2.07倍,而技能水平则是2.34倍。而在就业方式方面,以2016年项目为例,已就业移民外出务工的

---

① 为表述方便,下文用"现"(现存、现有)表示时间截至2019年2月。
② 若无说明,本小节数据均来自2019年2月的贵州省易地扶贫搬迁后续工作推进会,http://www.chinadevelopment.com.cn/news/zj/2019/02/1463493.shtml,2019 – 2 – 27。
③ 若非强调,本文"移民就业"指移民受雇就业与自主创业。

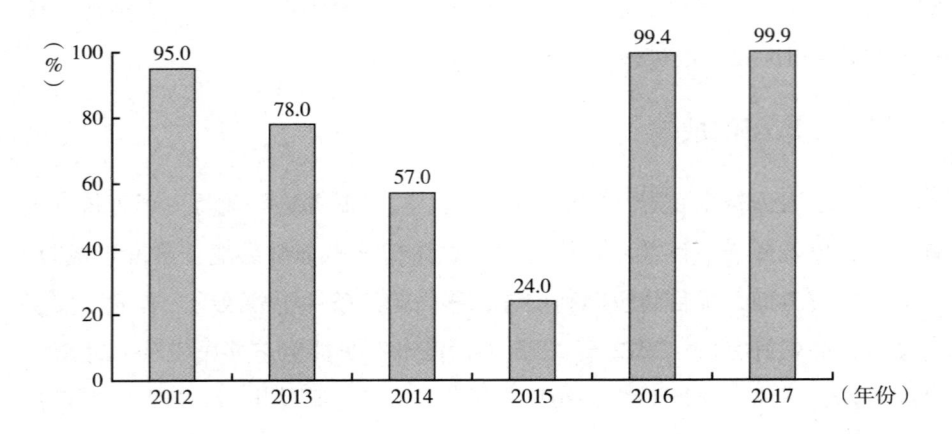

图3　贵州省2012～2017年各年项目计划安置房实际入住率

注：2012～2015年入住率数据截止时间为2015年（数据来自《贵州省人民政府办公厅关于切实做好2012年至2015年扶贫生态移民工程收尾工作的意见》），2016～2017年数据截止时间为2018年中。

89%，公益性岗位就业占2.41%，自主创业占8.47%。最后是移民收入有所增加，对政策满意度较高。调查显示，2014年项目移民人均增收率高于贵州省农村6个百分点，42%的家庭收入出现增加。而在2016年，移民对就业脱贫措施满意度为98.1%。

在土地权益存续方面，土地盘活稳步推进，土地权益陆续兑现。首先，移民原有宅基地复垦稳步进行。截至2018年12月，全省2016年项目计划应拆除的旧房共7.98万户，完成拆除率95.61%，宅基地复垦率73.06%；2017年项目计划应拆除的旧房共14.91万户，完成拆除率34.67%，宅基地复垦率20.93%。其次，移民原有土地确权稳步进行。截至2017年12月，2016年项目计划的山林地确权完成5.58万户，面积5.77万亩；承包地确权6.3万户，面积32.23万亩。再次，土地权益收入陆续兑现，土地资产可持续性显现。移民原有土地经流转或入股村集体项目后，可以获得年分红几百到几千元不等。以六盘水市为例，2018年，共有农户118.76万人参与6.49亿元"三变"项目分红，人均一年可分得约546.5元。①

在公共服务方面,首先是移民医疗和教育服务有改善,在扶贫生态移民时期,2015年第三方评估结果显示,移民在搬迁后社会保障程度明显提高,其中新农合参保率达92%,养老保险参保率达42%,纳入城乡低保23.7%,移民子女全部实现就近入学;在易地扶贫搬迁新时期,截至2017年底,学龄儿童4.99万人转入城镇就近入学,在3千米内配套有幼儿园、小学、初中和高中的安置点分别有443、446、493、174个,468个安置点内设有卫生所,477个安置点3千米内有医院,20.27万人参加城镇和农村基本养老保险,41.04万人参加农村新农合和城镇医疗保险,7.36万人享受城镇和农村低保。其次是社区建设较快推进。截至2018年,贵州省共在易地扶贫搬迁安置区新建村民委员会24个、居民委员会196个、社区服务站181个。最后是基本公共服务建设得到移民认同。2016年随机入户调查结果显示,移民对配套基础设施及公共服务设施(就医就学)满意度为99.37%,住房满意度为99.84%,就业脱贫措施满意度为98.10%。

此外,贵州省易地扶贫搬迁向城镇和园区集中安置的做法,一定程度上加快了贵州省的人口城镇化进程。如表3所示,截至2018年,贵州省与地区生产总值水平和增速与贵州省相近的省份相比,常住人口城镇化率相比2011年提高幅度最大的正是贵州省。

表3 2011~2018年贵州省与相似省份的城镇化率

单位:%

年份 省份	2011	2012	2013	2014	2015	2016	2017	2018	2018年比2011年 提高(百分点)
贵州	35.0	36.4	37.8	40.0	42.0	44.2	46.0	47.5	12.5
云南	36.8	39.3	40.5	41.7	43.3	45.0	46.7	47.7	10.9
重庆	55.0	57.0	58.3	59.6	60.9	62.6	64.1	65.5	10.50
西藏	22.7	22.8	23.7	25.8	27.7	29.6	30.9	31.0	8.3
广西	41.8	43.5	44.8	46.0	47.1	48.1	49.2	50.2	8.4

注:数据来自历年《中国统计年鉴》。

① 黄瑶:《"三变"分红领回家 欢欢喜喜迎新春》,《贵州日报》2019年2月7日。

总的来看，贵州省移民人均收入明显增加。在扶贫生态移民阶段，移民人均增收幅度高于全省农村6个百分点，42%的家庭收入出现增加；在新时期易地扶贫搬迁阶段，移民人均可支配收入在搬迁后比搬迁前提升超过1000元，而增收的最主要贡献因素是人力资本的提升，即易地非农就业的实现。

（二）存在的问题

贵州省始终重视移民就业的落实，自2012年以来制定了《贵州省扶贫生态移民就业工作实施方案》、《贵州省易地扶贫搬迁就业和产业扶持实施意见》等扶持政策，并在2019年提出建设移民后续就业与融入的"五个体系"机制。"五个体系"的提出是针对移民后续就业与融入难问题，这是贵州省易地扶贫搬迁现存主要问题。除此之外，贵州易地扶贫搬迁在项目管理、土地盘活等方面也存在着短板。[①]

首先，信息和资金管理需进一步完善。一是易地扶贫搬迁档案仍部分存在信息不精准问题，比如"一户一档"资料内容不完整、就业台账信息与现状不符、项目工程建设档案资料不齐全等。二是资金管理有待进一步规范，部分地方的项目资金拨付进度滞后，项目资金结算慢，并个别存在着资金管理不规范问题，比如资金未按使用性质设置明细科目，中央预算资金与省统筹资金被混合核算，以及省级统筹资金未进行专账核算或缺失会计核算凭证和档案等问题。

其次，易地扶贫搬迁"三块地"盘活进度不理想。一是承包耕地流转率偏低。2017年之前零星移民的承包地零星分散，难以落实承接开发主体，影响流转盘活进度，截至2017年底，全省共流转耕地11.23万亩，占搬迁群众确权承包耕地的24.27%。二是山林地盘活措施不多。山林地盘活主要以国家公益林补助为主，商业开发率低。总体来看，截至2018年底，受制于耕地条件和禀赋条件，一些地方在贯彻落实"五个三"政策要求、盘活

---

① 本部分总结自笔者近年调研以及贵州省扶贫办、省移民局内部材料。

"三块地"上仍然缺乏有效的办法，承包地流转率还不够高。

再次，移民就业不够稳定，就业培训仍显不足。一方面，截至2018年底，贵州省易地扶贫搬迁劳动力户均就业率达1.87人，实现了户均就业一人以上的目标，但就业稳定性和培训的针对性都有待提高。已就业人群中，不少属于收入不稳定的临时就业人员和本地初创期企业就业人员，甚至仍然存在劳动力"零就业"的家庭，有的地方对搬迁到县城的群众仍然培训种养殖项目。另一方面，就业培训工作推进不力，存在着部门间统筹度不够、培训内容与移民就业需求不匹配、培训存在形式化现象等问题。

最后，移民素质仍然不高，社会融入难度较大。易地扶贫搬迁移民融入城镇生活较难主要有四个方面的表现。其一，部分移民文明素质不高，城镇公共生活意识不强。在维护社区卫生、遵守交通规则、履行缴费义务[①]等城镇公共生活方面未完全融入。其二，移民与部分老居民之间存在隔阂。由于人力资本接近、生活环境相似，安置移民和部分城镇老居民在就业创业、政策帮扶方面存在相似的政策诉求，双方出现了一定程度的心理排斥。其三，常住移民劳动素质不高，就业难度总体较大。移民家庭中人力资本较好的劳动力长期在外务工，常住本地的移民人力资本相对较差。其中为数不少是"4050"人口以及部分社会融入长期较差的人，他们并没有足够的人力资本提升潜力，就业比较困难。其四，部分移民仍然存在"等靠要"思想，因懒惰、嗜赌、嗜酒致贫的人口在现实中长期存在，而实施精准扶贫以来，干部动员式的上门扶贫和大力补助加重了部分贫困人口的"贫困亚文化"思想。此外，贵州省易地扶贫搬迁还出现了个别违规违法现象，比如干部虚报数据问题[②]和收受移民"好处"问题[③]。这些问题虽然并不普遍，但绝不容忽视，须防止未来再次出现。

---

① 比如水电费用和医保缴费支出。
② 王仁宏、刘军涛：《中纪委通报：贵州一移民局易地扶贫搬迁虚报率92.69%》，http://politics.people.com.cn/n1/2019/0119/c1001-30577790.html。
③ 刘智强：《贵州通报5起扶贫领域违纪典型案例》，https://www.chinacourt.org/article/detail/2018/02/id/3206314.shtml。

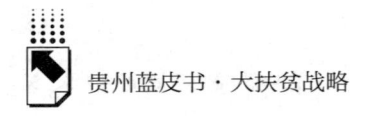

四　巩固成效的切入点分析

明确现存问题的系统性根源，总结贵州省近年来推进易地扶贫搬迁工程的成功做法，是巩固易地扶贫搬迁工程成效的基本思路。

（一）现存问题的系统性根源

易地扶贫搬迁作为一项综合性系统工程，在内部包括决策、规划和组织实施等一系列实践制度，在其外部存在着涉及经济、社会和生态的一个复合系统环境。因此，易地扶贫搬迁现存问题具有内部制度和外部环境两种系统性来源，内部制度来源主要是落实工程决策的组织保障制度与实践，外部环境来源主要是贵州省经济社会结构变化的宏观发展进程。

贵州省易地扶贫搬迁的现存问题，按照系统性来源不同可以分为摩擦性和结构性两类。摩擦性问题，根源在于内部制度，具体是指由政策未落实好或制度设计尚存在缺陷所造成的、提高落实效率或改进制度设计方可解决的问题；结构性问题，根源在于外部环境，具体是指推进易地扶贫搬迁过程中，由劳动力结构和产业结构调整不协调而带来的、需要经济社会多领域统筹推进才能解决的问题。

摩擦性问题和结构性问题的解决难度不同。理论上，随着各项政策的不断出台和强化落实，内部制度的不断完善，摩擦性问题基本可以迎刃而解。但结构性问题是贵州省易地扶贫搬迁成效巩固的更大挑战，表现在两方面。一方面，易地扶贫搬迁推进了大规模人口迁徙，但产业结构调整必然是一个中长期过程，足以吸纳移民的配套产业及其岗位难以在短期内充分培育，移民在短期内必然面临一定程度的返贫风险，当前移民就业的不稳定就是这种风险的一个反映；另一方面，相当比例的移民属于劳动技能较差的"4050"人口以及部分少数民族搬迁户，人力资本提升空间较小，他们在城镇部门顺利就业的难度较大，更可能需要政府长期的托底保障，这给地方民生财政支出带来了挑战。因此，解决结构性问题是贵州省易地扶贫搬迁今后巩固成效的重点努力方向,是需要加大调查研究力度、扩大战略协调范畴、加大统筹落实力度以妥善解决的问题。

(二)巩固成效的目标方向

理论分析已经指出,在短期,易地扶贫搬迁的成效巩固重点在于确保移民易地可就业、社会保障可接续、土地权益可持续;在长期,重点在于做好移民人力资本持续提升、移民社区建设完善、公共服务均等化。巩固成效的目标也应分长短期分别论述。除了就业稳定性尚有待提高外,依托"五个三"和"五个体系",移民社会保障可接续和土地权益可持续的短期目标正逐步得到实现。另外,移民社区建设完善和公共服务均等化尽管需要多年投入,但只要人力和财力投入的短板不明显,其成效显现并不会出现较长的滞后期;而人力资本投入成效的显现,尤其是在移民形成一定公共监督的能力素质方面,[①] 必定需要一个长期过程。

由上可知,贵州省巩固易地扶贫搬迁成效应以实现移民人力资本提升为重点,并兼顾长短期目标,总体具有四个目标方向。

其一,补短板,即从"五个三"到"五个体系",贵州省移民后续扶持的顶层设计基本完备,下一步贵州省要确保相关政策的有效落实,不断巩固并发挥省市县三级组织制度、部门联动机制、包保责任制、工程实施考核等贵州省组织动员的特色和优势制度优势,狠抓落实推进工作,尽快消除摩擦性问题。

其二,增就业,即要明确就业、企业、产业统筹同步推进的移民就业扶持工作基本原则,提高区域发展、招商引资、微企扶持等战略行动的规划统筹度,确保招商引资、城镇就业吸纳能力的增强与移民就业总需求的增加相同步。

其三,重均等,即加快实现城镇基本公共服务与扶贫政策均等化。移民

---

① 在确保做大产业规模、增加劳动供给的前提下,移民在劳动技能方面的人力资本,能够通过岗前培训和上岗劳动的"干中学"过程得到较快提升。相较之下,社会资本改善速度较慢。

与本地居民之间公共服务的均等化尤其是教育的均等化,是预防贫困移民返贫和阻断贫困代际传递的关键;贵州省有相当比例的移民安置在城市,统筹落实搬迁移民和城市本地贫困人口的发展,实现扶贫政策均等化,是消除移民与本地居民隔阂、加快移民融入城市的必要工作。

其四,强支持,即要力争中央对贵州省易地扶贫搬迁后续工作给予一定强度的支持,包括在发展配套产业、民生专项转移支付、组织移民培训等方面,确保全面小康时期贵州省易地扶贫搬迁移民的返贫风险最小化。尤其在财政方面,贵州省还有接近三十万待迁移民,① 需要解决移民在搬迁过渡期的基本生活保障支出问题,同时"4050"人口今后的基本生活、医保和养老等社会保障需求也将带来明显的财政支出压力。

(三)面临的挑战与既有优势

面对补短板、增就业、重均等、强支持的目标,贵州省当前具有四大优势和一项挑战。

1. 面临的挑战

"搬得出"和"能发展"是易地扶贫搬迁最主要的两个阶段性目标;但截至2019年,贵州省易地扶贫搬迁的成效主要是在"搬得出"方面(即完成搬迁和安置任务),移民后续扶持政策的实际成效尚未充分显现,同时发展配套产业、实现后续就业的难度较大。

在政策方面,"六五五"完整实施路径的形成比较晚,正式提出移民后续扶持"五个体系"的"1+7"指导文件发布于2019年2月23日,之后大量推进工作才陆续启动,同时移民原有土地资源盘活工作方面还存在一定"欠账"。此外,尽管路径设计在理论上相对完善,但伴随新的政策落实也将出现新的摩擦性问题,这将影响到贵州省顺利推进移民后续扶持工作的进度与效果。

在产业方面,易地扶贫搬迁必将引起较大的劳动力供给变化,而劳动力

---

① 截至2019年2月。

供给变化必须与及时的产业结构调整相辅相成，否则移民稳定脱贫的目标难以实现。但贵州省当前城镇产业发展面临两大挑战。其一，贵州省易地扶贫搬迁移民集中安置在小城镇，而贵州省小城镇主导产业仍以传统农业为主，并且缺乏耕地扩张空间，普遍缺少龙头企业的引领，就业吸纳力弱，存在产业发展和就业安置不同步的问题。其二，在全国性的用工成本升高、劳动密集型产业大量迁往更不发达国家的宏观背景下，贵州省大城市和小城镇依托引进或培育劳动密集型产业来吸纳移民就业的难度较大。移民的"扶贫产业"选择面较小。

2. 既有优势

面对目标方向，克服现有挑战，贵州省具有组织动员制度优势、政策完备优势、试点经验优势以及中央支持优势。

组织动员制度优势，是指贵州省"省负总责、市州统筹、县为主体"组织制度、多部门联动机制、易地扶贫搬迁"五主五包""双指挥长"制等有特色的易地扶贫搬迁工程组织领导制度，在全国实现了易地扶贫搬迁组织管理体制的创新，国家发改委多次将其作为典型号召全国各地借鉴学习。

政策完备优势，是指贵州省有特色的易地扶贫搬迁"1+7"政策体系设计，比较完整地覆盖了移民生计可持续的成效巩固重点。贵州省"1+7"文件从移民社区基本公共服务、培训和就业服务、文化服务、社区治理、社区基层党建"五个体系"建设方面，以及社区治安综合治理、土地收益盘活总共七个方面提出了全面而系统的实施意见，为推进移民后续发展与融入提供了完整而有力的指导。

试点经验优势，是指贵州省自2016年起就在黔南州惠水县试点工作基础上，逐步探索出了"五个三"易地扶贫搬迁生计保障和后续发展工作成功经验，省内各地也因地制宜地进行了相应探索，积累了许多可行经验，并得到国家、省外相关部门和专家的充分认可。试点经验为贵州省今后深入推进移民后续发展打下了良好的基础。

中央支持优势，是指2012年以来中央对贵州省推进易地扶贫搬迁一直给予大力帮助和支持，包括融资保障、企业帮扶、东西协作、用地政策等方面，这对贵州省移民后续扶持工作应对进一步的财政支出压力和发展配套产业压力是必要的保障。

五 进一步巩固易地扶贫搬迁成效的对策建议

贵州省巩固易地扶贫搬迁成效，需要狠抓落实"五个体系"建设，同时要加快补齐短板，提高战略统筹度以保障就业扶持实现预期，探索城镇居民均等化帮扶以实现移民彻底融入，并争取中央在多个方面持续给予支持。

（一）强化执行，补齐短板

摩擦性问题的原因主要是政策未落实好或制度设计尚存在缺陷，应从三方面入手加快补齐短板。

首先要加强干部教育，面向各级各岗干部积极开展有关移民后续政策和中央指示精神的宣讲与培训，从主观上不断加强干部打赢脱贫攻坚战的必胜信心，并充实干部对于落实新政策的方法论。

其次，在客观上要强化易地扶贫搬迁考核机制，按照移民后续工作的新要求调整各级干部的任务与责任内容，在短期特殊阶段内，可对市州级及以下干部，适当提高对按计划完成土地确权与盘活等工作进度的考核权重。

最后，依托各级易地扶贫搬迁指挥部、帮扶责任人等，构建从基层到决策层、从政府到社会、从移民到政企之间更高效的沟通机制，进一步提高各部门合作的协调度和响应度，切实消除诸如就业培训内容不接地气、培训形式化、移民户籍与社保接续滞后等问题。

（二）狠抓落实"五个体系"

"五个体系"全面而系统地提出了贵州省易地扶贫搬迁移民后续扶持的各项工作内容，是移民后续扶持工作的核心纲领。狠抓落实"五个体系"建设，在短期要明确三个重点内容。

首先，要依托基层党建体系建设推动移民社区管理和"五个体系"组织领导制度建设，按照安置点移民规模加快设置移民社区基本管理单元，充分发挥基层党组织的领导核心作用，可由党委常委或政府负责人兼任主要领导，并将层层传导的干部责任链和任务链制度深入移民社区，以此作为推进"五个体系"各项工作的基本组织保障与前提。

其次，加快公共教育、医疗卫生、社会保障、社区服务"四大要素"配套建设，确保实现安置社区享有均等化基本公共服务体系，优先保证移民学校建设的数量和质量。

再次，加快建设完善培训和就业服务体系，强化产业、企业、就业统筹发展，并明确以企业为落实移民就业与培训的工作中心，做好搬迁劳动力全员培训，逐步形成具有自我更新能力的搬迁劳动力就业技能培育体系，构建移民稳定脱贫和可持续发展的根本保障。

（三）多统筹保障移民就业

其一，要统筹考虑移民安置的分布特点和新常态下产业经济发展特点，统筹规划小城镇与城市产业发展，明确小城镇和城市相应的吸纳移民就业的产业门类，小城镇要按照禀赋条件大力发展特色农业、传统手工艺制作、文化和生态旅游及其产业链，城市要引进和培育农副加工、来料加工等劳动密集型产业，在城镇各安置点配套建设一批就业扶贫车间和扶贫基地，提供一批与移民技能较为匹配的弹性工作岗位，并明确支持办法与力度，按照吸纳移民就业数量给予企业相应的税息优惠额度。

其二，要统筹推进扶贫产业发展、东部扶贫协作与"黔货出山"，不断引入优秀企业发展新型村集体，不断加大东部企业对本地优秀资源、有潜力小微企业的投资与开发力度，利用东部企业丰富的产销经验和渠道资源发展本地特色产业。

其三，探索跨区域统筹移民就业与配套产业发展机制，一方面要探索新型集体经济组织跨村跨镇规模化整合经营，或以农业种植为重点加强扶贫产业生产计划的区域统筹，避免"谷贱伤农"造成移民自然资产收益难以持续；另一方面，省内的各地各级移民局和人力部门要建立完善移民就业协调机制，充分利用贵阳、遵义等中心城区在省内的经济先发优势，开展省内劳务协作。

其四，统筹利用贵州省与东部扶贫协作、中央定点帮扶、培养本地龙头企业、扶持本地小微企业发展等多种战略平台，不断争取社会各界和中央政府帮助贵州省引进与培育劳动密集型企业，并以企业为中心实施以企定岗、定训，同时帮助贵州省吸引旅游客源以及实施对外劳务输出。

其五，统筹推进"雁归兴贵"计划与移民就业扶持，吸引并积极支持有条件、有能力的移民或移民子女（返乡）创业。

（四）均等化帮扶城镇居民

贵州易地扶贫搬迁移民绝大多数是在城镇安置，其与城镇本地相对贫困群体在人力资本、居住区域、政策诉求等方面均比较相近。针对城镇本地居民与移民之间当前以及潜在的利益冲突与心理隔阂，贵州省要积极实施均等化帮扶城镇居民策略。城镇居民均等化帮扶的主要内容有基本公共服务与扶贫政策的均等化两方面。

首先，要以解决移民子女就近入学问题为重点，加快完成移民户籍与社会保障迁转接续工作，加快完成移民人社与户籍信息在迁出地和迁入地之间、农村系统和城镇系统之间的顺利转移，加快实现移民与本地居民之间公共服务的均等化。

其次，在短期要按照均等化的要求，加快完成移民基本生活保障的接续，而在长期，可选择移民社区（或街道办）作为示范起点，按照补短板的思路以及均等化的原则，以帮扶责任制和就业帮扶政策为重点，逐步将"五个体系"做法从移民社区有选择地、局部地向周边社区推广，同时要将周边社区现行有效的治理做法有选择地应用到移民社区，从而实现城镇社区建设与治理的均等化，最终打消移民与本地居民的心理隔阂，彻底实现安置移民融入城镇生产与生活。

（五）争取中央多方面支持

贵州省的脱贫攻坚是全国脱贫攻坚的重要战场之一，贵州省打赢脱贫攻坚战将是对国家建成全面小康社会的重大贡献，而贵州省巩固易地扶贫搬迁成效也离不开中央多方面的支持，主要是在招商引资[①]和财政支持两方面。

在财政方面，贵州省要争取中央对民生财政转移支付的大力支持，以帮助贵州省应对近三十万待迁移民的过渡期生活保障、部分"4050"人口基本生活保障以及全部"4050"人口城镇医保和养老支出压力。

在招商引资方面，要积极争取中央的协调支持，帮助贵州省与更多知名企业建立联系，增加东西部协作参与企业数量和扩大合作内容范围，继续组织中央单位和联系民主党派到贵州省就移民就业的配套产业发展提供定点帮助，全力加快贵州省劳动密集型经济的发展步伐。

参考文献

Brown L. R., McGrath P. L., Stokes B. Twenty-two Dimensions of the Population Problem. Population Reports. Series J: Family Planning Programs, 1976 (11): 27.

International Organization for Migration. Discussion Note: Migration and the Environment, Ninety-fourth session, MC/INF/288. 2007. https://www.iom.int/jahia/webdav/shared/shared/mainsite/about_iom/en/council/94/MC_INF_288.pdf1993 (01): 27 - 29.

The United Kingdom Department for International Development. Sustainable Livelihoods Guidance Sheets. London: DFLD, 1999, 445.

Ashley C., Carney D. *Sustainable Livelihoods: Lessons from Early Experience*. Nottingham: Russell Press Ltd., 1999: 226 - 227.

任耀武、袁国宝、季凤瑚：《试论三峡库区生态移民》，《农业现代化研究》1993年第1期。

---

① 按照"以企业为中心实施以企定岗、定训"的建议，此处招商引资包括了"目标方向"部分中提到的发展配套产业和组织移民培训两方面。

汪磊、汪霞:《易地扶贫搬迁前后农户生计资本演化及其对增收的贡献度分析——基于贵州省的调查研究》,《探索》2016年第6期。

国家发展和改革委员会:《全国易地扶贫搬迁年度报告(2018)》,人民出版社,2018。

任煜:《铜仁市跨区县易地扶贫搬迁现状分析与对策》,《知行铜仁》2018年第3期。

谢垚凡、尹同一:《易地扶贫搬迁新实践的调研与思考——以贵州省大方县为例》,《经济研究导刊》2019年第1期。

王飞跃、孟晨曦:《扶贫生态移民就业选择的影响因素探析——基于贵州务川县的调查数据》,《经济研究参考》2017年第62期。

党建与社会扶贫篇

Sub Reports of the Poverty Alleviation by the
Party Construction and Social Forces

B.7
以党建和扶贫互嵌为策略的贵州党建扶贫实践研究

谢忠文*

摘　要： 贵州是全国扶贫工作的主战场之一，应把党建工作同脱贫攻坚结合起来"同步推进"，是确保2020年与全国同步实现小康的重要政治基础。在中国政治架构和运行逻辑中，要解决项目扶贫缺少对接平台的不足，必须把"党建"与"脱贫"进行互嵌式构建，即在推动党建扶贫的过程中，贵州把脱贫攻坚的主体逻辑定格在基层党的建设上，以推动脱贫攻坚为"磨刀石"进一步加强党建工作，推动基层党建动员机制的再造，为促进脱贫攻坚提供组织保障，并不断丰富党的农村

---

* 谢忠文，博士，贵州省社会科学院文化研究所副所长，副研究员，研究方向：中国特色社会主义思想、党的建设及国外政治思潮研究。

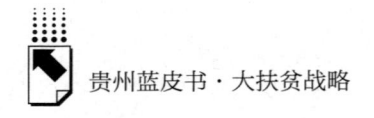

工作领导理论和实践。

关键词： 脱贫攻坚　主体构建　动员再造　党建扶贫互嵌　贵州

党的第一个"一百年"目标是全面建成小康社会。贵州是全国扶贫工作的主阵地、主战场之一，脱贫工作将直接关系党的第一个"一百年"目标能否实现。贵州如期实现全面脱贫，既是党赋予贵州的重大使命，更是时代赋予贵州的历史责任。在2015年减贫与发展高层论坛上，谈到中国式减贫经验时，习近平指出："坚持中国制度的优势，构建省市县乡村五级一起抓扶贫、层层落实责任制的治理格局。"① 这是中国减贫的重要经验，反映了中国减贫中强大的政治动员优势。

近些年，贵州抓党建促脱贫攻坚成为全国样板，其内在逻辑可以从脱贫主体构建的主观意向和政治架构的动员机制两个方面来理解：一方面把脱贫攻坚作为执政党政治目标来考量，把基层特别是作为脱贫攻坚场域的基层社会，作为落实党的执政为民、立党为公的价值理念的实践场域；另一方面在现有政治框架下，依靠执政党强大的政治动员机制，实现全社会动员，在短期内完成脱贫攻坚的世纪难题，体现了党建与扶贫的互嵌式策略。

一　扶贫主体逻辑构建的迭代嬗变

某种意义上说，党的历史就是扶贫的历史。从历史来说，扶贫的主体经历了一个迭代嬗变的过程。

从建党、建国到改革开放，中共一直致力于解放和发展生产力，致力于改善普通人的生活状况，这是在广义上开展的扶贫。建党初期，党致力

---

① 习近平：《携手消除贫困　促进共同发展》，中共中央文献研究室编辑：《十八大以来重要文献选编》，中央文献出版社，2016，第720页。

于民主革命，作为革命党，其革命目的在于改造社会生产关系，实现生产资料的再分配，所以在解放区最大的一件事情就是打土豪、分田地。这其实跟扶贫没有关系，而是在更大范围内的生产关系调整。新中国成立初期，进行社会主义改造，实现生产关系的进一步调整，建立起社会主义的集体所有制和国有制；到1956年后，社会主义制度进一步完善。八十年代，家庭联产承包责任制改革风起云涌，激发了广大人民群众的生产力，群众终于过上了"吃饱饭"的日子。邓小平指出，社会主义的本质，是解放生产力、发展生产力，消灭剥削、消除两极分化，最终达到共同富裕。[1] 应该说，社会主义从其诞生之日起就是消除贫困、消除物质短缺对人的全面发展的制约。

1978年，中央向全国印发了第一个关于农业发展的草案——《中共中央关于加快农业发展若干问题的决定（草案）》，自此扶贫工作有了雏形。随后，国家层面陆续出台了多个扶贫文件，并多次调整战略部署，加速了全国扶贫的推进。

作为贫困典型的内陆省，贵州虽有着广阔的发展前景，但由于自然条件的限制，发展长期落后于全国平均水平。在这样的背景下，1986年贵州省委、省人民政府下发了《关于加强贫困地区工作的指示》，且经过几十年的反贫困工作，贵州的扶贫攻坚工作取得了显著成效。党的十八大以来，贵州省委更是立足于贵州实际，把脱贫攻坚同贵州的全面小康、党的建设结合起来，形成了更坚实的现实发展和脱贫攻坚的基础，为更好更快实现小康梦做出了不懈努力。

二　脱贫攻坚的行动策略再造

党的十八大以来，贵州在脱贫攻坚中提高政治站位、增强"四个意识"，围绕脱贫攻坚选好干部、配强班子，抓实基层、打牢基础，集聚人

---

[1]《邓小平文选》，人民出版社，1993，第373页。

才、建强队伍，着力更新党建扶贫的行动策略，推动党建扶贫的制度化、机制化，以党的建设促进脱贫攻坚顺利推进。

（一）构建完整高效的领导动员体系

领导动员体系的构建是党建扶贫的重要部分。贵州在党建扶贫中紧紧抓住领导干部这个关键少数，制定工作目标、岗位责任、正向激励、负向约束"四位一体"责任体系，聚焦16个深度贫困县、20个极贫乡镇、2760个深度贫困村，推动各项任务落细落地见效。

一是自上而下建立责任体系。建立以省委主要领导为责任主体的领导机制，20名省领导挂帅带领20支党建扶贫队伍，定点包干20个极贫乡镇，带头推动和督促工作落实。2019年，省委发出脱贫攻坚"春季攻势"行动令，召开全省深度贫困地区脱贫攻坚工作推进大会，开展脱贫攻坚大比武。

二是确立以责任为导向的用人体制。根据脱贫攻坚的需要，贵州确定了在脱贫攻坚一线考察识别干部，将精干力量配置到脱贫攻坚"一线指挥部"，确保贫困县党委和乡镇党委坚强有力。2018年，实施新招录公务员80%到基层工作、上级机关公务员80%从基层遴选的"两个80%"政策。清理各类针对基层的评比、考核，减轻基层负担。建立谈心谈话制度，县乡党委和派出单位负责人经常与脱贫攻坚一线干部谈心谈话，帮助解决困难、疏导压力、打气鼓劲①。

三是以督查考核为指挥棒推动责任落实。建立完善领导班子和领导干部政绩考核体系，用好考核"指挥棒"，激励促进广大干部扎根在基层、奉献在脱贫一线。制定脱贫攻坚工作督查实施办法和问责暂行办法，建立现场观摩机制，通过现场看、现场比，倒逼责任落实，扎实推动中央各项决策部署在贵州落地生根、开花结果。

四是突出从严管理，推进责任落实。强化从严管理监督干部，坚决防止

---

① 冯卫东：《提升抓党建促脱贫攻坚工作质量》，《党建》2018年第12期，第47~48页。

不作为、不落实等现象。对责任不落实的单位"一把手"进行约谈，情节严重的进行问责。通过电视、网络、公开问政和开设曝光台等方式，督促干部主动担当、主动作为，坚决让不作为、不担当、懒政怠政的干部没市场。对脱贫攻坚工作不力、履职不好的干部进行教育调整。

（二）疏浚扶贫力量的下沉通道

党建扶贫从逻辑和实践上来说，一开始就是为了解决行业扶贫、专项扶贫等不能有效下沉资源的难题而设计的。因此，解决好扶贫力量、扶贫资源下沉的问题至关重要。贵州按照"选得准、下得去、融得进、干得好"的要求，牢固树立"好人好马上扶贫前线"的鲜明导向，从各级机关选派精兵强将驻村帮扶，把最具有执行力和工作能力的扶贫人才深度下沉。

一是明确下沉人才的标准和程序。文件规定，第一书记必须有2年以上工作经验，侧重于从有农村工作经验或农技方面专业特长、具有培养潜力的处科级干部或后备干部中选派。从市直部门遴选熟悉农村、熟悉基层、熟悉扶贫工作的副县级干部或后备干部到20个极贫乡镇和2760个深度贫困村所在乡镇挂任党政副职，增强县乡脱贫工作力量。

二是尊重人才资源开发规律。省市县三级组织部门对不胜任现职或作用发挥不好的村党组织书记、第一书记和驻村干部坚决及时进行调整，确保村党组织书记个个过硬、第一书记人人优秀。认真落实工作经费、生活补助、往返交通补贴、健康体检、人身意外伤害保险等政策。对不按要求驻村、群众反映差的387名第一书记，及时进行了召回调整。到2018年，4053名成绩突出、群众公认的优秀第一书记和驻村干部得到提拔重用。

三是按照责任清单对驻村干部进行有效管理。制定第一书记和驻村干部脱贫攻坚责任清单，进一步厘清第一书记职责，明确重点抓好"一宣五帮"（宣传党的政策，帮建强基层组织、推动经济发展、推进精准扶贫、提升治理水平、为民办事服务），与村"两委"共同担责、主动履职。2017年新一轮驻村工作中，第一书记和驻村干部累计走访群众736.9万人次，办好事、实事12.3万件,帮助解决困难7.8万个,化解矛盾纠纷4.5万起,协调争取项目3.1万个,协调帮扶资金41.7亿元。①

三 脱贫攻坚的主体构建策略

始终坚持问题导向,围绕打好基础设施建设、产业扶贫、易地扶贫搬迁、教育医疗住房保障"四场硬仗",切实把基层党组织建设成为攻坚拔寨的坚强战斗堡垒,打造脱贫攻坚的基层主体。

(一)选优配强贫困村带头人是基础

在第十届村"两委"换届中,按照"确保贫困村带头人个个过硬"的要求,注重动员政治素质好的外出务工经商人员、致富能手参加换届选举。对本村确实没有合适人选的,通过机关选派、第一书记兼任等形式,确保贫困村党组织书记全部选优配强、个个本领过硬。

(二)集中整顿后进村党组织是反向激励作用

2017年,针对部分村党组织管党治党存在的不到位、不得力等问题,继续开展后进村党组织精准扶贫、精准脱贫,制定时间表、路线图,"一村一策、靶向治疗"。同时,通过电话抽查、实地暗访等方式,对整顿情况进行专项督查。

(三)提升基层干部能力素质是重要目标

按照"缺什么、补什么"原则,采取"省级示范培训、市级重点培训、县级全员培训"和"请进来""走出去"相结合的方式,依托各级党校、行政学院、高校职院等培训阵地,对村党组织书记和村委会主任进行集中轮训。针对深度贫困地区脱贫攻坚需要,分级分类对深度贫困地区县乡村三级

---

① 数据来源于调研材料。

干部进行全员轮训，提升他们抓机遇、用政策、研究工作、谋划项目、用好资金、推动落实的能力水平。开发建设"智慧党建"平台，利用大数据技术和资源，对基层干部进行在线学习培训和动态管理。

（四）补齐基层人才短板是重要保障

紧扣脱贫攻坚决战决胜的需要，先后引进1333名干部、189名博士，到贵州省贫困地区挂职帮扶。开展万名农业专家服务"三农"送智行动，选派10661名专家到基层，为农村脱贫攻坚提供智力支持。大力实施"雁归兴贵"行动，通过政策、技术、金融等支持，吸引能人志士、外出务工人员到贫困地区创业。

四 脱贫攻坚动员体制的再塑造

就目前来说，脱贫攻坚动员体制缺项和短板，原因在于基层力量的支撑不足，特别是基层动员体制的能力不足，缺乏软硬件支撑，究其原因主要有两个：一是干部缺乏正向激励，二是组织缺乏动员能力。为了完成脱贫攻坚动员体制的塑造，必须注重基层基础能力提升。欠发达、欠开发的贵州，在财力紧张、脱贫攻坚任务重的双重压力下，依然坚持拿出真金白银，加大经费投入，为基层干部创造良好的工作生活条件。

（一）建立基层组织保障正向激励机制

相比沿海发达地区村干部的收入，贵州村干部收入低得多。基层也多反映，建立村干部报酬增长机制，才能留得住人才，给村干部以尊严。为此，省级财政每年投入4.5亿多元，按照"费随事转、以事定费"的原则，在全省推广向村购买服务、村干部专职化，鼓励村干部兼任村集体经济组织领导职务，领取相应的薪酬，使村干部报酬在基本工资基础上得到大幅增加，最高的达到4000多元，调动了其工作积极性。

（二）夯实基层组织阵地

积极整合项目资金，大力推进村活动场所的规范化、标准化建设。对部分面积较小、年久失修、因灾损毁的村级组织活动场所进行扩建或重建，确保到2020年所有村级活动场所面积全部达到200平方米以上。全面推进乡村"五小"建设，不断改善基层干部的工作生活条件。

（三）为动员再造提供物质支撑

2018年，加大财政支持力度，投入资金16.88亿元，按每村100万元标准，在77个县、1688个村开展扶持村级集体经济发展试点。大力推行"三变"改革和"塘约经验"，坚持在党组织的领导下，牢牢抓住深化农村改革这个牛鼻子，优化利益联结机制，把贫困群众组织起来、参与进去，壮大村级集体经济，推动脱贫攻坚。充分发挥村务监督委员会的作用，运用"四议两公开""村务公开"，对项目资金、经营管理实行全过程监督，防止"垒大户""套散户"。深入开展"双超村"（农民人均年纯收入超万元、村级集体经济年收入超百万元）创建活动，现有171个村实现了"双超"。

（四）破除基层干部向上流动的体制壁垒

积极探索鼓励改革、支持创新的容错机制，"好事"让基层党组织做、"好人"让基层干部当。从2017年起，第一书记和驻村干部年度考核优秀等次比例提高到30%，且不占派出单位优秀等次名额。2018年"七一"期间，经党中央批复同意，贵州省委隆重表彰1000名优秀个人、500个先进党组织，有效激发基层党员干部的干事热情，凝聚起攻坚合力。加大优秀基层干部选拔力度，2015年以来，全省共提拔4200余名第一书记和驻村干部。2018年专门统筹1000个乡镇公务员职位，面向优秀村干部、驻村干部等进行招录，激励干部扎根基层、担当作为、建功立业。

五　地方知识：以基层党建驱动脱贫攻坚的贵州经验

多年来，贵州各级党组织切实提升农村基层党组织的政治领导力、组织覆盖力、群众凝聚力、社会号召力、发展推动力、自我革新力，把广大群众组织起来、动员起来，增强内生动力，形成了脱贫攻坚的强大合力。

（一）注重组织领导，一任接着一任干

贵州贫困面广、贫困人口多、贫困程度深，是全国扶贫开发的一个主战场。31年来，省委始终坚持把加强组织领导作为实现减贫摘帽的重要保证，注重发挥各级各部门领导干部带头作用，注重整合部门资源，积极拓宽帮扶渠道，形成集团帮扶合力，整体推进"减贫摘帽"，加快推进贵州同步小康进程，使贵州党建扶贫成为全国具有一定影响的基层党建品牌。

一是抓组织领导。把党建扶贫工作和同步小康驻村工作纳入干部考核的重要内容，纳入年度党建工作考核和单位目标绩效管理考核内容。严格执行督促检查和表彰激励机制，每年进行一次考核总结，每三年对帮扶效果进行一次综合评估，使党建扶贫工作队队员真正静下心来、沉下身去，全力投入党建扶贫工作中去。

二是抓示范点建设。注重建立完善党员领导干部帮扶工作联系点制度，省委、省政府党员领导干部都带头选择扶贫开发工作重点县和扶贫乡作为帮扶工作联系点，每年多次深入联系点。

三是抓统筹协调。成立省同步小康驻村工作办公室，统筹谋划全省党建扶贫工作，把扶贫开发与干部驻村工作有机整合，扎实推进精准扶贫"六个到村到户"。指导市县两级同步建立相应工作机构，部署安排本地的党建扶贫工作。督促各地以县为单位组建驻村工作队，由省直挂帮部门的厅级干部担任队长，以乡镇为单位组建驻村工作分队，以村为单位组建驻村工作组，相应成立临时党总支、临时党支部和党小组，切实加强对同步小康驻村和党建扶贫工作的组织领导。

四是抓遍访活动。在全省领导干部中开展遍访贫困村贫困户活动。各级干部整体联动、整合力量，遍访全省所有贫困村和贫困户，促进精准扶贫，提高减贫实效，确保同步小康。

（二）注重精准帮扶，一批接着一批驻

贵州始终注意"党建""扶贫"两个"轮子"一起转，把加强农村基层组织建设、提高农村基层组织领导发展的能力作为脱贫致富的根本途径来抓，形成基层党组织和农民党员围绕中心（扶贫开发）、建设核心（村党支部）、贴近民心的工作格局。

一是注重持续帮扶。坚持31年不间断，从各级党政机关、人民团体、企事业单位及中央在黔单位选派干部组成农村党建扶贫工作队，分赴50个扶贫开发重点县和贫困村驻点，按照"建强一个好班子、带出一支好队伍、制定一个好规划、选准一个好项目、建设一个好阵地、完善一套好制度"目标，一批接着一批驻，集中人力、物力、财力，努力帮助帮扶村理思路、建班子、找路子，加快脱贫致富、科学发展步伐。

二是注重科学帮扶。按照"党群部门帮弱村、政法部门帮乱村、经济部门帮穷村、农业部门帮产业村、科技部门帮专业村"模式，统筹调配党建扶贫和同步小康驻村帮扶工作力量，目前，全省持续5年共选派近20万人成建制驻村帮扶，实现贫困村驻村帮扶全覆盖。

三是注重带动帮扶。全面实施"党员创业带富"工程，帮助基层建设一支带头创业致富、有实际本领、带领群众致富的队伍。

四是注重智力帮扶。坚持每年拨出专项资金，对全省9000个贫困村党组织书记和村委会主任进行集中培训，大力实施"一户一技能"工程，使全省30%左右的贫困农民初步掌握一门致富技术。

（三）注重持续发力，一年接着一年帮

注重把帮扶工作重心放到贫困地区和贫困农民群众最关心、最迫切、最

急需的事上，建立帮扶倒逼机制。从1988年"双带"（即党员带头致富，带领群众共同致富）活动，到2010年"四帮四促"（即帮助学习领会精神、促进思想统一，帮助理清发展思路、促进科学发展，帮助解决实际问题、促进增比进位，帮助化解矛盾纠纷、促进和谐稳定发展）活动，再到2013年同步小康驻村，帮扶基层工作力量不断加强，资源力量不断向基层倾斜，加快推进贵州科学发展、后发赶超、同步小康。

一是坚持"部门帮县"。深化拓展"四帮四促"活动，按照"党组织挂帮、干部挂职、工作挂责、考核挂钩"的要求，建立省直（市直）机关挂帮联系县（市、区）工作联席会议制度，制定3年挂帮工作规划，实行部门与所挂帮县发展捆绑考核，不脱贫、不脱钩。

二是深化"处长联乡"。实行省直机关单位处长或市县两级选派的县处级干部定点驻村，同步联系驻地所属乡镇，担任乡镇同步小康驻村工作分队长，统筹抓好乡镇同步小康驻村工作组的管理工作。深化拓展"处长下基层"，采取集中选派和自主安排相结合的方式，选派省直机关处长到农村基层、生产经营、项目建设、招商引资一线，特别是贫困地区，每个季度下基层不少于10天，帮助基层解决实实在在的困难和问题。

三是完善"干部驻村"。改变传统干部下基层模式，规定驻村干部每月驻村时间不少于20天，必须和原单位完全脱钩，全脱产驻村帮扶。制定出台驻村干部管理规定和考核评价办法，建立驻村工作交叉督查制度，促使驻村干部真蹲实驻、真抓实干、真帮实促。把"第一书记"作为同步小康驻村工作的深化和拓展，明确驻村工作组组长兼任"第一书记"。明确"第一书记"作为同步小康驻村工作直接责任人，抓好帮扶村党的建设、精准扶贫、实事办理、村级治理、维护和谐稳定等工作。2018年，全省以县为单位共组建85个工作队，8519个工作组，选派7368名第一书记，4.3万名驻村干部驻村帮扶，确保贫困村全覆盖。从市直部门遴选熟悉农村、熟悉基层、熟悉扶贫工作的副县级干部或后备干部到20个极贫乡镇和2760个深度贫困村所在乡镇挂任党政副职，增强乡镇工作力量。

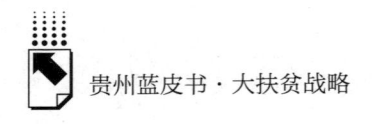

（四）注重统筹资源，一茬接着一茬抓

结合新阶段扶贫开发工作实际，依托党建扶贫工作模式，将党建扶贫工作的范围和触角延展到每个机关和每名党员，构建起城乡统筹、整体推进的大扶贫工作格局。围绕2020年与全国同步全面建成小康社会，做到"一年驻村，长期帮扶"，实现"群众不脱贫，帮扶不脱钩"。

一是坚持整体推进。坚持把"万个支部结对、万名党员帮扶"作为同步小康驻村的拓展，采取城乡党支部"1+1"结对、城乡党员"N+1"帮扶等模式，把扶贫帮困覆盖到每一个贫困乡村、覆盖到每一个农村贫困人口。

二是整合帮扶力量。协调省财政按照每村2万元标准，建立驻村帮扶专项资金，支持驻村干部办实事、抓项目，组织发动驻村工作组积极参与"四在农家·美丽乡村"建设，帮助贫困村发展新产业、培育新农民、倡导新风尚、建设新环境、发展新文化，辐射推动全省社会主义新农村建设。

三是注重分类指导。坚持实施结对帮扶、产业扶持、教育培训、农村危房改造、扶贫生态移民、基础设施"六个到村到户"，把扶贫资源瞄准到真正需要帮助的贫困群众，真正做到"雪中送炭"，推动扶贫开发由"输血式""粗放式""被动式""分散式"向"造血式""精准式""参与式""整体式"转变。注重引导各类企业、社会组织和个人以多种形式与农户建立利益联结机制，实现每个贫困村至少有5名同志组建的同步小康驻村工作组驻村工作，每个驻村工作组、每名驻村干部都有本年度驻村工作计划，每个贫困户都有1~2项具体的帮扶措施。

六 党建和扶贫互嵌路径的再探索：对策与思考

（一）要解决农村"三空"问题

问题是时代的声音，也是做好党的建设和组织工作的切入点。始终坚持问题导向，牢固树立问题意识，是推进工作的最有效方式，党建扶贫工作依旧如此。就现在的农村状况而言，目前虽然农业产业发展取得了较好成绩，然而大量农村青年劳动力外出务工依然是时代的潮流，导致房屋闲置、土地闲置、老人儿童空巢留守。村级集体经济基础脆弱，没有持续性的增收项目，村级有实体项目的少且实力弱，有的甚至没有，村级无钱办事的现象也非常突出。当前农村基层组织急需解决的难题就是空心化、空壳化、空转化的"三空"问题。①2004年"拆办并村"以来，村变大了，干部却少了，管理服务范围半径大导致村级服务功能弱化，村一级工作仅靠现有的五六个干部难以落实，村支两委以下的片区支委、组委形同虚设，联系服务群众"最后一公里"的通道没有真正畅通。所以，"三空"问题依然是目前抓基层打基础中存在的最基本的问题，也是亟待解决的难题。

脱贫攻坚需要聚焦"三空"，对标"三难"，要发展产业对标"空心"，通过政策扶持把工业基础做强、把农业产业做优、把乡村旅游做大、把城镇建设做靓，从而增加群众收入、增加就业渠道"拴心留人"，把人气重新聚起来。要盘活资源对标"空壳"，有效借鉴"三变"模式，用实用好省级对口帮扶的财政专项补助资金，通过发展产业带动型、土地经营型、资产增收型、入股分红型、服务创收型项目等，转化资源、壮大资产，兴办村级实体经济把村级资产积累壮大起来，解决村级"无钱办事"问题。要夯实组织对标"空转"，通过规范片区支部管理，有条件的地方设置产业（特色）支部，创新组建农村"自管委"，规范运行合作社、协会、公司、企业等经济组织，采取有效措施，让基层各类组织高效运转起来，真正让基层组织政治功能、发展功能、服务功能有效发挥，为有效治理"三空"问题提供坚强组织保障，把"三空"治理成效作为各级组织在村工作检验标准。

（二）要持续加强服务型党组织建设

现状告诉我们，片区支部、组委这一级最底层、最基本的"神经末梢"的组织作用正在弱化、淡化，一些地方甚至出现了组织领域"空档区"，需

---

① 刘祖云等：《农村"空心化"问题研究：殊途而同归》，《行政论坛》2012年第4期。

要我们把村级以下的片区（产业）支部、自管委和协会、合作社等经济组织建好管好用好。换句话说，当务之急就是要通过建强片区支部来弥补村级政治功能的不足，建强自治组织来弥补村级服务功能的不足，建强经济组织来弥补村级发展功能的不足。

一是机构上需要完整规范。按照"党支部+自管委+经济组织"（以下简称三组织）的基层组织设置模式，在科学规范片区支部建设的同时，坚持把支部建在产业链上、建在项目上，围绕扶贫产业如蔬菜产业基地、中药材产业基地、茶产业基地、旅游项目等，打造一批特色产业支部。进一步理顺村级以下的片区支部的设置和党员的组织关系，完整规范建立党支部，积极推进区域化党建工作，实现区域党内事务共商、活动共办、工作共促。

二是人员上需要选优配强。组织机构建立起来了，运行正不正常，关键在于"三组织"负责人的选配强不强。乡镇党委书记和村总支书记一定要好好把关，用选村干部的标准选准这三种人，如果建起来的"三组织"不能发挥在群众中的政治功能、服务功能、发展功能，就不如维持原状。乡镇缺干部，村干部忙得焦头烂额，人员极度缺乏，而只需要把这三个负责人选好，下一步这些人就可以成为村支"两委"的左膀右臂，分担村委日常事务性工作，减少村干部"事务性时间"，腾出"谋发展精力"，是一举两得的好事。

三是经费上需要保障到位。选好了"三组织"的负责人，充分调动他们的工作积极性，让他们带领各自的组织去发挥在群众中的政治功能、服务功能、发展功能。建议乡镇党委按照略低于民选副职报酬的标准，给他们一定的报酬。钱从哪里来？建议报酬从所在地发展的村级集体经济中出，这也是发展壮大村级集体经济收入的一个方向。

四是阵地上需要优化实用。近年来，基层县委县政府对村级阵地建设的支持力度很大，抓住这个政策机遇，不但要把村级阵地建设好，还要推动服务阵地向片区延伸，乡镇要在确定试点村，把"三组织"阵地建设成为功能齐全、省俭实用的"党群之家"，年底统一验收，一并纳入村级阵地补助范畴。

(三)要建立健全基层干部责任机制和学习教育机制

一是各基层乡镇要结合当前脱贫攻坚等中心工作,列出镇村干部结对帮扶任务和责任清单,列出同步小康工作队和"第一书记"驻村责任清单,特别要详细制定"三组织"负责人及其组织人员的责任清单,定岗位职责,实行责任分解,落实工作任务。还需要建立健全监督考核机制。监督考核机制是"指挥棒",是决定干部队伍作用发挥好坏的关键所在。既然给了"三组织"负责人报酬,就要相应建立监督、考核、管理机制,通过业绩考核来发放报酬。各基层乡镇要认真分析研究,制定出翔实的管理考核方案和报酬发放细则,既让他们有压力领任务,又让他们有动力干工作。

二是要坚持以"三会一课"为基本制度,以党支部为基本单位,把"两学一做"作为党员教育管理的基本内容,建立健全支部书记定期讲党课、开民主生活会和专题组织生活会、民主评议党员等制度,推进"两学一做"学习教育制度化常态化。作为试点先行的特色产业支部,要力争把学习教育的各项规定动作做实,在全县树立样板。作为村党总支,既要抓好自身的学习教育,又要督促指导各个支部开展好学习教育。同时,要结合县乡各类培训资源,把"三组织"人员纳入培训重点,提升"三组织"人员履职能力,让他们尽快进入角色、开展工作。

(四)要进一步打通基层干部向上的流动机制

抓班子、带队伍是基层党委的重要任务之一,切实担当此责,把镇村干部队伍、驻村工作队伍、"三组织"队伍这"三支队伍"不断培育壮大。

首先要建强镇村干部队伍。乡镇党委书记要充分发挥干部管理第一责任人的作用,要带领党委从严管理干部,用好正向激励、负面惩戒这根"指挥棒",同时还要坚持"人往基层走、钱往基层流、干部从基层出"的原则,多出关心之策、多行关爱之实,让基层干部真正感到"必须干好、应该干好、能干更好",充分调动各级干部的主观能动性。

其次要用实驻村干部队伍。近年来,驻村工作队和帮扶干部成为脱贫攻坚的又一支重要力量。要用好这支队伍，特别是驻村干部和"第一书记"，组织部、派出单位、乡镇党委要加大监督管理力度，很多帮扶单位派精兵强将到村真蹲实驻、真抓实干，结合各自的优势和资源，整合一切可以整合的力量，为基层实实在在干点事，为脱贫攻坚添力加码。在这个问题上，乡镇党委要担起管理职责，把驻村干部当作乡镇干部使用，当作乡镇干部管理，将驻村干部的年度目标考核纳入乡镇统一组织实施，驻村干部的福利待遇就由乡镇党委说了算。

最后要激活"三组织"队伍。首先要考虑把"三组织"建立在特色产业区、重点项目区、农旅休闲区，这些地方往往都是能人、富人、年轻人聚集的地方。村党总支、片区支部要切实担起发展党员的重任，把支持产业发展、服务项目建设的"精英分子"培养发展成为党员，使之为产业发展壮大、项目落地生根更好地发挥积极作用，更好地展现产业带动、项目推动脱贫攻坚的步伐，这恰恰就是设置"三组织"的总体方向。在基层的"神经末梢"建立的"三组织"，是最底层的组织，也是培育村级后备干部的"大熔炉"。建议一开始就注重把在农村创业的优秀大中专毕业生、带富能手、农民经纪人培养成"三组织"的"当家人"，引导他们参与行政事务，不断熟悉农村基层工作，使他们真正成为村支"两委"的左膀右臂。

（五）要继续扎实推进资源在村整合

对基层党建而言，收入是灵魂，不管是集体还是个人，没有收入就是空架子。脱贫产业就是实现收入最主要的手段和保障。保障基本收入的核心措施就是要通过发展产业增加脱贫群众收入、经济组织收入、村级集体经济收入，这既是基层党建的根本点，也是抓党建促脱贫的落脚点。抓住脱贫攻坚的政治责任、抓住政策机遇、超前谋划布局，要深入研究分析"三变"改革的成功模式、借鉴塘约村的"村社一体、合股联营"经验，通过农村综合改革手段，有效整合各类资源，实现抱团发展，做大做强我们的基本产业。一要形成合力。"资源变资产、资金变股金、农民变股东"三变改革模式和"塘约经验"，就是按照"资金跟着穷人走、穷人跟着能人走、能人跟着产业走、产业跟着市场走"的脱贫理念,实现规模发展、抱团发展的真实体现。近年来,各地围绕产业成立了很多合作社、协会等新经济组织,涌现出了一大批懂管理、善经营、门路多的能人,发挥了很好的作用,这个基础很好。因此,要将政策允许的财政投入资金转变为村集体持有的资产,引导贫困农户以土地、"特惠贷"入股的方式,参与到经营管理规范、市场前景好的协会、合作社等组织的经营活动中去,以实现村集体、入股农户、经济组织抱团发展,从而实现三方共赢。

参考文献

孙兆霞、张建、毛刚强:《贵州党建扶贫的源起演进与历史贡献》,《贵州社会科学》2016年第2期。

高薇:《中国农村改革30年大事记》,《时事资料手册》2008年第6期。

白南风、王小强:《富饶的贫困》,四川人民出版社,1986。

B.8 贵州东西部扶贫协作发展问题研究

刘杜若*

摘　要： 在习近平总书记东西部扶贫协作座谈会重要讲话精神的指引下，贵州东西部扶贫协作工作成效显著。本报告首先回顾贵州对口帮扶与东西部扶贫协作发展历程，然后总结了当前贵州东西部扶贫协作现状与特征。根据调研，对当前贵州东西部扶贫协作中存在的问题与不足进行分析，并提出了针对性对策建议。

关键词： 东西部扶贫协作　黔货出山　贵州

一　贵州对口帮扶与东西部扶贫协作发展历程

（一）1996～2012："一对二"对口帮扶

1994年，国务院出台了旨在使剩下的8000万农村贫困人口在2000年之前脱贫的《国家八七扶贫攻坚计划（1994～2000年）》。这是中国历史上第一个有明确目标、明确对象、明确措施和明确期限的扶贫开发行动纲领[1]，标志着中国扶贫开发进入了攻坚阶段[2]。《国家八七扶贫攻坚计划（1994～2000

---

* 刘杜若，博士，中国社会科学院世界经济与政治研究所、贵州省社会科学院博士后科研工作站研究人员，贵州省社会科学院对外经济研究所副研究员，研究方向：内陆开放式扶贫。
[1]《中国农村扶贫开发概要》，http://www.gov.cn/zwhd/ft2/20061117/content_447141.htm。
[2] 楚永生：《公共物品视野下农村扶贫开发模式研究》，吉林人民出版社，2011，第71～72页。

年)》明确规定,"中央和地方党政机关有条件的企事业单位,都应积极与贫困地定点挂钩扶贫,一定几年不变,不脱贫不脱钩。""北京、天津、上海等大城市,广东、江苏、浙江、山东、辽宁、福建等沿海较为发达的省,都要对口帮助西部的一两个贫困省、区发展经济。动员大中型企业,利用其技术、人才、市场、信息、物资等方面的优势,通过经济合作、技术服务、产品扩散、交流干部等多种途径,发展与贫困地区在互惠互利的基础上的合作。凡到贫困地区兴办开发性企业,当地扶贫资金可通过适当形式与之配套,联合开发。"[①]

1996年,中央政府启动了东西扶贫协作工作。《国务院扶贫开发领导小组关于组织经济较发达地区与经济欠发达地区开展扶贫协作报告》提出,将北京、天津、上海、广东、江苏、浙江、山东、辽宁、福建、"四市（大连、青岛、深圳、宁波）"分别与内蒙古、甘肃、云南、广西、陕西、四川、新疆、青海、宁夏、贵州结为对子,在人才、技术、资金、信息、物资交流、经济技术合作、企业帮扶、劳务合作和社会力量等领域开展扶贫协作。其中,大连市对口帮扶遵义市和六盘水市,青岛市对口帮扶安顺市和铜仁地区,深圳市对口帮扶毕节地区和黔南州,宁波市对口帮扶黔东南州和黔西南州[②],形成了"一对二"的对口帮扶局面。

1996~2010年间,"四市"通过无偿投入资金物资、加强经贸合作、开展科教扶贫、兴办教育卫生事业等形式,实施一系列扶贫项目。在改善贫困地区基本生产生活条件方面,无偿投入资金17.33亿元和价值3.7亿元的物资,兴修基本农田56.83万亩;解决了89.2万人、72.8万头大牲畜饮水困难;兴修乡村公路3871公里;架设输电线路,解决100多个村的通电难问题;解决了2000多户特困农户的移民搬迁;修建沼气池4000多口等。在促进产业方面,共安排协作项目600多个,协议资金550亿元,项目涵盖工业、农业、商贸、旅游、文卫、房地产等领域。在发展现

[①] 国务院:《国务院关于印发国家八七扶贫攻坚计划的通知》,http://www.people.com.cn/item/flfgk/gwyfg/1994/112103199402.html。
[②] 刘子富:《整合扶贫资源构建大扶贫格局》,《当代贵州》2016年第42期,第63页。

代农业方面，围绕发展农业产业化经营，实施了一批符合当地实际的项目，如大连市在凤冈县河坝乡实施的养猪－沼气－改厕－大棚蔬菜种植"四位一体"生态农业项目，青岛市实施的开发式扶贫项目，深圳市实施的改善生产和生活条件的"双改"项目等。在提升人力资源素质方面，新建和改建学校 1875 所，新建和扩建县、乡医院 361 所，资助 22.23 万名失学儿童和特困学生就读；培训县、乡、村干部和农民 10.2 万人，选派 229 名干部来贵州对口帮扶贫困地区挂职扶贫；组织 380 名中小学骨干教师、413 名青年志愿者来贵州贫困地区支教；引导和组织有实力的企业来贵州贫困地区投资兴业，组织实施一批科技、教育扶贫项目[1]。据统计，截至 2012 年底，"四市"累积向受援地区无偿投入资金和物资共计 30.2 亿元，为促进贵州扶贫攻坚和经济社会发展做出了巨大贡献，为开展新一轮对口帮扶工作奠定了坚实基础[2]。

（二）2013～2015："一对一"对口帮扶

2012 年 1 月，国务院印发《关于进一步促进贵州经济社会又好又快发展的若干意见》，鼓励东部发达城市对口支援贵州欠发达地区，参与和支持贵州经济社会发展[3]。2013 年 2 月，国务院办公厅印发《关于开展对口帮扶贵州工作的指导意见》，明确新增上海、苏州、杭州和广州 4 个东部发达城市对口帮扶贵州[4]。至此，新一轮东西部扶贫与对口帮扶工作形成了"上海－遵义、苏州－铜仁、杭州－黔东南、宁波－黔西南、青岛－安顺、大连－六盘水、深圳－毕节、广州－都匀"的"一对一"新局面。自新一轮对口帮扶工作开展以来，帮扶双方高度重视，形成了共谋发展、共同进步的

---

[1] 贵州省地方志编纂委员会：《贵州省志：1978～2010（扶贫开发卷）》，贵州人民出版社，2017，第 249 页。
[2] 根据贵州省扶贫开发办公室提供的资料整理。
[3] 国务院：《国务院关于进一步促进贵州经济社会又好又快发展的若干意见》，《当代贵州》2012 年第 3 期，第 8~17 页。
[4] 《对口帮扶真情相助全国 8 城市 3 年投入 11 亿资金支援贵州》，http://www.gog.cn/zonghe/system/2016/06/16/014966107.shtml。

东西部扶贫协作与对口帮扶新格局①,为全国开展对口帮扶工作探索了可信可行、可学可用、可复制可推广的成功经验②,具体成效见表1。

表1 2013~2015年贵州对口帮扶成效

指标	单位	2013年	2014年	2015年
一、政府援助				
1 援助资金	万元	31632	32179	34091
其中:1.1 省级拨款	万元	27745	27300	10832
1.2 地级拨款	万元	3887		20500
1.3 县级拨款	万元		4879	2759
2 援建项目	项			312
受益建档立卡贫困人口	人	34859	153374	201758
2.1 基础设施建设	万元	14146	14590	12302
其中:①道路	万元	7236.06	7042.74	6852.9
	公里	347.64	245.244	236.327
②饮水工程	万元	1367.1	731.13	540.37
③居民住房	万元	1822	2329.31	3065.4
2.2 产业开发	万元	6168.7	3440	3040
2.3 文化教育投入(含校舍、场地建设)	万元	8342.7	10476	7633
其中:学校(含幼儿园)	所	37	55	21
资助贫困学生	人次	769	1614	428
2.4 医疗卫生投入	万元	749	940	1930
其中:卫生院(所)、养老院	所	9	7	6
二、企业协作				
1 协作企业	个	32	42	88
其中:新增协作企业	个	13	17	44
2 协议合作项目	个	175	116	61
其中:实施合作项目	个	27	37	50
3 协议合作投资	亿元	1619.81	636.57	341.132
其中:实际投资	亿元	44.04	48.11	77.482
4 吸收就业	人	4920	3776	9768
5 实现税收	万元	5148	578.82	8617.76

① 贵州省扶贫开发领导小组办公室:《携手东部八城贵州迈向全面小康》,《中国扶贫》2014年第19期,第42~45页。
② 贵州省地方志编纂委员会编《贵州省减贫志》,方志出版社,2016,第158页。

续表

指标	单位	2013年	2014年	2015年
三、社会帮扶				
1 捐款	万元	1875.47	3465.872	2589.904
2 捐物折款	万元	1809	1538.39	1145.9
3 东部到西部志愿者	人次	53	135	218
四、领导考察互访	人次	1275	1992	1526
1 东部地区到西部地区	人次	562	1093	743
其中:省级	人次	18	31	14
地厅级	人次	118	201	137
县处级	人次	426	861	592
2 西部地区到东部地区	人次	713	899	733
其中:省级	人次	7	1	1
地厅级	人次	82	140	48
县处级	人次	624	758	684
五、人才交流	人次	230	291	288
1 党政干部交流	人次	86	143	108
其中:1:1 东部地区到西部地区挂职	人次	37	44	46
地厅级	人次	3	1	3
县处级	人次	26	33	36
1.2 西部地区到东部地区挂职	人次	49	99	62
地厅级	人次	1	99	
县处级	人次	35	52	30
2 专业技术人才交流(含教师、医生、农业技术)	人次	144	148	180
其中:东部地区到西部地区挂职	人次	7	4	61
西部地区到东部地区学习	人次	137	144	119
六、人员培训				
1 举办培训班	期	43	94	103
其中:3个月以上培训班	期		1	8
2 培训人数	人次	2670	4703	4553
其中:2.1 干部培训	人次	1007	2283	2264
2.2 专业技术人才培训(含教师、医生、实用农业技术人才)	人次	1113	2204	1069
2.3 劳动力输出培训	人次	550	216	1220
3个月以上培训	人次		216	169
七、输出(引进)技术	项	1	5	3

续表

指标	单位	2013 年	2014 年	2015 年
八、劳务合作				
1 输出劳务	人次	21400	21370	57406
2 劳务收入	万元	76608	84520	88127

资料来源：根据贵州省扶贫开发办公室提供的资料整理。

（三）2016至今：东西部扶贫协作

2016 年 7 月 20 日，习近平总书记在银川主持召开东西部扶贫协作座谈会并发表重要讲话，强调东西部扶贫协作和对口支援工作必须长期坚持下去，进一步做好东西部扶贫协作和对口支援工作，必须采取系统的政策和措施[1]。同年，中共中央办公厅、国务院办公厅印发《关于进一步加强东西部扶贫协作工作的指导意见》，明确了东西部扶贫协作的具体任务：一是开展产业合作；二是组织劳务协作；三是加强人才支援；四是加大资金支持；五是动员社会参与。这五个措施都要聚焦建档立卡贫困人口。对原有对口帮扶结对关系进行了适当调整，在完善省际结对关系的同时，实现了对民族自治州和西部贫困程度深的市州全覆盖，落实了北京、天津与河北的扶贫协作任务[2]。2017 年，国务院扶贫开发领导小组发布了《东西部扶贫协作考核办法（试行）》（以下简称《办法》）。考核内容主要包括：组织领导、人才支援、资金支持、产业合作、劳务协作和携手奔小康等六个方面。考核工作由国务院扶贫开发领导小组统一组织，自 2017 年到 2020 年，每年开展一次[3]。《办法》在 2016 年原有东西部扶贫协作统计制度的基础上，做出了三个方面的重要调整：一是改变了原来东西部扶贫协作中单边考核东部地区的做

---

[1] 习近平：《认清形势聚焦精准深化帮扶确保实效，切实做好新形势下东西部扶贫协作工作》，《紫光阁》2016 年第 8 期，第 7 页。
[2] 《东西部扶贫协作结对关系有所调整》，http：//epaper. zqcn. com. cn/content/2017 - 02/14/content_ 36318. htm。
[3] 国务院扶贫开发领导小组：《东西部扶贫协作考核办法（试行）》，http：//www. cpad. gov. cn/art/2017/8/8/art_ 1747_ 861. html。

法、分别针对东西部确定了不同的考核指标，增加了对西部地区在整合资金、保障和配合东部扶贫方面的指标；二是增加了以东西部县市、乡镇和村结对为主要内容的携手奔小康部分；三是增加了东部扶贫资源向深度贫困地区倾斜方面的指标。在调整统计指标的同时，《办法》首次对东西部扶贫协作考核的组织、内容、程序和结果运用做出了明确的规定①。至此，我国东西部扶贫协作迈入了以结果为导向的东西协作精准扶贫新阶段。

二 贵州东西部扶贫协作现状与特征

2018年，贵州省委、省政府以习近平新时代中国特色社会主义思想为指引，认真贯彻落实银川会议、全国东西部扶贫协作考核整改落实协调会、全国东西部扶贫协作工作推进会、全国携手奔小康培训会等会议新要求、新部署，抢抓扶贫协作新机遇，突出问题导向、目标导向、创新导向，对照帮扶双方签署的2018年东西部扶贫协作协议，专班化、项目化、清单化推进工作落实，扶贫协作取得了新的成效。2018年东部帮扶省份投入贵州财政帮扶资金27.13亿元（是计划数19.14亿元的141.75%、2017年7.44亿元的3.65倍）；选派援黔干部360人，派出专业技术人才4214人，接受贵州派出挂职干部911人，专业技术人员交流2962人，均超额完成计划任务；实现转移到帮扶省份就业2.98万人，是计划的9.93倍，转移到省内就近就业11.41万人；共引导413个企业到结对地区开展扶贫，实际投资额236.93亿元，企业带动贫困人口脱贫23.33万人，社会帮扶资金达23.63亿元②。贵州与扶贫城市签署的2018年扶贫协作协议任务目标均超额完成③。

---

① 吴国宝：《东西部扶贫协作困境及其破解》，《改革》2017年第8期，第58页。
② 华姝：《图解：2018年东西部扶贫协作"成绩单"》，http://www.ddcpc.cn/dj/guizhou/201901/t20190121_365347.shtml。
③ 根据贵州省扶贫开发办公室提供的资料整理。

（一）强化组织领导，高位推动工作落实

一是高位推动力度大。成立贵州省推进东西部扶贫协作工作领导小组，省委书记、省长任双组长，5位副省级领导任副组长，加强组织领导。2018年以来，省委召开3次常委会、省政府召开1次常务会和1次专题会研究部署东西部扶贫协作工作。省委、省政府明确将东西部扶贫协作工作成效纳入对市、县年度脱贫攻坚绩效考核结果，严格进行考核。各市州均比照成立了扶贫协作工作领导小组，保障工作高效推进。2017年省委研究新增了1名省扶贫办副主任领导职数，专门负责主抓东西部扶贫协作和社会帮扶工作。按照省委统一安排，省、市（州）扶贫办主任（扶贫局局长）兼任党委副秘书长，县（区）扶贫办主任（扶贫局局长）兼任党委办公室副主任，加强对扶贫工作的统筹。组织召开了贵州省2018年东西部扶贫协作推进暨项目观摩会，总结交流经验，推动工作落实。二是建专班明职责。按照省委、省政府的部署要求，省级和8个市（州）均组建了东西部扶贫协作工作专班，省级专班分综合协调组、产业合作组、人才交流组、劳务输出协作组、民生帮扶组、社会动员组6个小组，制定了详细的工作方案，形成上下协调联动、部门紧密配合的工作网络。三是高层互访频度高。2018年以来，帮扶城市与贵州高层互访交流频繁，中共中央政治局委员、广东省委书记李希同志亲赴贵州对接粤黔扶贫协作[①]，上海、辽宁、浙江、江苏等省份党委或政府主要领导也先后赴贵州考察交流东西部扶贫协作工作。7个对口帮扶城市党委或政府主要负责同志均到贵州受帮扶市州开展了调研对接。贵州先后由省委书记孙志刚、省长谌贻琴于8月率党政代表团赴广东（广州），省长谌贻琴于11月19日至21日率队赴上海、江苏（苏州）、浙江（杭州、宁波），吴强副省长于11月28至29日率队赴辽宁（大连）、山东（青岛）考察对接扶贫协作工作，召开高层联席会，签署联席会议纪要。经交流对接，

---

① 《贵州省委常委会召开会议学习贯彻李希同志率团到贵州省对接粤黔扶贫协作时的重要讲话精神，研究部署推进贵州东西部扶贫协作工作》，http://news.gog.cn/system/2018/11/23/016943081.shtml。

在广州对口帮扶毕节的基础上，广东省委安排深圳市继续帮扶毕节市，助力毕节试验区建设和打赢脱贫攻坚战。8个受帮扶市州党委或政府主要领导均率队赴7个帮扶城市考察对接扶贫协作工作，签订一批协作协议和项目，推动有关事项落实。2018年，省级及8个市（州）与7个对口帮扶城市共召开联席会30次，开展交流互访9107人次。四是政策机制体系全。编制《东西部扶贫协作和对口帮扶贵州工作总体规划（2016～2020年）》，修订《贵州省大扶贫条例》，制定《关于进一步加强东西部扶贫协作工作的实施意见》《贵州省东西部扶贫协作考核办法（试行）》等政策文件，在建立联席推进、结对帮扶、社会参与等扶贫协作机制的基础上，2018年以来相继研究制定了《贵州省东西部扶贫协作2018年工作要点》、省级《关于深入推进东西部扶贫协作工作任务统筹清单》《贵州省东西部扶贫协作三年行动计划（2018～2020年）》《贵州省提升劳务组织化程度三年行动方案》等文件，强化对东西部扶贫协作考核办法涉及的六大类22项工作的统筹，制度化、目标化、项目化、常态化推进扶贫协作工作①。

（二）注重发挥效益，资金使用聚焦脱贫

2018年，7个东部帮扶城市大幅增加财政帮扶资金，共投入各类财政帮扶资金27.13亿元②（其中上海帮扶遵义2.76亿元，大连帮扶六盘水1.04亿元，苏州帮扶铜仁3.71亿元，杭州帮扶黔东南5.86亿元，宁波帮扶黔西南3.40亿元，青岛帮扶安顺2.46亿元，广州帮扶黔南州4.65亿元、毕节市3.24亿元），是2017年投入7.31亿元的3.7倍，贫困县县均投入达到4000万元左右。贵州按照"四个聚焦"要求，引导帮扶城市将资源和力量进一步聚焦发展条件最差、贫困程度最深的建档立卡贫困村、贫困户，让宝贵的帮扶资源发挥最大效益。一是优化项目选择。下发了《关于做好全省东西部扶贫协作项目数据建设有关工作的通知》，建立了全省东西部扶贫协

---

① 根据贵州省扶贫开发办公室提供的资料整理。
② 陈政、朱翠萍：《精准扶贫精准脱贫中的"贵州实践"》，《中国国情国力》2019年第5期。

作项目库。2018年帮扶资金当年使用比例为80.51%，用于县以下基层的比例达93.88%，用于产业扶贫的比例为54.11%。二是固化利益联结。以资源变资产、资金变股金、农民变股东"三变"改革为引领，大力推行"公司+基地+合作社+贫困户"、"龙头企业+村集体+贫困户"等扶贫模式，将部分财政扶贫资金量化到村到户，让贫困群众通过劳动务工、入股分红、订单生产等获得收益。针对残疾贫困人口等特殊群体，推行"龙头企业+村集体（合作社）+残疾户"扶贫模式，将财政扶贫资金和涉农资金投入项目形成的资产折股量化优先配发给残疾人贫困户，支持农民合作社、种养大户、残疾人扶贫基地等经营主体通过土地托管、牲畜托养和吸收土地经营权入股等方式，优先带动残疾人贫困户等特殊群体增收。2018年东部帮扶7市投入财政帮扶资金与贵州受帮扶市（州）其他资金捆绑整合，共实施各类帮扶项目1500个，帮助建档立卡贫困人口脱贫28.49万人，其中带动残疾贫困人口16051人①。三是强化资金监管。制定《进一步加强贵州省东西部扶贫协作资金使用管理的指导意见》，加强对对口帮扶资金项目从申报、立项、审批、资金拨付、报账，到实施、监管、验收、绩效评价的全过程跟踪监管，保证资金使用高效、规范、安全②。

（三）突出智志双扶，人才交流成效明显

一是突出主题主业推进干部交流。紧扣脱贫攻坚主题，2018年7个帮扶城市共派360名干部到贵州贫困地区挂职，接受贵州911名干部到7个市交流③。实现帮扶城市有1名局级干部作为工作队领队挂任帮扶市州同级党政副职，每个携手奔小康县有1名处级干部挂任党政领导班子成员，明确挂职干部分管或协管扶贫协作工作，主要精力用于脱贫攻坚。上海市杨浦区选

---

① 覃淋：《东西部扶贫协作的人才力量》，http://www.ddcpc.cn/news/201904/t20190411_434661.shtml。
② 《坚持"精准"主线 做到扶真贫真扶贫》，http://www.xinhuanet.com/local/2018-01/04/c_129782344.htm。
③ 覃淋：《东西部扶贫协作的人才力量》，http://www.ddcpc.cn/news/201904/t20190411_434661.shtml。

派到遵义市道真县挂职干部周灵荣获2018年"全国脱贫攻坚奉献奖"。二是突出组团配套推进专干交流。紧贴贵州医疗、教育方面人才需求，探索推进"组团式帮扶"、"高校结对"、"职教帮扶'四个一'工程"、"名师专家贵州行"和"跨省全面托管式"精准医疗扶贫等，共选派4214名教师、医生、农业技术等专业技术人员到贵州开展帮扶工作，通过复制东部发达城市先进专业技术、管理模式、制度理念，有效帮助贵州基层整体提升医教水平[1]。三是突出安心舒心做好保障。省级层面和各地均出台了加强对口帮扶人才选派管理工作的文件，积极为挂职交流干部人才提供施展能力的平台[2]，让挂帮干部政治上有地位、待遇上有保障、工作上有条件，安心、舒心融入帮扶地工作和生活。2018年，共有8名援黔挂职干部荣获"全省脱贫攻坚优秀共产党员"称号[3]。

（四）深化产业合作，促进互补互利共赢

一是产业研究初出成果。根据贵州省委、省政府安排，由省扶贫办牵头，8个市（州）组建专题研究小组，开展对东部帮扶城市的产业研究，围绕双方区位特征、资源禀赋、产业结构、市场互补、人力资源、政策支持、合作空间等方面形成了研究报告，为深化产业合作提供指导。二是共建园区提质增效。通过援建、股份合作、产业招商等模式，与对口帮扶城市联手推进园区合作共建[4]。市（州）与7个帮扶城市共建合作园区33个，引导112个企业到园区投资，实际投资额76.44亿元。三是招商引企有新提升。2018年，依托双方共建园区等平台，共引导413个企业到结对地区开展扶贫，引

---

[1] 覃淋：《东西部扶贫协作的人才力量》，http：//www.ddcpc.cn/news/201904/t20190411_434661.shtml。
[2] 覃淋：《东西部扶贫协作的人才力量》，http：//www.ddcpc.cn/news/201904/t20190411_434661.shtml。
[3] 根据贵州省扶贫开发办公室提供的资料整理。
[4] 朱邪等：《"一对一"手携手小康路上奋进同行——东部8城市对口帮扶贵州8市（州）回顾与展望》，http：//gzrb.gog.cn/system/2014/03/03/013247092.shtml。

导企业实际投资236.93亿元,带动贫困人口脱贫23.33万人[①],吸纳就业0.85万人,通过利益联结机制带动脱贫21.99万人。如遵义市引进绿地集团、上海医药集团等上海企业62个,投资项目54个,实际到位资金67.9亿元,引进企业吸纳贫困人口就业3065人,通过利益联结机制带动7293名建档立卡贫困户脱贫。四是"黔货出山"泉涌增长。帮扶城市机关部门、企业、社会组织和干部职工纷纷响应贵州号召,采取有力措施助力"黔货出山"。线上线下同步发力,批发零售多点开花,业态模式丰富多样,帮扶成效显著。上海、广州、大连等市明确党政机关接待用茶使用"黔茶"。上海市积极推进黔货"5+360"展销行动,1年安排5天集中展示贵州农特产品,360天通过展览会和各个终端窗口不间断销售贵州农特产品。7个帮扶城市按照"强龙头、创品牌、带农户"的思路,积极引进龙头企业参与贵州贫困地区农产品基地共建等,推动农业产业化、规模化、品牌化发展。2018年,8个市州在帮扶城市共设立农特产品旗舰店或展销中心38个,开展农产品品鉴会或推介会34场,往7个对口帮扶城市所在6省份销售特色农产品57.89万吨,销售收入达24.83亿元,涉及276个贫困乡镇1445个贫困村16.32万贫困人口。如遵义市与上海市协作打造"上海终端订单+批发市场中转集配+合作社绑定建档立卡贫困户"的沪遵蔬菜扶贫协作新模式,在上海来的"卖菜书记"周灵的引领下,仅道真农产品入沪就达1000余吨,销售收入近1000万元,带动贫困群众增收近300万元。五是旅游协作持续井喷。继续面向帮扶城市实施航班补贴、门票优惠、过路费减免[②]等旅游特惠政策,与当地旅行社和旅游企业签订合作协议,全面提升"山地公园省·多彩贵州风"旅游品牌影响力和市场竞争力,帮扶省份游客量显著增加。2018年,7个对口帮扶城市所在6省份来黔游客1.91亿人次,同比增长64.65%,占外省入黔游客总

---

① 覃淋:《东西部扶贫协作的人才力量》,http://www.ddcpc.cn/news/201904/t20190411_434661.shtml。
② 罗艳:《东西部扶贫协作背景下贵州优质旅游发展路径研究》,《人文天下》2019年第9期,第2~9页。

数的45%左右①。六是浙江省安吉县黄杜村捐赠贵州3200亩白茶苗。普安县白沙乡卡塘村和地瓜镇屯上村实施的2000亩白茶种植项目覆盖贫困户862户2577人,沿河县中寨镇大宅村、三会溪村实施的1200亩白茶种植项目覆盖贫困户366户1530人②。

(五)加强劳务协作,协力推进就业扶贫

一是广开技能培训班。瞄准建档立卡贫困劳动力特别是"两后生",携手积极开展"企业+职教+就业"的职业教育和"企业+培训+就业"的职业技能培训,促进贫困家庭劳动力劳务输出。2018年各地共举办就业培训班1031期,开展贫困人口就业培训9.02万人,帮助贫困人口实现就业25.34万人。如六盘水与大连市开展职业教育"2+1"联合招生模式,资助六盘水建档立卡贫困家庭学生在大连职校"拎包入学",毕业后共同推荐就业。共有30名学生(建档立卡15名)前往大连就读或实习。二是广搭就业平台。积极携手在东部帮扶城市建立劳务协作工作站,开通劳务协作"直通车",联合举办"春风行动"劳务协作大型招聘会等,畅通就业渠道,切实提高劳务输出的组织化程度③。2018年各地到帮扶城市建立劳务协作站(点)131个,联合举办"对口帮扶劳务协作专场招聘会"391场,提供就业岗位46.21万个,帮扶贫困人口到东部结对省份就业2.98万人、省内就近就业11.41万人。如上海市安排劳务协作专项资金5000万元,制定沪遵劳务协作专项政策,强化各方联动、形成政策合力,已帮助500多户贫困户"拿上工资卡"转移就业。三是广建扶贫车间。协作双方围绕产业园区、集镇、易地搬迁安置点等共同在本地打造扶贫车间258个,带动就业23424人,其中建档立卡贫困

---

① 罗艳:《东西部扶贫协作背景下贵州优质旅游发展路径研究》,《人文天下》2019年第9期,第2~9页。
② 根据贵州省扶贫开发办公室提供的资料整理。
③ 覃淋:《东西部扶贫协作的人才力量》,http://www.ddcpc.cn/news/201904/t20190411_434661.shtml。

户7707人[①]。如广州唯品会探索建立"电商+非物质文化遗产"扶贫模式，带动1012名绣娘和245户1100余名贫困户创业就业[②]。

（六）突出基层延伸，携手小康纵深推进

一是交流互访进一步密切。2018年贵州66个携手奔小康县党委或政府主要领导均带队赴东部结对区县调研对接工作，县级负责同志到结对县调研对接1111人次。二是结对关系进一步延伸。在帮扶城市51个区县与贵州66个贫困县结对帮扶"全覆盖"的基础上，贵州按照"聚焦贫困、模式下沉、内容拓展、确保实效"的思路，大力推进结对帮扶向乡镇、易地扶贫搬迁安置社区、贫困村延伸，围绕帮助贫困户就业就学就医等，"量身打造"帮扶行动方案。截至2018年底，东部城市397个经济强镇（街道）结对帮扶贵州439个贫困乡镇，673个村（社区）和1254个企业与贵州2379个贫困村开展结对帮扶（其中与深度贫困村结对1322个，占比为47.89%），842所学校与贵州870所学校开展结对帮扶，222座医院与贵州245座医院开展结对帮扶。其中，大连市组织优强企业与六盘水深度贫困村开展"百企帮百村"活动，130家大连企业对六盘水162个深度贫困村进行结对帮扶，实现深度贫困村帮扶全覆盖[③]。三是帮扶内容进一步拓展。改变过去单向提供资金和物资帮助模式，拓展到产业发展、基础设施建设、园区共建、吸纳就业、助医助教、人员培训等诸多领域，增强了贫困地区自我发展能力。2018年各地开展贫困村创业致富带头人培训7538人，成功实现创业1168人，带动15276名贫困人口参与。苏州张家港市善港村帮扶铜仁市沿河县高峰村，签订了《善港村-高峰村"整村推进帮扶"协议书》，率先探索实践了"县、镇、村、企、园区""五位一体"东西部扶贫协作全面结

---

① 覃淋：《东西部扶贫协作的人才力量》，http://www.ddcpc.cn/news/201904/t20190411_434661.shtml。
② 根据贵州省扶贫开发办公室提供的资料整理。
③ 微凉都：《山海之约——大连市与六盘水市东西部扶贫协作工作综述》，http://www.sohu.com/a/313156662_169540。

对帮扶新模式，分三批组织共232名年轻干部脱贫工作队员赴沿河长期轮流驻村，围绕党的建设、文化建设、乡村治理、产业致富等方面开展携手奔小康行动。善港村党委书记葛剑锋荣获2018年全国脱贫攻坚创新奖。四是城乡建设用地增减挂钩跨省域调剂工作率先破题。根据国办发〔2018〕16号文件，经积极向自然资源部争取，2018年贵州共获得深度贫困县城乡建设用地增减挂钩跨省域调剂指标2.04万亩，实际完成上报24356.02亩。根据有关要求，在获得城乡建设用地增减挂钩跨省调剂指标的深度贫困县拆旧复垦安置项目经省级验收并经自然资源部实地确认后，全省获得国家资金61.2亿元，已完成2018年度跨省域调剂拆旧复垦安置方案审批及在自然资源部在线监管系统备案。省人民政府已致函自然资源部申请确认贵州2018年城乡建设用地增减挂钩节余指标跨省域调出任务，待自然资源部线上确认通过后，国家财政部将先向贵州拨付70%的资金42.84亿元。五是社会力量进一步凝聚。以"千企帮千村"等为载体，积极动员7个对口帮扶城市民主党派、人民团体、社会组织、各界人士广泛参与脱贫攻坚。东部帮扶城市共有1254家企业结对帮扶贵州贫困县或乡镇、村。携手开展"脱贫攻坚·志愿黔行"扶贫日"六个一"活动，依托"中国社会扶贫网"打造贫困群众与社会扶贫需求对接平台，大力推广"中国社会扶贫网"在对口帮扶城市的应用，组织和动员社会各界人士注册为爱心人士，对贫困群众"点对点"精准帮扶。东部帮扶7市注册爱心人士达28.05万人。2018年东部帮扶7市投入贵州社会的帮扶资金达23.63亿元，捐物折款约1.03亿元。2018年"扶贫日"期间，贵州组织开展（包括东部帮扶城市）"为贫困家庭残疾儿童奉献爱心"捐赠活动，通过现场捐赠和认捐的形式，共募集资金9391万元，专门用于贵州贫困家庭残疾儿童康复救助工作。8个市（州）共获得东部帮扶7市支持贵州残疾人无障碍改造、创业就业示范点建设、康复救助和辅助器具、扶贫车间等项目资金1854.99万元，惠及残疾贫困户万余人[①]。

[①] 根据贵州省扶贫开发办公室提供的资料整理。

三 贵州东西部扶贫协作存在的问题与不足

为全面深入了解贵州东西部扶贫协作中存在的问题、困难和不足，笔者对贵州8个市（州）和对应的东部协作城市进行了实地调研。调研对象包括各结对城市的政府部门、共建产业园区和代表性帮扶企业。调研发现，贵州与帮扶城市间的扶贫协作尚存在一些亟待解决的问题，须引起各方重视。

（一）过于注重直接脱贫效果，忽略高质量可持续发展

在考核指标硬约束下，结对双方更多关注投资规模、脱贫人数，但对投资质量、土地集约化利用、高新技术企业引进等方面并不重视。在对接帮扶城市产业转移与合作上研究得不多，可持续发展的协作项目十分有限。如为增加直接脱贫人数，某东部帮扶方提出建设乡村"扶贫车间"等劳动力密集型项目，但目前贵州乡村一级普遍存在劳动力外流、用工紧张等问题，导致项目无法推行。此外，某东部帮扶企业反映，为达到帮扶方关于就业人数的要求，企业取消了一条机器生产线，改由建档立卡贫困户手工操作，既降低了效率又提高了成本。

（二）产业合作短期化特征明显，缺乏长远规划

据调查，目前结对城市间各种帮扶规划、工作计划、合作方案等均到2020年为止，双方对2020年后合作如何持续、合作形式是否变化等"心里没谱"，普遍缺乏中长期合作目标。以共建园区为例，分布在8个市（州）的10个园区均只出台了短期性的框架协议，对园区发展目标、空间布局、资源保护等缺乏长远规划。在产业安排上，部分帮扶城市倾向推送"短平快"项目，以达到立竿见影的效果，对"深耕细作"地方优势产业不感兴趣。例如，某市（州）向东部结对方推介自身具有优势的中药材产业，认

为其发展市场销量好、价格稳定，但东部结对方认为此类中药材要3~7年才能上市，不能尽快为贫困户分红，最终未能达成共识。

（三）贫困地区被动"接受"多，产业选择话语权少

调研发现，在东部结对城市的支持下，近年来贫困地区基础设施、教育条件等均得到改善，但在产业选择上基本没有话语权，一般是"对方给什么，就只能接什么"，部分市（州）提出发展前景较好的合作项目，大多因"直接"脱贫效果不足而被东部结对方否定。如某市州反映，其谋划的符合当地发展实际、前景较好的中药材、魔芋、种草养牛等产业项目，因缺少帮扶方支持，未能得到有效实施。又有某市州反映，结对两地资源和产业未形成优势互补，互利共赢局面未全面打开。此外，贵州独特的文化资源、丰富的旅游资源受东部结对方关注也很少。

（四）贫困地区营商成本仍较高，营商环境有待改善

调研发现，贫困地区劳动力的技能素养和职业素养较低，对企业正常生产经营造成了一定负面影响。下游生产性服务业如包装、冷链、物流等发展仍较为落后，对"黔货出山"产生了一定制约，也提高了东部帮扶企业的生产经营成本。例如，有省外企业赴贵州调研后，发现运输成本过高，打消了投资念头。调研还发现，贫困地区对企业服务意识较为欠缺。例如，部分贫困地区还存在缺乏对东部帮扶企业的后续跟踪服务、未及时兑现招商优惠承诺、对企业知识产权的保护意识不强等问题。

（五）结对双方沟通配合有待加强，扶贫协作精准性有待提高

调研发现，结对双方沟通有待进一步加强，配合度有待进一步提高。双方对彼此工作内容的了解不够、衔接不够紧密。以劳务协作为例，还有部分市州未紧贴东部城市用工需求，瞄准建档立卡贫困户有针对性、有组织的劳务输出力度不够，通过劳务协作转移稳定就业的人数不多。

四 提升贵州东西部扶贫协作成效的对策建议

（一）深化产业合作内涵

进一步深化产业园区共建内涵，将帮扶城市的资金、技术、管理、人才优势与贵州的资源、政策优势相结合，集中力量打造一批产业示范园区。通过园区建设平台，着力引进一批优强企业来黔投资兴业、发展产业、吸纳就业。做好招商优惠政策和基础设施建设等方面的服务落地工作，推动形成"投资洼地"。找准帮扶城市产业转移重点，列出需求清单、优势资源清单、优势特色产业清单，深挖合作潜力，研究制定实施方案，明确具体产品、龙头企业、合作方式、合作成效，清单化推进产业协作。完善基础设施建设，加大订单式厂房修建力度，满足企业多样化需求。加大对知识产权保护力度。采取第三方评估形式，每年向帮扶企业发放营商环境调查报告，根据结果查漏补缺、不断优化营商环境。

（二）推进农产品产销对接

认真组织开展市场调研，紧扣东部帮扶城市市场需求，围绕蔬菜、茶、食用菌、中药材、精品水果、辣椒、石斛、刺梨、油茶、竹、生态畜禽、生态渔业等12大产业，进一步扩大规模，提升标准化、商品化水平，打造贵州省优质特色产业品牌。引进帮扶城市一批有实力的农业产业化龙头企业共建农产品直供基地，参与农产品储藏、加工、运输、销售等环节，延长产业链条，提升产业化水平，为贵州农业"强基补链"。在帮扶城市组织开展农产品展销、推介等活动，巩固提升帮扶城市农特产品旗舰店或展销中心销售能力。借助电商、爱心礼包等形式，帮助贵州绿色农产品走入帮扶城市各类市场。提高与帮扶城市相关部门的联动性，提升供销链各环节效率。

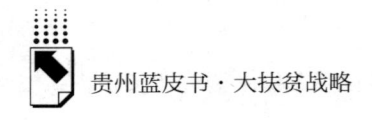

（三）强化旅游开发合作

进一步加大与帮扶城市旅游开发合作的力度，推动实现双方旅游产品互推、客源市场互动。发挥旅游商会、协会、旅行社的重要作用，大力推进民间旅游合作，共同开发旅游产品，提升贵州旅游产业发展水平。通过开展贫困乡村旅游项目，有效带动建档立卡贫困户持续稳定增收。

（四）促进劳务协作就业

完善劳务输出对接机制，提高劳务协作组织化程度。争取把劳务协作纳入帮扶城市管理工作内容，保障贵州务工人员就医就学权益。整合帮扶两地培训资源，重点对初高中毕业后未能继续升学的贫困家庭劳动力开展帮扶地培训、就业和受帮扶地培训、就业。围绕医院护工、家政服务等就业技能开展订单式培训，促进贫困家庭劳动力劳务输出。引导帮扶城市职业院校帮助贫困学生接受学历教育，促进稳定就业。针对帮扶企业需求开展劳动力技能培训，促进就地就近就业。

（五）促进人才交流互动

争取帮扶城市选派优秀干部到贵州省挂职帮扶，定期选派优秀党政干部赴东部帮扶城市挂职锻炼。引进东部帮扶城市教师、医生、农技人员等专业技术人才到本地支教支医支农，推进贫困县学校、乡镇卫生院的结对帮扶工作，开展基层干部、农村致富带头人培训，促进人才培养合作。出台优惠政策，吸引东部城市退休老教授、老专家以灵活方式到贵州省开展帮扶、发挥余热。落实挂职干部政策待遇，保障挂帮干部必要的工作、生活、学习条件，促进挂帮干部更好地发挥桥梁纽带作用。

（六）实施教育医疗帮扶

建立常态化合作关系，实现受帮扶地教育医疗管理创新、资源共享。动员帮扶城市有条件的学校、医院加入结对帮扶，力争东部帮扶城市与贵州贫困县中小学和乡镇卫生院结对帮扶全覆盖。紧扣贵州医疗专科和教育学科等方面短板，争取东部帮扶城市选派专家团队到贫困县开展"组团式"帮扶，帮助贵州提升医疗和教育水平。

参考文献

国务院扶贫开发领导小组办公室：《中国农村扶贫开发概要》，中国财政经济出版社，2003。

国务院扶贫开发领导小组办公室：《东西扶贫协作实现共同发展》，中国财政经济出版社，2005。

吴大华、刘杜若、黄景贤：《东西部扶贫协作问题研究——以贵州省为例》，经济管理出版社，2019。

向德平、黄承伟：《中国反贫困发展报告（2012）》，华中科技大学出版社，2013。

张磊：《中国扶贫开发政策演变：1949~2005》，中国财政经济出版社，2007。

B.9
民主党派参与毕节试验区脱贫攻坚研究

中共贵州省委党校第六期党外中青班

摘　要： 从民主党派参与毕节试验区脱贫攻坚的整个历程来看，各民主党派在中国共产党的领导下，注重发挥自身优势，积极作为，重点从提高"制度效力、区域动力、资源合力、发展能力"四个方面下功夫，有效地推动了试验区经济社会快速发展。中央对毕节提出"在多党合作服务改革发展实践中探索新经验"的要求，但从实际运行情况看，离中央的要求还有一定的差距，主要表现为"高度不够、力度不够、宽度不够、深度不够"。本报告针对存在的问题，提出相应对策建议。

关键词： 毕节试验区　民主党派　脱贫攻坚

2018年9月26~30日，中共贵州省委党校第六期党外中青班到毕节就民主党派参与毕节试验区脱贫攻坚的经验及存在的问题开展教学调研。调研活动以习近平新时代中国特色社会主义思想为指导，紧紧围绕中央及省委关于决战脱贫攻坚系列战略部署，在专题教学的基础上，深入大方县麝香古镇、农工党帮扶大方教学点、赫章县平山农业产业园、威宁县九三学社中央帮扶点、七星关区致福光谷产业园、黔西县同心商贸城等地进行实地考察，并组织了互动交流。根据调研情况及学员们互动交流的意见，形成本调研报告。

一 民主党派参与毕节试验区脱贫攻坚的总体情况

经济贫困、生态恶化、人口膨胀形成的恶性循环曾经是制约毕节发展的根本原因：人口膨胀，人均耕地不足，人们不得不向山要地；向山要地就破坏了植被，导致生态恶化；而生态恶化又加大了经济可持续发展的难度，导致广大群众生活极端贫困。毕节当时的贫困状况引起了新华社记者刘子富的关注，他于1985年6月2日在毕节海雀村调研后写了《赫章县有一万二千多户农民断粮，少数民族十分困难却无一人埋怨国家》刊发在《国内动态清样》第1278期上。文章写道："在赫章县河镇乡海雀村3个村民组察看了311户农家，家家断炊。苗族老大娘安美珍瘦得只剩枯干的骨架支撑着脑袋，一家4口人，丈夫、两个儿子和她，终年不见食油，一年有3个月缺盐，4个人只有3个碗，当时已经断粮5天。"据统计，1987年，毕节地区人均工农业总产值只有288.9元，每人每年的食用粮食不到200千克，现金收入每年不到200元人民币，农民人均纯收入只有184元，温饱线以下人口达300多万，农村贫困人口占毕节总人口的53.68%，自增率达到21.29‰，水土流失面积为60%以上，森林覆盖率只有8.53%。[1]

为了改变贫困面貌，时任贵州省委书记的胡锦涛在充分调研并充分征求意见的基础上，创造性地提出建立毕节"开发扶贫、生态建设"试验区的设想。随后，胡锦涛同志于1988年3月9日主持召开了贵州省委常委扩大会议，讨论《关于建立毕节地区开发扶贫、生态建设试验区的意见（讨论稿）》，将讨论结果修改后上报国务院，申报建立毕节试验区，1988年6月获得国务院批准。毕节试验区的建立和发展，是在中共中央的坚强领导下，统一战线广泛参与、倾力相助的结果。在毕节试验区的整个发展历程

---

[1] 谢定光：《中国特色政党制度在贫困地区的成功实践：以毕节试验区为例》，贵州财经大学硕士学位论文，2012。

中，八个民主党派中央全部参与，且各民主党派中央与毕节试验区的合作从未间断过。毕业试验区因持续时间长、参与范围大、帮扶力度强、取得成效多而被评价为统一战线服务改革发展试验区和多党合作示范区。数据显示，2017年，全市生产总值完成1841.61亿元，是1988年23.40亿元的78.7倍，翻了6.3番，约5年翻一番。2017年农村居民人均可支配收入和城镇居民人均可支配收入分别是1988年的22.5倍和34.4倍，分别翻了4.5番、5.1番。人均受教育年限从1987年的3.6年提高到2017年的8.6年。贫困发生率从1987年的56%下降到2017年的8.89%。[1] 全面小康综合实现程度达90%；森林覆盖率从14.9%上升到52.2%，人口自然增长率从19.91‰下降到7.34‰，在开发扶贫、生态建设、人口控制方面取得显著成就。[2]

二 民主党派参与毕节试验区脱贫攻坚的主要经验

从民主党派参与毕节试验区脱贫攻坚的整个历程来看，各民主党派在中国共产党的领导下，注重发挥自身优势，积极作为，重点从提高"制度效力、区域动力、资源合力、发展能力"四个方面下功夫，形成了如下主要经验。

（一）抓顶层设计，在提高制度效力上下功夫

一是积极协调，在争取支持毕节发展的特殊政策上下功夫。中央统战部、各民主党派中央、全国工商联通过简报、书信等渠道，采取座谈、协商等方式，向中共中央、全国人大、国务院、全国政协汇报试验区取得的成绩、发展思路及需要解决的问题，争取国家出台优惠政策帮助毕节发展。据统计，在毕节试验区成立30年之际，各民主党派协调国家有关部委出台专

---

[1] 毕节市统计局：《毕节试验区30年发展综述》，毕节市人民政府网站，2018年7月24日。
[2] 杜高富：《毕节试验区设立30年，累计减少贫困人口594万人》，《贵州都市报》2018年11月14日。

门针对毕节试验区实际情况、解决毕节试验区问题的差别化政策达 28 个。[1]

二是参与规划设计，在提高经济社会发展的科学化水平上下功夫。宏观层面，各民主党派积极协调相关领域专家帮助试验区制定宏观层面的战略规划多达 40 余项，如《毕节试验区开发扶贫、生态建设试验区发展规划》、《毕节地区国民经济社会发展规划》等；中观层面，派出专家学者指导各县、乡、村制定发展规划，提高县域经济发展的科学化水平；微观层面，通过深入基层系统调研，为试验区发展提出具体对策建议。据统计，仅 1988～2009 年间，中央统战部、各民主党派中央、全国工商联和试验区专家顾问组共安排 321 批 2880 人次的领导、专家、学者、企业家到试验区调研和指导帮助工作，共撰写有关毕节试验区发展的调研报告 119 篇，提出有关毕节试验区建设的合理化建议 140 余条。[2]

三是搭建参与平台，在畅通民主党派作用发挥的渠道上下功夫。分别建立专家顾问组咨询机制、适时汇报机制、专题会议机制、建言协商机制和联络联系机制。充分发挥各民主党派的桥梁纽带、决策咨询和民主监督作用，最大限度争取各民主党派的支持或获取建议。如织金县按照"双周一座谈、一月一调度"的要求，各战区轮流承办"双周座谈会"，定期对"百企帮百村"、"同心牵手·菜单选择"、基层协商民主监督工作、各民主党派开展脱贫攻坚民主监督工作情况、民族团结进步创建示范点等重点工作情况进行调度，了解掌握企业帮村进展情况、基层协商民主监督工作成效及存在的问题，推动统一战线参与脱贫攻坚的正常有序开展。

（二）抓项目建设，在提高区域动力上下功夫

一是抓基础设施建设，突破试验区发展瓶颈。中央统战部、各民主党派中央、全国工商联的帮扶始终牵住基础设施这一关键牛鼻子，促成了一大批

---

[1] 姜潇、骆飞：《情系乌蒙 同心攻坚：统一战线帮扶毕节试验区 30 年发展纪实》，《当代贵州》2018 年第 30 期。
[2] 谭齐贤：《毕节之路——科学发展的先行者》，贵州民族出版社，2012，第 20、15～16、229 页。

基础支撑项目的落成，有效地改善了毕节试验区发展的基础设施条件，为毕节加快发展、实现跨越奠定了良好的基础。截至2018年，共协调推动涉及资金1200多亿元的900多个基础设施项目落地。① 如民建各级组织仅2018年就在黔西县落实项目23个，投入和引进资金近3000万元。② 毕节试验区建设30年来的统计数据显示，毕节累计建成铁路413公里，高速路通车里程达757公里，提级改造国省干线公路520公里，建成通村油路（水泥路）1.33万公里，在建通组路15337公里，农村连户路和院坝"两硬化"基本实现全覆盖；县县有中型水库，农村饮水安全工程"全覆盖"；农村电网改造、通信设施全覆盖。③

二是抓产业发展，增强试验区发展后劲。中央统战部、各民主党派中央、全国工商联结合毕节试验区的资源优势，积极嫁接优势企业落户毕节进行资源开发，让毕节摆脱"富饶的贫困"的局面。在传统资源的开发方面，先后引进黔北火电厂、纳雍火电厂等企业集团对毕节的煤炭资源进行开发，把"黑色资源"转化为"绿色经济"，提高煤炭资源的附加值。同时，围绕"跳出能矿抓工业"的思路，引进企业开发新能源、新材料、生物医药等新兴产业，提升毕节工业经济的质量和竞争力。

各民主党派还结合毕节试验区的气候环境条件，注重引进企业发展现代山地高效特色农业，帮助贫困群众发展致富。如九三学社中央牵线引进上海雪榕生物科技股份有限公司落户威宁发展食用菌产业园项目，该项目累计投资10.68亿元，年产值8.4亿元，吸纳就业2500人。④

三是抓对口帮扶，改写贫困山村落后面貌。如农工党中央对口帮扶毕节市大方县，集中推进教育和健康扶贫，截至2018年底，农工党中央及各级

---

① 冷桂玉：《统一战线助力毕节试验区30年"破茧成蝶"》，中新网，2018年11月16日。
② 《同心谋发展筑梦新时代——各民主党派2018年履职工作回眸》，《人民政协报》2019年2月22日。
③ 谢朝政：《绘就磅礴乌蒙小康新景——贵州毕节试验区开发扶贫三十年纪实》，《贵州日报》2018年7月16日。
④ 《同心谋发展筑梦新时代——各民主党派2018年履职工作回眸》，《人民政协报》2019年2月22日。

组织共投入、引进资金2441万元，为当地培训医务人员、乡村教师等1300余人次。通过"公司+合作社+农户"模式推进产业扶贫，已建成1000余亩高标准猕猴桃种植示范基地，带动当地9个大中型猕猴桃产业基地发展，覆盖贫困户449户。①

（三）抓统筹协调，在提高资源合力上下功夫

一是推进东西部协作。中央统战部、各民主党派中央、全国工商联充分发挥联系广泛、人才汇聚的优势，协调东部发达省份单位、组织及个人参与毕节试验区建设。如致公党大连市委多次深入七星关区考察，就产业发展、教育教学、农民增收、医疗卫生、科技致富等工作进行调研，提出了许多宝贵意见建议，为七星关区经济社会发展注入新的活力。

二是推进企业对口帮扶。各民主党派以开展"百企帮百村"活动为载体，协调企业与村形成结对帮扶，激发区域经济发展活力。如织金县自2016年来，围绕"如何引、怎样帮、咋考评"三个方向，做到六个坚持："落实定期联络汇报、组织四股力量注入、双周座谈会议推进、统战联办单位包靠、企业帮村考核记功、工作纳入实绩考核"，全面推进了"百企帮百村"助力精准扶贫，工作取得实质性进展。围绕"三个方向""六个坚持"，截至目前，织金县"百企帮百村"工作共实现结对帮扶192家。向外联引企业帮村30家（其中全国工商联、省工商联帮助联引20家）；荣誉村主任聘任全覆盖，54家新签帮村协议；98家返乡创业并签约帮村；10家专业合作社带动帮村。年内已投入帮扶资金2821万元，带动就业4000余人，其中建档立卡贫困人口近2000人。

（四）抓教育医疗，在提高发展能力上下功夫

一是抓基础教育，阻断贫困代际传递。中央统战部、各民主党派中央、

---

① 《同心谋发展筑梦新时代——各民主党派2018年履职工作回眸》，《人民政协报》2019年2月22日。

全国工商联围绕着"智力支边"开展教育扶贫，发展基础教育。毕节试验区建设30周年时，在统一战线的帮扶下，毕节新建或改扩建各类学校200余所。使得毕节试验区的教育教学设施得到有效改善，为基础教育的发展提供了基础保障。试验区的人均受教育年限从1988年的3.8年提高到2018年的8.6年。①

二是抓技能培训，促进贫困劳动力就业创业。在帮扶过程中，各民主党派以技能培训为抓手，提高贫困劳动者的技能水平，力求从根本上解决老百姓贫困问题。如中华职教社对口帮扶毕节市金海湖新区，就紧紧围绕"职业教育扶贫和产业扶贫"两条帮扶主线，开展针对村支两委干部、建档立卡贫困户、致富带头人、教育系统干部等的培训项目，提升试验区干部群众能力水平，推动人口资源向人力资源的转变。

三是抓医疗卫生，解决因病致贫因病返贫的问题。全国统一战线各民主党派发挥自身优势，以党派医疗扶贫项目为载体助推毕节试验区医疗卫生事业发展。如民盟以"明眸工程"、九三学社以"亮康工程"为载体，免费为试验区贫困白内障患者进行复明手术；农工党在大方县投入资金建设基层医疗卫生机构、培训基层医疗卫生人才，推动基层医疗卫生体制改革，有效缓解了基层"看病难、看病贵"的问题。

三 民主党派参与毕节试验区脱贫攻坚存在的主要问题

各民主党派的广泛参与，为毕节脱贫攻坚做出了重要的贡献。中央提出，要把毕节建成多党合作示范区。从中央的要求及实际运行的情况来看，民主党派参与毕节脱贫攻坚仍然存在不少问题。主要表现为在几个"度"上还不够。

---

① 《潇潇春雨润乌蒙——全国统一战线倾力帮扶毕节试验区民生事业发展纪实》，《贵州日报》2018年7月17日。

（一）高度不够

习近平 2014 年 5 月 15 日批示毕节试验区"创造了中国共产党领导的多党合作助推贫困地区发展的成功经验"，并要求试验区继续"为贫困地区全面建成小康社会闯出一条新路子，同时也为多党合作改革发展实践中探索新经验"。也就是说，毕节试验区不仅是贵州的试验区，也是全国的试验区，承担着探索多党合作助推贫困地区全面小康新路子的责任，承担着探索中国共产党领导的多党合作的制度优势的责任。因此，对民主党派参与毕节脱贫攻坚的定位必须站在国家的角度考虑。但是，不少干部对这一战略的认识高度还不够，对民主党派参与脱贫攻坚方面的需求往往比较直接，主要是项目协调、资金支持与协调等。而认识高度的偏差也就导致合作思路、合作方式达不到"探索路子"的要求。

（二）力度不够

民主党派在脱贫攻坚方面缺乏强基固本的大谋划，多是见子打子的分散项目，带动不大、创新不多。一些民主党派参与脱贫攻坚还主要是通过动员党派成员送钱送物送医送药送文化送技术送教育等零星的投入，这些手段对改善贫困农民的生产生活条件虽有所帮助，声势很大，但还谈不上从根本上改变其生产生活条件，形成独立的产业发展能力，从根本挖掉穷根。一些民主党派动员党派成员到贵州投资兴业，创办了一些企业，解决了一部分就业问题，推动脱贫攻坚。但这些企业大多是追求正常盈利的项目，与贫困农民缺乏较直接的利益联结机制，有些党派成员的企业对社会的回报少，公益性不甚突出。

另外，各民主党派参与毕节脱贫攻坚，都形成了自己的品牌，形成了相对固定的地域，这对于发挥各党派的自主性具有积极作用。但各党派之间这种各自为政、互不合作的状态，也制约了民主党派参与脱贫攻坚向更高层次的统合发展。

（三）宽度不够

毕节作为多党合作试验区、新型政党制度试验田，必须在政治协商、民主监督、参政议政方面进行全方位的探索。但就实际情况而言，各民主党派对毕节主要体现为一次次实际的帮扶，帮扶的身份就体现为"外在的过客"，而具体的参政议政职能则体现得不充分。从民主监督的角度看，各民主党派引进项目后，在项目的实际运转中则存在缺位的情况，项目监督的职能和对整个试验区工作的监督都没有充分体现。对于已经探索实践的专家顾问组制度等，则缺乏与时俱进的外延拓展。

（四）深度不够

实践是理论之源，只有对实践进行充分且有深度的理论总结，再用来源于实践的理论去指导新的实践，才会不断推进实践向前发展，也才会积累有价值的经验。毕节试验区已经建设30年，在这30年的过程中，多数总结都主要是从新闻报道的角度展开。而对于多党合作制度对推进深度贫困地区发展的特殊价值的理论性总结、制度性创新、实践性反思还显得不够。

民主党派参与毕节试验区脱贫攻坚存在以上问题，主要原因在于以下几个方面：一是政治站位有待进一步提高，要进一步提高参与毕节试验区脱贫攻坚在民主党派全部工作中的比重和位次。二是机制体制方面存在障碍，创新不足。民主党派缺乏专门用于脱贫攻坚的财政预算，有时正常开展工作都面临报销难的问题。在整合各民主党派资源方面，缺乏比较具体的顶层设计，一般号召代替了统一规划。三是民主党派本身的资源不足，造成参与脱贫攻坚宽度不够、深度不够，有些事情想做，但力不从心、无力开展。

四 提升民主党派参与脱贫攻坚质效的对策建议

针对存在的问题，提出以下对策建议。

（一）提升认识的高度，以脱贫攻坚为载体谋划多党合作大格局

以民主党派参与毕节脱贫攻坚为载体，从探索中国新型政党制度优越性的高度系统谋划民主党派在毕节的作用定位、组织建设、参与渠道等，为民主党派参与区域整体发展探索经验、走出新路。首先是准确定位。让民主党派在脱贫攻坚中干他最擅长干的事情，应成为民主党派参与脱贫攻坚必须坚持的基本原则。基层和各党派之间应坐下来，充分沟通，找准定位，消除不合适的预期。民主党派也要清楚明白地告诉基层，哪些能干、哪些不能干、哪些擅长干、哪些不擅长干、能干到哪种水平哪种程度。在脱贫攻坚中，民主党派应主要集中在智力帮扶、各种牵线搭桥、政策协调等方面，着重在这些方面谋划具体项目。其次要增强参与工作的可持续性和可复制性。让民主党派将主要资源和主要精力都放在毕节试验区，使其没有更多力量参与全国其他地区的建设，这样的模式难以持续，也难以复制。应引导民主党派积极变革参与毕节脱贫攻坚的方式方法，更多以软资源、软实力投入为主，参与建设，参政议政、民主监督、协调关系、出谋划策等参与形式应成为重点。最后是要进一步提高参与效果，扩大影响，注重从根本上解决问题。各民主党派在实践中应结合本党派的资源条件和优势，谋划带动力更强、覆盖面更大的具体项目，着重从根子上改善贫困农民的生产生活条件，着力提高贫困农民独立的可持续的产业发展能力。

（二）加大作用力度，形成各党派优势互补的新格局

在方式上，民主党派参与脱贫攻坚要多做方式方法创新，多做强基固本的大谋划。各民主党派应聚焦"六个一批"、依托"六个一批"，谋划具体工作。产业发展、就业帮扶、教育脱贫、生态发展、移民搬迁是着力重点，各党派中央可以统合全国各省份的相关资源，谋划实施一批影响深远的大项目。如在产业帮扶方面，可以借助发达地区产业转移之机，协调做好贵州产业承接工作、共建产业链条、发展扶贫车间等。

在组织上，加强统筹协调，形成各党派互相合作的新格局。统一制定各

党派参与毕节试验区脱贫攻坚工作的总体规划，谋划一批需要共同完成的具体项目。一方面，应鼓励各党派在脱贫攻坚方面自主开展相关合作，共同做事，各计其功。二是做好各级统战部门的协调，通过谋划好需要各党派共同出力的具体的大型项目，根据各党派优势，进行细致分工，协调各党派共同参与完成这一具体项目。

（三）拓展职能宽度，与时俱进探索民主党派参与脱贫攻坚新领域

站在全国试验区的角度，系统谋划新型政党制度框架下民主党派如何更好地在政治协商、建言献策、民主监督、沟通协调等方面在全省全国走在前列、做好示范。在中国共产党的领导下，紧紧围绕民主党派"三大职能"，探索实践三大职能的路径和方法。针对脱贫攻坚工作，应该积极创新体制机制，支持各民主党派在毕节的地方组织在脱贫攻坚政策制定、实施执行、督促检查、追责问责、政策调整等方面发挥更积极的作用。党派中央、党派省委做好建言献策的指导工作。对党派引进实施的项目，应责成党派会同当地有关部门共同做好跟踪服务工作，做到全程参与、全程监督、全程服务。

同时，在已有实践的基础上，不断拓展成功实践的功能。比如在专家顾问组的基础上整合各方面的专家、建立更细分的专家委员会，为试验区的发展提供更专业化的智力支持；还可建立一些实体性的研究咨询机构，让试验区在发展过程中能够随时用得上。

（四）加深实践深度，用源于实践的理论指导新的实践不断发展

一方面，加大对史料的收集和整理力度，为试验区多党合作的理论研究、实践探索提供支撑。另一方面，利用毕节试验区的政治优势，广泛联系省内外专家加大研究力度，系统总结好多党合作新型政党制度在试验区的经验，并进行理论提升。用理论研究成果指导新的实践，又对新的实践进行进一步的理论总结，形成实践与理论的互促互进，为中国共产党领导下的新型政党制度积累理论资源和实践经验。

参考文献

吴愿学：《"同心"思想与毕节试验区建设论纲》，《贵州社会主义学院学报》2012年第1期。

王振：《统一战线参与毕节试验区建设：实践、经验与启示》，《统一战线学研究》2018年第5期。

联合课题组：《"同心"思想与新形势下统一战线服务毕节试验区建设研究》，《贵州社会主义学院学报》2013年第4期。

彭雪莲：《毕节试验区建设多党合作高地的几点思考》，《贵州社会主义学院学报》2017年第1期。

彭雪莲：《毕节试验区民主党派参政现状研究》，《毕节学院学报》2009年第9期。

彭雪莲：《多党合作服务毕节改革发展的创新实践探析——写在毕节试验区成立三十周年之际》，《贵州工程应用技术学院学报》2018年第5期。

王庆：《"毕节试验区"启动历程》，《当代贵州》2014年第2期。

邱胜：《磅礴乌蒙谱新篇——毕节试验区成立三十周年纪实》，《当代贵州》2018年第30期。

王明贵：《毕节试验区发展历程研究：一种综合视阈的回顾与前瞻》，《毕节学院学报》2012年第1期。

池涌、王文：《毕节试验区经济发展24年来的成就与经验》，《毕节学院学报》2013年第3期。

张钮清：《多党合作在毕节试验区的实践成果及经验研究》，《毕节学院学报》2011年第1期。

陈燕英：《统一战线助推贫困地区经济社会科学发展——以毕节试验区为例》，《贵州社会主义学院学报》2016年第3期。

扶志扶智篇

Sub Reports of the Enhancement of Confidence
and Education of Poverty-stricken People

B.10
贵州省"扶志+扶智"助力
精准扶贫的实践探索*

王红霞**

摘　要： 本文通过阐述扶志扶智及其他相关理论基础，总结贵州省实施精准扶贫以来关于扶志扶智的经验做法，深入分析贵州扶志扶智面临的现实困境及原因，探索建立健全以扶志扶智巩固脱贫成果、实现稳定脱贫的长效机制，提出加强扶志扶智、促进贵州精准脱贫的对策建议。

---

* 本文系贵州省社会科学院创新工程重大支撑项目"贵州省精准扶贫成效评估与发展跟踪研究"（项目号2019CXZD06）、贵州省社会科学院创新工程特色学科项目"旅游经济学"（项目号2019CXTS03）的相关研究成果。
** 王红霞，硕士，贵州省社会科学院农村发展研究所助理研究员。研究方向：农村经济发展、贫困治理。

关键词： 扶志　扶智　长效机制　精准扶贫　贵州

党的十九大报告特别提出注重扶贫同扶志、扶智相结合，以人民群众为主体，在增强内生动力上下更大功夫，这既是实现脱贫攻坚目标的根本选择，又是贫困地区、贫困人口持续发展的必然要求。2017年6月，习近平总书记在深度贫困地区脱贫攻坚座谈会上谈到，我国深度贫困的主要成因之一是社会文明程度低，群众脱贫内生动力不足。2018年11月，国务院扶贫办联合其他部门出台《关于开展扶贫扶志行动的意见》，明确要加强扶贫扶志，有效激发贫困群众内生动力，这既是中国特色扶贫开发进程中的显著特征，又是决战脱贫攻坚的重要举措。以扶志增强贫困地区群众脱贫致富的思想动力，以扶智增强贫困地区群众脱贫致富的行为活力，以扶志扶智长效脱贫机制增强贫困地区可持续脱贫的长足支撑力。积极借鉴各地区以扶志扶智推进精准扶贫的典型经验、做法，探索通过教育扶贫、技能培训、人才战略、乡风文明等多种扶志扶智方式促进精准扶贫的实现路径，切实提高贫困地区群众自我发展能力，从根本上促进我国贫困地区贫困人口精准脱贫。

一　扶志、扶智及长效机制相关理论

（一）非物质扶贫与物质扶贫

贫困是一个动态的、历史的、地域的概念，需要根据社会不同发展阶段从经济、社会、文化等方面进行分析。随着社会经济发展水平不断提高，人们的时间、空间、思想观念随之变化，由于贫困的表现形式及成因在社会发展各阶段有较大差异，人们对贫困的衡量标准也会不同。我国现阶段处于脱贫攻坚冲刺期，整体来说处于相对贫困阶段，绝对贫困阶段着力解决贫困人口的生存问题，而相对贫困阶段着力提升贫困人口自我发展能力以及满足基本生活需求，认清贫困特征，明确发展目标，聚焦致贫原因，对精准施策起着至关重要的作用。

贫困主要由外因和内因导致，外因是因物质匮乏所导致的物质贫困，而内因是贫困群众由内生动力不足所导致的非物质贫困，内因是致贫的主要决定因素，取决于贫困群众的精神力量。因此，我国此阶段贫困特征已从物质贫困逐步转变为非物质贫困。非物质扶贫作为物质扶贫相对的范畴，由于贫困地区贫困人口在思想道德素质、文化教育知识与能力、价值观念及取向等方面的匮乏或滞后，导致一定程度上影响他们获取物质生活资料和精神生活满足，在这种生存状态下，非物质扶贫至关重要。在我国决战脱贫攻坚与实施乡村振兴战略衔接阶段，坚持物质扶贫和非物质扶贫一起抓，着力探索非物质扶贫，不仅授之以鱼还授之以渔。按照扶贫先扶志、扶贫必扶智这一主线，聚焦扶贫领域重点、难点问题，抓住贫困根源，从文化和精神层面给予贫困地区以帮扶。通过文化素养渗透，转变贫困群众落后观念，培养并提升他们自我发展能力和信心，引导贫困地区贫困群众以积极发展生产促增收，强化"造血"式扶贫，切实提高生活水平，摆脱贫困，为贫困地区群众脱贫致富、实施乡村振兴战略、加快社会主义现代化建设具有重要作用。

（二）扶志扶智的基本内涵

人穷志不穷，扶贫必扶志。习近平总书记指出，"扶贫先扶志、扶贫必扶智"，"脱贫致富贵在立志，只要有志气、有信心，就没有迈不过去的坎"，"脱贫致富终究要靠贫困群众用自己的辛勤劳动来实现"，"贫困群众是扶贫攻坚的对象，更是脱贫致富的主体。党和政府有责任帮助贫困群众致富，但不能大包大揽。不然，就是花了很多精力和投入暂时搞上去了，也不能持久"。这些重要论述，明确指出了扶志扶智的基本内涵，深刻阐明了打赢脱贫攻坚战，必须坚持扶贫同扶志、扶智相结合，把"扶志"和"扶智"统一起来，组织群众、凝聚群众、动员群众，引导他们靠辛勤劳动改变贫困落后面貌。2017年11月20日，十九届中央全面深化改革领导小组第一次会议通过《关于加强贫困村驻村工作队选派管理工作的指导意见》，明确主要任务之一是注重扶贫同扶志、扶智相结合，做好贫困群众思想发动、宣传教育和情感沟通工作，激发其摆脱贫困的内生动力。坚持以人民群众为主体，充分激发贫困群众内生动力，以培育和践行社会主义核心价值观为主线，从志气和智慧上引导贫困群众战胜贫困、摆脱贫困。

（三）长效机制的概念界定

《现代汉语词典》中关于机制的定义是指一个系统中，各元素之间的相互作用的过程和功能。社会科学使用"机制"一词，主要将其理解为制度，但又不同于制度，其含义是做事情的一整套系统的方式方法，也可以说是制度化了的方法。首先，机制是人们在工作生活中经过不断实践总结出来的一套行之有效的、不易变动的方法，这样经实践检验证明有效的机制，是不会因某人的主观意志变动而变动的。其次，机制即制度，在一定范围内要求相关人员遵守并执行，比如财务制度、监督机制。最后，机制是系统化的，机制不是单纯的一种工作方式和方法，它是多种方式方法共同起作用而形成的。本文所理解及运用的是长效机制，即扶志扶智的长效机制，指能长期保证扶贫与扶志扶智正常运行并能充分发挥扶志扶智功能的制度体系，这些保障体系的各要素之间是相互渗透、相互联系及相互作用的。长效机制只是相对稳定的，不是长期一成不变的，它随着客观情况变化而不断调整、丰富、发展和完善，不是一劳永逸、一成不变的，它随着时间、条件的变化而不断丰富、发展和完善。

（四）加强扶志扶智之必然

1. 扶志扶智并重践行精准扶贫思想

党的十八大以来，国家及地方已出台各种针对建档立卡户的帮扶政策，社会各界亦积极参与帮扶，成绩斐然。但是少数贫困群众"等、靠、要"思想依然存在，部分地区已有加剧之趋势。攻克深度贫困堡垒，实施精准扶贫，就是让贫困户具有自我脱贫的内生动力与愿望，这是思想的扶贫，是脱贫攻坚过程中的硬骨头，更是彻底解决深度脱贫问题的关键。要树立"弱鸟先飞"的追赶意识，才能从根源上消除农村贫困群众甘愿贫困的现象，帮助贫困农民实现长久脱贫。如果说在决胜全面小康阶段，我们基本消除了绝对贫困，那么在全面建设现代化强国阶段，要全面实现农业强、农村美、农民富，那就要重在以人民群众为主体，既要物质扶贫，也要非物质扶贫。只有从思想上拔掉"穷根"，激发内生动力，充分发挥主观能动创造力，由"要我脱贫"转变为"我要脱贫"，才能真正践行精准扶贫思想，实现脱真贫、真脱贫。

2. 扶志扶智是打赢脱贫攻坚战的重要举措

贫困地区贫困人口传统思想观念落后是我国实施精准扶贫过程中一大短板与瓶颈。因此，必须充分发挥扶志扶智提高精准脱贫质量的强大作用，大力推进扶智与扶志相结合的扶贫专项行动。针对部分贫困地区贫困人口"等、靠、要"思想严重问题，积极采取提高群众思想道德素质、扎实开展精神文明行动等扶贫措施；针对贫困人口不断处于"返贫"与"脱贫"的循环中的问题，要积极探索文化教育、技能培训等扶贫措施，旨在增强其内生动力，提高其自我发展能力。在精准扶贫处于攻坚拔寨关键时期，综合农户思想文化意识和各种生产要素需求，因地制宜、有的放矢地精准施策，着力深入探索贫困农户精神需求领域，为坚决打赢脱贫攻坚战提供强大精神力量。

3. 扶志扶智助力乡村振兴

扶志扶智是精准扶贫的重要扶贫方式之一，是我国打赢脱贫攻坚战并有效实施乡村振兴战略的基础，也是实施乡村振兴的助推器，并且扶志扶智与实施乡村振兴的总要求是一脉相承的。围绕乡村振兴战略提出的要求，要坚持农业农村优先发展，按照产业兴旺、生态宜居、乡风文明、治理有效、生活富裕的总要求，建立健全城乡融合发展体制机制和政策体系，加快推进农业农村现代化。产业兴旺需要提高人们群众劳动技能，直接参与产业扶贫项目，通过参与产业市场化、专业化、绿色化发展进程，及时获取市场信息，从而更加科学合理地规划生产经营，提高生产经营抗风险能力，有效提升农民参与市场的能力，从根本上改变传统落后生产发展观念，大力促进乡村振兴。乡风文明建设要求农村公共文化基础设施不断完善、公共文化服务体系不断健全、非物质文化遗产传承创新发展，增强乡村群众的归属感及认同感，充分发挥其主观能动性，有力地促进乡村群众对美好生活的不断追求。

二 贵州省扶志扶智的成效及经验探索

（一）成效显著

1. 教育扶贫效率明显提高

全面落实教育精准扶贫政策，压缩行政经费用于教育扶贫。强化控辍保学责任制，防止义务教育学生因贫失学辍学。2018年，贵州省及时下达教育精准扶贫学生资助专项资金16.99亿元，资助农村贫困学生46.51万人次。省级财政补助贫困地区4.11亿元，对低于当地公务员平均工资收入水平的中小学教师按人均2000元调增超绩效工资。农村学前教育儿童营养改善计划实现贫困县全覆盖。全省学校食堂累计采购贫困地区农产品48.27万吨，覆盖贫困人口10.9万户42万余人。

2. 就业培训方式多元化

推动就业创业扶贫，截至2018年底，建立劳务公司566个、就业扶贫示范基地488个、就业扶贫车间411个、劳务协作工作站131个，设立公益性岗位安置贫困劳动力1.56万人。着力加强农民培训，确保有劳动能力的贫困家庭至少1人熟练掌握一门实用技能，通过新时代农民讲习所、新时代文明实践中心、青年志愿者脱贫攻坚夜校等平台，开展贫困劳动力培训46.57万人，培训后实现就业创业30.63万人。对种养殖大户、农民专业合作社骨干、农业龙头企业带头人等开展轮训，累计培训新型农业经营主体带头人8000余人，培训贫困村创业致富带头人13069人。确定国家级示范基地3个、省级培育基地5个、县级培育机构124个、实训基地195个、农民田间学校81个。总结提炼推广"智育环节+涵育环节+扶育环节"的"三育一体"凤冈模式、"短期培训，长期支持"的石阡模式等培训方式。

3. 专业技术人才智力产业扶贫

省级层面组建8个产业扶贫指导工作组，长期驻扎市县督导工作。新一轮"万名农业专家服务'三农'行动"选派专家9014名，分赴全省1194

个乡镇开展技术服务，确保每个深度贫困县都有1支专家团队，每个极贫乡镇有1名以上的科技副职或科技特派员，每个深度贫困村都有1名以上的农业辅导员，确保专家找得到群众、群众找得到专家。组织实施食用菌高效栽培技术、茶叶绿色防控技术集成示范等科技重大专项，引进选育新品种29个，制订技术规程（标准）56个，建设示范基地218个。

4. 驻村干部增强基层组织建设

总结提炼村级组织建设"一任务两要点三清单"。对软弱涣散村党组织负面清单进行完善，按不低于行政村总数10%的比例排查、识别、整顿软弱涣散村党组织。从农村致富能手、退伍军人、外出务工经商人员中选拔或从县乡机关公职人员中选派贫困村党组织书记，大力储备一批村级后备力量，培养一支"永不走的工作队"。选优派强驻村干部，建立定期分析研判制度，2018年全省共选派8542名第一书记和35195名驻村干部，实现贫困村全覆盖。

5. 大力推进"文军扶贫"行动

宣传文化系统积极投身大扶贫战略行动。一是不断完善政策措施，制定出台《关于"文军"征战深度贫困地区助推脱贫攻坚的指导意见（2017~2020年）》《新闻媒体开展免费广告助推脱贫攻坚工作方案》等文件，省主要新闻单位、网站以每年平均2.5亿元、四年共10亿元的媒体资源投入免费广告扶贫项目。二是强化典型选树，营造脱贫攻坚强大舆论氛围，鼓励贫困群众向身边人身边事学习，营造光荣脱贫、勤劳致富的良好氛围。2018年召开了全省脱贫攻坚表彰大会，评选1500名全省脱贫攻坚先进个人和集体，5个先进集体和个人获得全国脱贫攻坚奖，近三年，选树500多名脱贫攻坚群英谱人物。先后推出了文朝荣、黄大发、南仁东、刘芳等时代楷模以及姜仕坤、邓迎香等在全国有较大影响的脱贫攻坚典型。三是大力兴办新时代农民（市民）讲习所助力精准扶贫，党的十九大以来，贵州兴办新时代农民（市民）讲习所2万多个，开展讲习19万场（次），覆盖基层党员干部群众1800余万人次。四是创造精品，拍摄《云上之爱》《出山记》《天渠》等影视作品，充分展示贵州省脱贫攻坚成果。五是"文军扶贫"行动大力创新扶贫模式，探索出舆论扶贫、免费广告精准扶贫、文化扶贫、社科扶贫、挂帮扶贫和网络扶贫等多种扶贫模式，坚持既"扶志"又"扶智"。

6. 运用法治思维助力精准扶贫

赤水市率先探索法治扶贫，运用法治思维和法治方式，对排查出的疑似骗取国家扶贫资金、钻政策空子和不赡养老人等典型问题，通过召集村民开院坝会、民主评议等公开形式确认是否能享受相关扶贫政策，并组建"一镇一律师、一村一顾问"专业队伍和法律服务站参与评议。赤水市把"人民调解＋司法确认"结合起来，同时，赤水市组建了律师、法律工作者等30人的专业团队，作为第三方参与相关乱象的治理，登门劝解群众因家庭矛盾等原因产生的不赡养老人行为，取得了良好效果，并得以广泛推广。

（二）经验探索

1. 教育扶贫：定点帮扶与东西部扶贫协作增添新鲜血液

探索创新教育医疗"组团式"帮扶。贵州省台江县是中组部定点帮扶县和东西部扶贫协作杭州市余杭区对口帮扶点。一直以来，结合当地实际，中组部和杭州市积极推动教育医疗"组团式"帮扶。人才支援组团配套，改变过去选派单人，个人作用发挥有限的方式，开展"组团式"帮扶。杭州市先后派出40余名优秀教师组团式到台江县支教。杭州医疗专家分批次、近20人到台江县人民医院进行实地帮扶，帮扶周期均在6个月以上，让台江县群众在家门口享受到优质实惠的医疗服务。人才培养灵活配套，围绕提升本地医疗教育人才专业能力和素养，帮扶城市按照"资源下沉与进修培训相结合、现场帮带与远程帮扶相结合、长期派驻与短期指导相结合"的原则，灵活开展专业人才培训。同时，杭州市专门投入教育综合提升帮扶资金，对台江县从学前到高中的所有学科教师进行"送出去、请进来，建机制、重奖励"的教师能力提升培训。

2. 党建扶贫：创新基层党组织设置模式

探索创新基层党建新模式助推脱贫攻坚，积极创新基层党组织设置模式，组建联村党委助推脱贫攻坚。开展村级党组织模板化建设，总结提炼各级党组织和村党组织书记、第一书记在脱贫攻坚中所承担的重点工作，形成

"一任务两要点三清单"，对照清单履职、对照清单述职、对照清单考核，推动党组织书记坚守"主阵地"、种好"责任田"、交好"政治账"。探索创新联村党委助推脱贫攻坚，组建"以强带弱型""产业引领型""跨界开放型""园区主导型""村企融合型""村居互助型"联村党委，统筹推进农村产业全面升级、基础设施均衡发展、农村社会和谐稳定、基层组织全面过硬。例如，贵州省六盘水市在积极推进农村"三变"改革中，按照"地域相近、人文相亲、产业相连"的原则，共组建了97个联村党委，覆盖了56个乡镇、381个村、199个非公企业、313个专业合作社、78万群众（贫困群众10.8万人），带动261个村摘掉"空壳村"帽子，促进3.7万人摆脱贫困。

3. 文军扶贫：创新多种扶贫模式探索"扶志+扶智"之路

贵州省深入实施"文军扶贫"脱贫攻坚行动，在理论引导、氛围营造、典型示范、文化涵养、教育保障、智力支持等扶志扶智方面发挥了重要作用。"文军扶贫"具有人才荟萃、智力密集、联系面广、带动力强的独特优势，是打赢脱贫攻坚战的生力军。广泛着力、动员、调动传统媒体、新兴媒体等各类平台载体，形成铺天盖地的宣传宣讲声势。探索出舆论扶贫、免费广告扶贫、文化扶贫、社科扶贫和网络扶贫等多种扶贫模式，集中打造了贵州"文军扶贫"品牌；积累了一批成功的经验做法，在全省兴建了2万余个新时代农民（市民）讲习所，深入开展了"千团万场"大宣讲；推出了"时代楷模"黄大发、"当代女愚公"邓迎香等全国重要典型，选树了"贵州脱贫攻坚群英谱"，积极营造了决战脱贫攻坚的良好氛围。

4. 法治扶贫：出台《贵州省大扶贫条例》，推动大扶贫战略行动

为决战贫困、同步小康，面临贵州省扶贫的新形势、新任务、新要求，深入推进大扶贫战略行动贯彻落实，更好地发挥地方立法的引领和推动作用。2016年9月，贵州省人大常委会第二十四次会议审议并全票通过了《贵州省大扶贫条例》，通过立法的形式，以法治化的方式推动大扶贫战略行动的贯彻实施，以法治化方式助推贵州同步小康。汪洋副总理在扶贫工作会议中多次提到《贵州省大扶贫条例》，他指出："贵州在全国率先出台实施大扶贫条例，对扶贫重大问题从法律上予以规范这是善于用法治思维和法

制方式推进扶贫工作的典范。"开展"法治扶贫",对扰乱社会秩序行为依法由相关部门进行教育引导。发挥村规民约作用,引导贫困群众自我管理。

5. 大数据扶贫:建立完善扶贫云系统,有力支撑精准识别精准帮扶

近年来,贵州省充分利用大数据助力精准扶贫,探索创新大数据与脱贫攻坚深度融合。根据贵州脱贫攻坚实际需要,紧紧围绕精准扶贫、精准脱贫目标,建立完善贵州扶贫云系统。贵州扶贫云在每天更新全国扶贫开发系统贵州业务数据的基础上,通过开发建设"数据自动比对端口"等多种方式,实现数据共享比对无人化处理,大幅节省数据比对及清洗的人力物力投入,有效解决基层跨部门、跨系统重复填报数据的问题,进一步减轻基层工作负担。有效整合二十多家省直部门扶贫相关业务数据指标近三百项,数据交换量上亿条。贵州扶贫云在全国率先开发疑似漏评采集、入户核查、计划脱贫标识、帮扶措施覆盖分析等特有功能,通过运用多项特色功能并进行数据综合分析,2018年共帮助全省各地标识计划脱贫36万余户140万余人,针对帮扶措施落实情况预警33万余次,下发通报6次,为全省各地特别是2018年退出的18个县高质量完成减贫任务、如期摘帽提供了有力支撑。2018年底,系统注册用户已突破40万人,涵盖了省市县乡各级扶贫部门工作人员、帮扶责任人、第一书记、驻村工作队员和部分省直部门用户,总访问量达到1039万余人次以上,日均访问量近5万人次。

三 贵州扶志扶智工作开展面临的现实困境

贵州省在扶贫扶志扶智方面做了很多创新性尝试,也探索出很多有益经验,取得了很好的脱贫效果。但通过实地调研发现,由于非物质贫困往往不具量化特征,再加区域性脱贫攻坚时间紧、任务重,一些地方扶志扶智面临着"四力"不足的现实困境。

(一)惰性作祟、观念落后,主动脱贫"动力"不足

贵州把脱贫攻坚作为第一民生工程来抓,投入了大量的人力、物力、财

力，但仍有部分地区贫困群众主动脱贫动力不足，一定程度阻碍了精准扶贫精准脱贫的实施。主要表现为两个方面。

一方面，部分贫困群众惰性作祟、过度依赖。在脱贫攻坚实践中，仍有少数贫困群众自身不愿"造血"，就等政府来"输血"，"等靠要"思想仍然不同程度地存在。有的贫困地区贫困群众"等"着政府和扶贫干部送小康；少数贫困群众"靠"着扶贫干部就不愿"醒"，认为"我脱不了贫""你就脱不了干系"，甚至造成扶贫干部"被绑架"；有的贫困群众直接表现出"要"，好吃懒做，张口就是要钱要物，认为政府帮他扶他养他是理所当然。造成"等靠要"思想严重的原因主要有三点。一是少数贫困群众自身懒惰、过度依赖、贪图享乐，完全具备劳动能力，但就是好吃懒做，典型的精神贫困、思想贫困。二是把扶贫和救济等同，少数贫困群众认为扶贫就是要给他钱物，这是贫困群众对扶贫认识上的偏差造成的。三是利益驱使，在当前精准扶贫大背景下，帮扶力度进一步加大，扶贫惠民政策利益驱使少数贫困群众紧盯得失，忽视产业发展及自我能力提高，导致越扶越贫、越扶越懒的恶性循环。

另一方面，部分贫困群众信心不足、被动参与。一是贫困群众思想观念落后。短时期内要贫困群众改变祖祖辈辈延续下来的农耕生产方式，农户有许多顾虑和担忧，致使部分贫困群众对于产业扶贫处于观望状态。二是贫困群众脱贫信心不足。一部分群众不愿尝试新鲜事物，市场意识淡薄，或是对政府引导的产业调整没有信心，主观认为通过发展农业脱贫致富希望渺茫；另一部分贫困群众因病致贫，家庭成员因病缺少劳动力，甚至因病债台高筑，债务包袱沉重致使贫困群众对脱贫力不从心、无能为力。三是贫困群众被动参与。在精准扶贫工作中，部分贫困群众虽然具备脱贫条件，但不主动了解国家扶贫政策，缺乏积极脱贫行动，被动参与精准脱贫。

（二）技能培训未充分适用，主动脱贫"能力"有限

调查发现，贫困地区教育相对落后，使得贫困群众普遍受教育程度较低，大多数贫困群众文化水平较低，外加贫困地区乡村普遍呈现"空心

化",许多青壮年劳动力纷纷外出务工,留守在乡村的主要是老人、妇女及小孩,多数为老年劳力、丧失劳力或无劳力,缺乏主动脱贫的能力。在家的贫困群众由于文化素质不高,普遍缺乏技能,出现"学技术、不愿学、学不会"等现象;外出务工人员除了春节在家外,其余时间多数在外务工,大部分外出务工人员缺技术,在外主要从事苦力,返家参加技能培训又担心错失挣钱机会或学了也不适用。部分贫困群众意识到现代信息技术、市场经济需要了解学习,但受年龄、文化水平以及培训时间、内容等的限制,技能培训的效果不明显。由于全省各地农村发展各异,部分贫困地区技能培训内容与当地农户实际技能需求有一定差异,缺乏必要的针对性、适用性,甚至有的地方技能培训流于形式,重在培训任务完成,轻技能培训效果评价与考核,未达到帮助贫困群众提高技能、增强自我发展能力的目的,技能扶贫效果欠佳。

(三)扶志扶智长效机制尚未完善,主动脱贫"推力"有限

在脱贫攻坚实践中,为如期打赢脱贫攻坚战、实现全面小康,由于时间紧,任务重,贫困地区主要按照扶贫开发工作成效考核这个指挥棒精准扶贫、精准施策,紧紧围绕"一达标、两不愁、三保障"等硬性要求推进实施,还层层签订责任状,使得各级政府、帮扶干部全身心扑在项目实施等硬性指标上,而忽视了将扶贫与扶志扶智相结合。同时,当前部分贫困地区领导及扶贫干部也意识到扶志扶智的重要性,但扶志扶智又是一个漫长的、循序渐进的过程,且短期内无法看出成效,以致有的扶贫干部存在畏难心理,产生"只顾眼前、不顾长远"认识偏差,对这一功在千秋的扶贫举措稍显"懈怠",使扶贫与扶志扶智脱节。健康扶贫、产业扶贫、帮扶合力及基层政府服务效率这些因素尚需进一步融合、推进,还需进一步建立健全扶贫扶志扶智稳定脱贫长效机制,以期充分发挥扶志扶智对贫困人口精准脱贫的"推力"作用。

(四)依靠自身勤劳脱贫的氛围尚未形成,主动脱贫"引力"不足

通过调研,我们发现,在脱贫攻坚实际工作中,村风民风好的乡村村容

村貌干净整洁、干群关系和谐、邻里和睦，这种地方的精准扶贫工作成效的群众满意度也普遍较高。部分村风民风不佳的乡村，干群关系紧张、村民怨声载道、满腹牢骚、相互攀比、相互揭短，这种地方的精准扶贫工作成效的群众满意度也普遍较低，并且该地方在精准识别、精准帮扶实际工作推进过程中也存在一些不足。也就是说，如果一个乡村没有良好的社会风气，那就会使得扶贫深入开展如无源之水、无本之木，难以保证精准扶贫成果不变质。部分村民思想道德滑坡，好逸恶劳，价值观不正，吃喝玩乐消费攀比，"好面子""讲排场"依然顽固，村干部"优亲厚友""推诿扯皮"的现象仍然存在。

四 扶志扶智助推贵州精准脱贫的对策建议

（一）着力转变思想观念，树立贫困群众脱贫之志

1. 深入走村入户拔"穷根"，转变思想观念

结合新农村新农民特点，积极培育和践行社会主义核心价值观，弘扬艰苦奋斗、自力更生、勤劳致富的优秀传统文化思想，强化思想提升、观念转变。一是深入走访。扶贫干部一对一、不定期地与贫困户谈心交流，并为贫困户找"穷根"、找办法、树志气、送信心。二是"按需配菜"解忧虑。反复召开群众会、小组会等，详细解读脱贫攻坚、全面小康、乡村振兴相关政策及精神，让贫困群众对国家政策了然于心，主动规划家庭脱贫发展之路。三是积极调动群众的主动性。广泛动员贫困户积极发展产业，充分发挥贫困群众的积极性，激发贫困群众的内生动力。着力促进贫困群众思想脱贫、精神脱贫，让贫困群众的思想观念从"要我脱贫"转变为"我要脱贫"。

2. 强化榜样示范带动，增强精神扶贫引领

深入开展身边榜样评选活动，充分发挥典型示范作用，积极引导贫困群众树立脱贫信心。大力塑造和宣传一批穷则思变、自力更生的脱贫先进人物，积极引导和激励贫困群众以典型为榜样，树立脱贫致富的信心和决心，

看齐标杆、对照标杆，走以自我脱贫为主体的发展之路，营造良好的精准脱贫氛围。广泛开展农村精神文明创建活动，以文明家庭建设作为扶志的重要抓手，坚持群众创、群众评、群众选的原则，深入开展"最美家庭""好儿女""好婆媳""好邻居""美丽农家"等群众创建评选活动，并在宣传橱窗、宣传栏、农户房门处等载体宣传表彰，增加农户荣誉感，增强贫困农户脱贫信心。

3. 弘扬农村优秀传统美德，倡导文明新风尚

倡导健康生活、引导广大群众崇德向善是扶志最有效的措施之一。一是丰富农村群众文化生活，增强贫困群众精神力量。因地制宜，结合当地文体资源、农耕文化，举办"文化自信·助力脱贫"等送文化下乡系列主题活动，通过丰富多彩的节日文化生活，丰富农村人民群众精神文化生活，充分发挥以文化人、熏陶滋养的作用。二是扎实开展移风易俗行动，培育农村文明新风。坚持教育与治理并重，结合实际开展整治农村黄赌毒、封建迷信、非法宗教等专项行动。积极引导农民群众自觉遵法、学法、知法、守法，对不履行赡养抚养义务，虐待、遗弃老人、未成年人和病残家庭成员的群众予以严厉打击。倡导婚事新办、丧事简办、厚养薄葬，持续抵制滥办酒席、人情攀比、高价彩礼等陈规陋习。三是倡导健康生活，引导农民群众讲究卫生、克服陋习，养成健康、文明、科学的卫生习惯和生活方式。关注农民心理健康，有针对性地开展心理健康疏导和精神疾病防治活动，形成健康向上的精神面貌。四是自觉弘扬传统美德、坚守道德底线。广泛开展"好家风好家训"活动，引导农民群众知家风、懂家风、育家风、重家风，从自身做起、从家庭做起，讲道德、守法纪、懂感恩，培育形成爱国爱家、相亲相爱、向上向善、共建共享的社会主义家庭文明新风尚，以农民家庭的好家风，撑起农村社会的好风气。

（二）加强教育技能培养，培育贫困群众发展之智

1. 着力探索义务教育阶段后的教育扶贫和留守儿童教育培养

随着贵州省教育扶贫纵深推进，贫困学生义务教育阶段的教育保障基本

解决，通过调研发现，当前义务教育阶段后的教育扶贫和留守儿童教育培养越来越成为贫困户的关注点。教育扶贫着力组织实施专项教育扶贫行动计划，鼓励社会组织在贫困地区进行教育建设，关爱留守儿童，改善教学环境，加大对农村义务教育阶段后困难学生家庭的资助力度，帮助贫困学生顺利完成学业，并实现就业。探索通过实施全教育周期、全教育维度、全共享式的"三位一体教育扶贫体系"来开展教育扶贫，并执行专项教育扶贫策略，积极引导企业赞助优秀高中生、大学生顺利完成学业，并签订就业协议或支持其毕业后返乡建设。积极关注留守儿童教育培养，通过开展学生结对、活动互邀、家庭交流等活动，达到开阔视野、培养乡村重教意识、提升家庭教育观念的目的。通过教师结对、物资捐赠和建立姊妹学校，进行师资培训、办学思想交流和校园文化建设交流等一系列教育联动，从根本上提高贫困地区的教育质量和师资力量。

2. 创新技能培训，实现贫困户稳定就业增收

着力通过扶智来帮助贫困群众增强技能，提升自我发展能力。结合贫困户实际扶思路、扶知识、扶技术、扶市场等，按照"面向市场、突出重点、因人而异、提高质量"发展理念，根据贫困群众实际需求和意愿，量身订制、量体裁衣，实施精准分类技能培训，对技能水平不高且有就业培训愿望的，重点在农村转移劳动力、乡村特色旅游、农村适用人才、农村电商、民族特色手工艺品制作等方面进行技能培训；对具备创业条件、有志创业的，着力初创培训、创业辅导、创业提升培训，提高其创业能力；对年龄偏大、不愿外出的，可开展种植养殖技术和其他当地所需实用技术培训，提高其增收能力。

着力探索技能培训内容和培训教育方式。创新技能培训内容，按照实际需求开设课程，如开设计算机网络运用课程、中草药种植课程、专业养殖课程、经济作物科学种植课程等，提高当地技能培训的针对性和实用性；创新培训教育方式，抓住国家东西部协助扶贫模式的机会，贫困地区根据自身资源特点，吸纳东部帮扶地区的优秀人才，建立长期支援关系。另外，贫困地区可积极探索当地龙头企业带动贫困户学技能，政府及公司

在教育投入不多的状况下探索"公司办校"制,既减少教育成本开支,又增强贫困户技能。着力培育新型职业农民,切实助力贫困农户生产经营,使他们成为有知识、有技术、懂市场的新型农民,为可持续脱贫、实施乡村振兴奠定坚实基础。

(三)强化"四个"巩固,建立健全扶志扶智长效机制

1. 巩固健康扶贫

巩固健康扶贫是建立健全扶志扶智长效机制的基础。如果贫困地区健康扶贫得不到保障,贫困人口生存状况都令人担忧,何谈扶志扶智?所以,健康扶贫是切实推动扶志扶智的基础。对现阶段贫困家庭来说,有重特大疾病的贫困家庭就意味着面临一场灾难,因病致贫是贫困户脱贫致富的最大"拦路虎"。一是进一步严格落实健康扶贫措施。按照农村健康扶贫实施方案及计划,扎实推进农村基本医疗改革,进一步探索农村多重医疗保障政策衔接和"一站式"结算服务,实施重大疾病专项集中救治行动,"一对一"实现医疗扶贫。二是充分发挥家庭医生签约服务作用。为了帮助因病致贫的贫困户,基本实现了家庭医生签约服务全覆盖,但尚需进一步充分发挥其作用,增加面对面频率,提高服务效率,尤其对慢性病家庭要扎实开展健康服务、跟踪服务、健康管理。贫困地区健康扶贫务必落在实处,加大投入、力度,重在帮助贫困地区的贫困人口能够看得起病、看得好病、看得上病,最后是让他们少生病,为他们稳定脱贫解"后顾之忧"。

2. 巩固产业扶贫

巩固产业扶贫是建立健全扶志扶智长效机制的关键。贵州农村有丰富的乡村文化资源和自然资源,要着力将资源优势转变为经济优势。一是进一步盘活乡村资源,建立利益联结机制。有些乡村资源是有形的,如房、山水林田湖;有些乡村资源是无形的,如气候、生态、民族文化、历史文化等;要将这些零散的、易忽略的资源整合并盘活,使之成为乡村可获得增收利益的产品;依托这些产品,引导贫困群众广泛参与,促使经营主体与贫困村、贫

困户结成帮扶对子，形成利益共同体，使每户贫困户都有可持续的脱贫项目。二是持续发展特色产业。特色产业既要有特色又要形成产业，具有独特性、规模化的显著特征，加快发展特色产业，必须立足自身农业资源比较优势，遵循自然规律，因地制宜选准主导产业。坚持走"一村一品、一镇一业"道路，延长产业链，提升产品质量和综合效益，形成特色规模产业。三是注重一二三产业深度融合发展。进一步延伸产业链，增加生产环节，获得更多的附加值，将第一产业、第二产业和第三产业融合到种植业或养殖业系统中去，种植业重点发展经济作物，如茶叶、中草药等产业项目，产业类型注重短、中、长的搭配组合，以退耕还林还竹还草还药、生态畜牧养殖、乡村旅游为主，形成循环产业链，实现群众户户有产业、户户有就业、户户有收益。

3. 巩固帮扶效益

巩固帮扶效益是建立健全扶志扶智长效机制的动力。各行业、部门和单位在助推地方脱贫摘帽过程中起到非常重要的作用，下一步着力关注如期脱贫摘帽后，随着地方贫困特征变化而转变帮扶理念和方式。一是落实及跟进"造血"式帮扶措施。按照因村施策、因户施策的精准帮扶方式，真情真意深入走访贫困户，帮助扶贫对象理清后续发展思路，立足长远发展，增强贫困户自我发展能力。二是进一步完善驻村工作队、第一书记、帮扶责任人的考核评价机制，对作风不实、工作不力的驻村工作组、联系单位和帮扶责任人要定期督查。对帮扶工作务实、成效明显的组织和个人及时给予肯定，并将这作为提拔干部优先考虑的重要因素，形成风清气正的互帮互助工作新风貌。三是积极探索帮扶方式，引导帮扶单位统筹各自优势资源，引导社会、企业等各方力量，集聚帮扶合力，落实帮扶措施，让贫困山区得到实实在在的帮扶，也让帮扶机制更加科学有效，发挥出更好的效益。

4. 巩固服务效率

提升基层政府服务效率是建立健全扶志扶智长效机制的保障。基层政府组织是连接贫困群众和政府的"最后一公里"的重要"桥梁"，要注重基层服务能力建设的提升，以帮助贫困群众找到归属感，增强其安全感，从而增强其脱贫致富的信心。一是在推进扶贫项目过程中，相关部门要主动作为，协助解决扶贫过程中遇到的诸多复杂且交叉问题，营造一个良好的大扶贫环境。二是在具体行政执行过程中，坚持以人民群众为主体，以实现人民期盼的新生活为目标，身体力行下到田间地头和农民群众互通心声，并且要善于充分利用现代信息技术倾听广大人民群众的呼声。三是提高基层干部解决农村问题的能力，要切实解决好群众关注的文化教育、医疗、社保、住房等问题，并随时跟踪和关注这些难题解决的程度和效率。坚持以人民为中心，坚决贯彻以人为本的科学发展理念，将经济发展、绿色发展、创新发展和和谐发展统一起来，将扶贫与扶志扶智协同推进，着力探索走质量与效益并存的可持续脱贫的发展之路。

参考文献

习近平：《习近平谈治国理政》，外文出版社，2014。
习近平：《摆脱贫困》，福建人民出版社，1992。
黄承伟、许军涛：《毕节深度脱贫攻坚之路："扶志＋扶智"》，《行政管理改革》2018年第3期。
甄喜善：《分层推进精神扶贫》，《社科纵横》2017年第9期。
张志胜：《精准扶贫领域贫困农民主体性的缺失与重塑——基于精神扶贫视角》，《西北农林科技大学学报》（社会科学版）2018年第3期。
王怡、周晓唯：《习近平关于精神扶贫的相关论述研究》，《西北大学学报》（哲学社会科学版）2018年第6期。
曹艳春、侯万锋：《新时代精神扶贫的现实困境与路径选择》，《甘肃社会科学》2018年第6期。
赵杰、刘尧、唐青生：《精准扶贫与扶志扶智的关系问题研究》，《农村经济与科技》2018年第24期。

B.11
贵州省贫困群众内生动力培育研究[*]

张云峰[**]

摘 要： 贵州是脱贫攻坚的主战场，扶贫工作进入了关键时期，由于部分贫困群众内生动力欠缺，一定程度上制约着脱贫工作的推进。当前，贵州贫困群众内生动力欠缺主要受以下因素制约：部分群众文化水平低和素质不高，过度依靠政府救济式的扶贫；能力严重不足和观念落后，无法有效参与产业扶贫；国家积极的帮扶政策和帮扶干部的努力工作，无法阻挡贫困群众对落后的习俗的固守。部分贫困群众缺乏内生动力是脱贫攻坚工作的难点，如何激发他们的内生动力如期顺利实现脱贫，关键在于将党和政府的扶贫政策和社会帮扶力量与贫困群众内在的意愿和能力有机结合起来，在内外之间找到融合的最佳途径，从多方面多途径发力。

关键词： 贫困群众 内生动力 脱贫攻坚 贵州

习近平总书记在深度贫困地区脱贫攻坚座谈会上强调，深度贫困地区要加大内生动力培育的力度，坚持扶贫同扶智、扶志相结合，改进工作方式方法，教育和引导贫困群众通过自己的辛勤劳动脱贫致富，提高贫困地区和贫

---

[*] 本文为贵州省哲学社会科学创新工程项目"马克思主义政党理论创新研究"的阶段性成果之一。
[**] 张云峰，贵州省社会科学院党建研究所副研究员，研究方向：党史党建。

困群众的自我发展能力。习近平总书记的重要论述，为贫困地区贫困群众改变志气的贫困、思想的贫困、知识的贫困树立了信心，为贫困地区脱贫攻坚工作创新扶贫的工作方式，为贫困群众从被动的"要我脱贫"主动转为"我要脱贫"指明了方向。激发贫困群众内生动力来实现扶贫工作的目标，来源于马克思主义内外因的哲学原理，内因是事物发展的根据，对事物发展的基本趋向有决定作用，外因对事物的发展起加速或者延缓作用，外因通过内因起作用。本报告所指的内生动力是指大扶贫战略下，在内外因素的共同作用下，激发贫困群众主观能动性，改变等靠要的惰性思想，使得脱贫工作能够如期实现，脱贫成效能够有效稳固。

一 贵州贫困人口内生动力不足的表现

贵州是全国贫困人口多，贫困程度深，脱贫任务艰巨的省份之一。改革开放以来，党中央和国务院一直加大对贵州的帮扶力度，虽然部分群众通过帮扶，过上幸福的生活，但是，仍然有一部分贫困人口由于内生动力不足，还处于贫困状态。从总体来上来看，造成贵州贫困群众内生动力不足的主要因素有：人口方面，贵州省是多民族聚居省份，少数民族所占比重大，少数民族人口占全省总人口的36.11%，由于历史上贵州的封闭，部分地方长期形成较落后价值观念和习俗，这些地方贫困群众的内生动力严重不足；资源环境方面，贵州拥有丰富的自然资源和美丽的自然环境，但是由于贫困群众自我发展能力低和地理位置边缘化，无法将丰富的资源转化为财富，只能守着金山银山过穷日子；文化水平方面，贵州教育发展水平较落后，农村文盲比例相对较大，读书无用论的观念较为普遍，基本科学文化素质欠缺，据调查，很多即使是初中毕业80后和90后，生产生活中科学技术知识基本不具备，也没有意识从何处寻找知识；社会习俗方面，由于文化水平不高，迷信思想严重，鬼神崇拜现象盛行，近亲早婚多育现象普遍，讲究吃喝，重面子，滥办酒席之风盛行。从个体来看，造成内生动力不足的因素有：一是社会保障体系不健全和保险意识欠缺，偶然的因病、因灾等不可抗力出现，阻断贫困群众致富之路；二是教育文化水平低是贫困群众的基本特征，对教育的不重视，使得贫困群众不具备学习新知识和新技能的能力；三是部分贫困群众长期形成等靠要的思想，形成安于现状和不劳而获的恶习，有部分群众觉得穷惯了，无所谓，失去对美好生活向往的动力。当前贵州内生动力不足主要表现在以下方面。

（一）部分群众文化水平低和素质不高，过度依靠政府救济式的扶贫

贫困群众文化水平低和素质不高是普遍现象，调研发现，政府在政策设计上，对深度贫困地区群众参与到扶贫项目中的路径费尽心思，个别贫困户年纪轻轻，就是不努力工作，游手好闲，形成"要穷穷到底，政府好管理"的懒惰思想，以能够得到国家扶贫的物质和资金为荣，至于自己能否过上幸福生活，那是村干部和帮扶干部的事，日子得过且过。让部分有劳力但是好吃懒做的贫困户改变落后的思想，是贵州脱贫攻坚工作必须征服的一个障碍，如何让这部分人转变观念，激发他们的内生动力是一个比较复杂的难题。贵州贫困地区，都有政府支持发展的产业，贫困群众只要勤劳，都有就业机会，一年挣2万元钱是没有问题的。但是部分贫困户没有技能，不能做技术活，觉得干一天体力活挣100元钱丢人，不愿去干活。在深度贫困地区存在一种讽刺的景象，一边是企业严重缺人，一边是游手好闲的贫困人口喝酒打牌不愿意干活，让政府千方百计策划的参与式扶贫政策无法真正的落地。部分贫困群众习惯于救济式扶贫的帮扶方式，等靠要已经形成习惯，一旦不能满足，就会产生情绪，甚至上访或者直接找扶贫干部的麻烦。

（二）贫困群众的能力严重不足和观念落后，无法有效参与产业扶贫

近年来，产业革命之风盛行贵州全省，尤其是养殖和种植相关的产业，贫困群众都可以参与，在政策上，基本实现了全覆盖，但是部分群众虽然积极参与，却受能力和观念的限制，参与质量很差。部分贫困群众对产业的种

植和养殖技术严重欠缺,只能按照传统的方式进行养殖和种植,与现代化规模生产和养殖严重脱节。多数贫困群众只能够通过土地入股,只能够依靠分红获得一次性的收入,没有继续参与在产业发展中获得更多的收入,导致产业虽然发展势头较好,但带动贫困群众致富的作用不是很大,产业发展带动与贫困群众作用不明显,贫困群众脱贫的道路还很漫长。如何让这部分人掌握一定的知识,激发他们参与到产业扶贫中来,提升贫困群众参与产业扶贫的质量,是当前贵州脱贫攻坚工作中面临的关键问题。

(三)国家积极的帮扶政策和帮扶干部的努力工作,无法阻挡贫困群众对落后习俗的固守

对于深度贫困地区,国家、省、市、县都有积极的帮扶政策,地方派出了得力的干部,虽然各方的力量不可谓不大,但是深度贫困地区比较落后的习俗具有顽固的生命力,对于外来文化和先进事物有强大排斥力量。因此,扶贫政策与地方习俗容易发生相互对立,甚至引起贫困群众的不理解、不配合、不执行,如何把当地的习俗与帮扶政策有机结合起来起来,是地方帮扶干部面临的一大难题。比如,一些地方特别重视人情往来,滥办酒席之风盛行,常年人情往来的开销就是贫困户一大笔支出;一些贫困户生活在一方水土养不起一方人的环境里,政府工作人员多次做工作要求搬迁到环境好的地方,就是有部分人坚决不搬迁,理由啼笑皆非,认为是自己生活习惯了,自己家房子风水好,等等。

二 贵州内外联动激发贫困群众内生动力的主要措施

针对贵州部分贫困群众内生动力严重不足,省委、省政府和地方各级政府在政策设计和实际工作上,围绕激发贫困群众的内生动力展开工作,大力制定了一系列积极政策和出台了相应的措施,激发了大部分贫困群众的内生动力。通过产业革命,带动部分贫困群众参与到产业发展中来;通过教育发展,阻断贫困代际传递;通过深入对贫困群众进行宣传教育,让他们主动摒弃等靠要的落后思想。2018年,贵州通过多种措施激发贫困群众内生动力,脱贫攻坚战场上捷报频传,脱贫工作成效明显：2018年全省减少贫困人口148万多人,贫困发生率下降到4.3%,截至目前共有33个贫困县,成功脱贫摘帽。针对一方水土养不起一方人的情况,贵州实行大规模的移民搬迁,全省易地扶贫搬迁76.19万人,改善了部分贫困群众的生存环境。

（一）产业革命带动更多的人就业,激发贫困群众内生动力

习近平总书记指出："发展产业是实现脱贫的根本之策。要因地制宜,把培育产业作为推动脱贫攻坚的根本出路。"发展产业是脱贫攻坚的根本之策,培育壮大产业是告别贫困的根本出路。产业基础薄弱,产业发展滞后是贵州贫困的主要原因之一,为了改变这一现状,省委、省政府高度重视产业发展,在全省推行产业革命。贵州省牢牢抓住产业扶贫这个根本之策,在产业发展过程中,各级党委政府履行"施工队长"职责,牢牢把握好农村产业革命"八要素",即产业选择、培训农民、技术服务、筹措资金、组织方式、产销对接、利益连接、基层党建,全力推动产业结构调整和产业发展,2018年全省产业发展带动162.2万人脱贫,产业发展助推脱贫攻坚工作取得重大突破。

产业发展和繁荣是顺利脱贫的关键,确定符合贫困地区实际情况发展的产业是关键。贵州实行产业革命,目的就是通过产业的发展,让农民改变传统的耕作方式,运用现代化的种植方式和现代经营管理理念,进一步提高农业产值和附加值,着力增加农民的收入。贵州特殊的地理环境,具备了发展高质优效农业的自然条件,尤其是发展现代山地农业,如茶叶种植加工、精品蔬菜、林下养殖、精品水果、中药材、食用菌等产业,贵州多数地区具备打造"一县一业"精品项目的条件。为了从顶层设计上为各地产业结构调整指明大方向,省委、省政府出台《关于打赢种植业结构战略性调整攻坚战的通知》《贵州省调减玉米种植三年行动方案（2018~2020年）》《关于大力发展蔬菜中药材水果等产业推动种植业结构调整的指导意见》等政策文件,帮助指导各地选准产业,提高产业规模化标准化水平。

根据产业发展的需要，不断强化农民的现代农业意识，赋予他们发展现代农业的意识。产业发展的成与败，其中农民对现代农业技术和市场意识的掌握是关键。贵州围绕优势特色产业发展和新型农业经营主体发育，大力开展对农民现代农业意识的培训，着重产业发展、管理和现代市场意识的培训，通过培训，为产业发展奠定了人才基础，已经逐步培养了懂技术、会管理、能经营的人才队伍。贵州加强对农民发展能力培训的力度，增强他们应对产业发展潜在问题处理的能力和战胜贫困的信心。2018年贵州累计培训新型农民1.5057万人。

技术是产业发展的核心环节，产业发展的好与坏取决于对技术的掌握程度。为了服务于产业发展，省委、省政府加强各级政府对农村产业发展提供技术服务的力度，要求基层干部尤其是处在脱贫一线的干部熟悉农业发展的基本知识，必须储备围绕产业选择、生产、管理和市场销售方面相应的知识，以便在产业发展过程中给予农民提供足够的建议和参考。贵州实施"万名农业专家服务'三农'行动"，选派近万名懂农业发展的专家在全省1194个乡（镇）进行农业技术服务，为贫困县派遣1支专家团队，为地方产业发展提供了相应指导，促进地方产业的发展。

产业发展需要资金垫底，过去产业发展滞后的一大原因是资金欠缺，如今政府部门的资金筹措为农民发展产业解决了资金不足的困难。省委、省政府高度重视贫困地区产业发展因资金不足的问题，因此，在政策支持和金融扶持方面的力度逐渐加强，整合相关的涉农资金，把更多的资金投入农村产业发展方面。在资金分配方面，适当照顾有产业发展基础和条件的贫困县，确保贫困县产业发展有必需的资金。2018年，贵州产业脱贫财政资金48.87亿元，80%以上分配到贫困县。

现代农业发展需要规模化组织，过去单打独斗的方式已经不适合产业发展的要求。发展现代农业，需要将一家一户的小生产者有机组织起来，改变过去单打独斗的方式，组成规模化的企业抱团发展，形成发展共同体和利益分享共同体。贵州通过组织方式的改变，把小生产者有机连接起来，在大市场与个体之间寻找有机纽带，带动贫困群众一起发展。贵州实行比较多的组织方式是实行"公司+合作社+农户"的模式。目前，贵州有6.7万家农民合作社，所有贫困村都成立了专业合作社，所有贫困户都是农民专业合作社的成员。据不完全统计，2018年全省有近千家龙头企业，带动458万群众发展。

市场是产业发展必须面对的最后一环，是产品转换为商品的关键。广大群众在产业发展的前期都做的很好，但是在面对市场一环容易出问题，最后产业发展没有转换成经济效益。鉴于此，帮助贫困地区的产业寻找市场，增强农民群众的营销意识，带动更多群众增加收入，显得更加重要。贵州省委、省政府为了帮助产业发展的贫困地区打开市场，加大对黔货出山的宣传力度，大力拓展省内外销售市场，尤其是向海外市场拓展方面，大力向东南亚、港澳台等地宣传贵州优质的农特产品。为了让黔货出山更加容易，贵州在物流方面加强物流运输运行监督，减少交易成本。

产业发展的目的是让贫困地区群众最终能够过上幸福生活，让大家共同分享发展带来的红利。让贫困群众一道分享发展的红利，建立可行且兼顾各方利益的机制，形成利益共同体，通过产业发展带动贫困群众过上幸福生活。在利益共同体的探索过程中，贵州推出了"三变"改革，通过资金变股金、农民变股民、资源变股权的方式，合理兼顾企业、农民和集体的利益，带动农民有序发展。2018年，贵州有1361个乡镇7241个村开展"三变"改革，投入资金63.4亿元，带动当地产业发展。

地方产业的发展需要强力的组织引领，基层党组织是引领产业发展的政治保障。基层党组织的强与弱，将决定地方产业发展的好与坏，产业发展的成与败很大程度取决于党组织的领导。贵州高度重视基层党组织在产业发展中的引领作用，千方百计提高基层党组织的战斗力和凝聚力，通过强大组织，进一步带动产业的发展，形成了许多在全国可以推广和复制的经验，如塘约经验、新时代农民讲习所等，把基层党组织建在专业合作社上，进一步帮助农民发展产业。

发展产业是实现脱贫的根本之策。自然资源、农业资源和劳动力资源等方面要素是贵州产业发展的良好条件，但由于基础薄弱、信息阻隔、物流不畅、人流不通等原因，比较优势未能转化为产业优势。打通优势资源向商业价值转化的路径，补齐基础设施短板，挖掘区域比较优势，增强龙头企业带动，为激发贫困群众内生能力而加强基础设施建设，改善贫困地区发展的环境，为贫困群众内生动力的激发提供良好的条件。省农委印发《贵州省调减玉米种植三年行动方案（2018~2020年）》和《省农委关于大力发展蔬菜、中药材、水果等产业推动种植业结构调整的指导意见》，明确结构调整的目标和措施。会同省委组织部和省扶贫办联合印发《贵州省产业扶贫指导工作组工作方案》，从省直有关部门和科研单位抽调人员组成8个产业扶贫指导工作组，为各地科学选择产业做好人员和技术储备。产业发展资金八成以上向贫困地区、贫困县分配。抓内外市场开拓，组织贫困地区经营主体参加产销对接活动，建立省市县三级农产品产销调度机制，指导各地科学对接销售。2018年，在各级政府的努力下，贵州调减玉米785.2万亩，高效经济作物增加了666.7万亩，蔬菜种植面积增长21%，投产茶园面积同比增加8.9%，食用菌种植面积同比增长196%，贵州成为珠三角市场的"菜篮子"地位已经逐渐凸显，各种订单纷纷而来，带动153万贫困人口收入增加，产业革命的经济效益和社会效益逐步释放。在省委、省政府的领导下，农业产业取得突破性增长，产业革命成效显著，不断激发了贫困群众的内生动力。

（二）高度重视贫困地区教育发展，阻断贫困的代际传递

习近平总书记指出："扶贫先扶智，绝不能让贫困家庭的孩子输在起跑线上，坚决阻止贫困代际传递。"[①] 治贫先治愚，扶贫先扶智，把贫困地区孩子培养出来，才是根本的扶贫之策。摆脱贫困需要智慧，智慧来源于教育，阻止贫困代际传递的重要途径就是发挥教育的作用。党中央为打通脱贫"最后一公里"开出破题药方——"五个一批"，即发展生产脱贫一批、易

---

① 《习近平扶贫新论断：扶贫先扶志、扶贫必扶智和精准扶贫》，人民网，http://politics.people.com.cn/n1/2016/0103/c1001-28006150.html。

地扶贫搬迁脱贫一批、生态补偿脱贫一批、发展教育脱贫一批、社会保障兜底一批。大力发展贫困地区教育，阻断贫困的代际传递是脱贫攻坚的重要措施之一。

由于历史原因，贵州长期处于交通闭塞、社会发展缓慢和教育落后的状态。教育发展滞后，严重制约贵州经济社会的发展。省委、省政府站在战略的角度，高度重视教育的发展，千方百计为贫困地区学生接受良好教育创造条件，希望通过教育的发展来阻断贫困代际传递。贵州制定《贵州省教育脱贫攻坚"十三五"规划实施方案》，把教育精准扶贫作为拔穷根、扶民生的治本之策，启动加大投入增加供给、精准资助减轻负担、加强输血形成合力、强化造血挖除穷根等系列政策性措施，发挥教育在脱贫攻坚工作的作用。贵州教育资源向深度贫困县、极贫乡镇、深度贫困村等地区倾斜，以补齐教育短板为突破口，以解决瓶颈制约为方向，切实打好深度贫困地区教育脱贫攻坚战。全面落实教育扶贫政策，压缩行政经费的6%用于教育发展。全面落实教育精准扶贫"两助三免（补）"政策，免除学杂费，实现了贫困学生100%入学，全省66个贫困县农村学前教育儿童营养改善计划全覆盖。在西部地区省份中，贵州成为率先实现县域内义务教育基本均衡发展的少数几个省份之一。贵州是全国率先制定《贵州省教育精准脱贫规划方案（2016～2020年）》方案的省，实施八大教育扶贫计划，强力推进教育精准扶贫。

实施学校与贫困地区有效对接，积极拓宽当地农民增收渠道。全省实行高等学校聚焦深度贫困地区，促成全省物资采购和深度贫困地区贫困户、农业合作社及能带动农户脱贫致富的省内农副产品加工企业有机对接，按照"学校＋基地＋贫困户"的合作模式，通过采购，有效带动深度贫困地区农产品基地建设、农业产业发展和贫困群众增收脱贫。学校尤其是省内高校不仅通过采购帮助贫困地区消化了贫困户所生产的农产品，而且结合自己专业特长为贫困地区农民产业的发展予以无偿的技术支持。全省1.6万个学校食堂与贫困地区、贫困户精准对接，累计采购农产品近6万吨，购买资金达到6.5亿元，带动贫困人口增收脱贫，形成有效保障学校后勤和助推贫困户脱贫的双赢局面。

强化实施学生精准资助兜底线,确保贫困学生不因贫困失学。各级政府高度重视深度贫困区学生资助工作,严格执行国家和省的各级各类学生资助政策,全面畅通"绿色通道",启动建设教育精准扶贫系统,确保农村建档立卡贫困学生实现无障碍入学,不让学生因家庭经济困难而失学,帮助他们顺利完成学业。采取多种方式鼓励普惠性民办幼儿园招收建档立卡贫困学生。全省累计投入学生资助资金435亿元,累计资助各级各类学生3590万人次。在全省深度贫困地区农村义务教育学校和学前教育机构中全面实施学生营养改善计划,持续改善农村少年儿童营养,提高农村少年儿童健康水平。在全国率先实现农村中小学"校校有食堂、人人吃午餐",惠及380余万名学生;在全国率先实施农村学前教育儿童营养改善计划,惠及75.5余万名儿童。

持续加大财政对贫困地区的投入,补齐基础教育设施短板。在财政安排上,省委省政府始终将集中连片特困县、深度贫困县列为重要因素,倾斜支持深度贫困县加快改善城乡学校办学条件,着力夯实教育脱贫根基。督促深度贫困地区严格落实国家"20条底线"和省"35条底线"等相关标准及要求,落实基础教育"以县为主"责任,加大财政投入,加强项目融资,多渠道筹措建设资金,加速推进本地区全面改薄等工作,持续扩增城乡教育资源,促进深度贫困地区适龄儿童少年接受均衡、公平、有质量的教育。

加强教师队伍建设,着力提升教学质量促教育均衡发展。统筹推进县域内城乡义务教育一体化改革发展,完善控辍保学工作机制,基本消除大班额现象,减少超大规模学校,稳步提高深度贫困地区教育质量,逐步缩小与全省平均水平的差距。支持深度贫困地区发展特殊教育,实施普通学校随班就读。加快推进深度贫困地区学校教育信息化建设,深入推动"三通工程"建设和应用,通过"互联网+"等形式,使得贫困地区学生能够享受到优质的教育资源。贵州建立帮助乡村教师"教得好"的培训体系,每年的"国培计划"可以让全省5万多名乡村教师得到培训学习的机会,使他们的教育理念得到不断的更新。每年实施的"乡村名师培养计划",搭建了乡村名师成长的平台，建立了300名省级乡村名师工作室。把"四有""三者"好老师标准作为师德师风教育重要内容，纳入各级各类教师培训，实行师德表现一票否决制。高度重视师德师风建设，多渠道提高教师道德水平。

加快贫困地区职业教育发展，提高贫困群众自我发展能力。贵州省贫困地区以职业教育和培训为抓手，以就业脱贫为导向，充分发挥职业教育在实施"五个一批"工程中的重要作用，成效明显。全省职业学校5年累计近20万名贫困家庭学生实现毕业就业，面向贫困人口开展技能培训50余万人次；组织13所职业院校开办122个精准脱贫班，面向14个深度贫困县和20个极贫乡镇招收7378名贫困家庭学生，实现了"职教一人、就业一个、脱贫一家"的目标。职业院校毕业生省内初次就业率从30%上升到70%，2017年的职业院校毕业生基本实现了想就业就能就业的局面。

（三）提高贫困群众的思想意识，让他们从"要我富"转变为"我要富"

扶贫工作开展以来，为了改变贫困地区和贫困群众的贫困状态，各种政策、资金、项目和技术等对其倾斜。由于历史的原因，个别地区贫困群众依赖性强，等靠要的懒惰思想极其严重，对于政策、技术和项目的投入毫无反应，严重影响了脱贫的进度和成效。为了改变贫困群众落后的思想观念，贵州各级党委政府从实际出发，在资金、技术和项目帮扶之际，着力在贫困群众中开展思想扶贫，大力解决部分贫困户等靠要、消极无为、安于现状、好吃懒做的落后思想。激发贫困群众从思想上和行动上对美好生活的向往，营造农村干事创业积极向上的氛围。让贫困群众立下脱贫志，紧紧抓住扶贫先扶志、脱贫先去懒这一关键着力点，大力引导贫困群众从"要我脱贫"向"我要脱贫"转变。

充分发挥各种宣传阵地的功能，从正面向贫困群众广泛宣传勤劳致富，根除懒惰思想。针对部分群众等靠要的落后观念，各地把思想扶贫作为考核脱贫攻坚的重要内容，确定思想扶贫的指标，强化部署落实，落实帮扶主体责任，建立健全考核评价机制。全省充分发挥新时代农民（市民）讲习所、农民夜校、道德讲堂等阵地的宣传教育作用，运用村民小组会、院坝会、围炉会等灵活多样形式，对广大贫困群众进行宣传教育，宣传党中央相关文件精神，为贫困群众脱贫出谋划策，鼓励他们充分利用新时代各种好的条件争取早日脱贫。健全完善评优罚懒机制，坚决不养懒汉，实施贫困户评选退出制度化、规范化、常态化，大力宣传勤劳致富、科学致富、先富带动后富的典型例子，帮助思想上内生动力不足的贫困户转变思想观念，鼓励和带动他们勤劳致富，形成"家家勤劳致富，人人争当示范"的局面。

充分利用各种新媒体，对贫困群众进行立体式宣传教育。在贫困地区充分利用手机短信、微信、QQ群、微信群、微博、抖音等新媒体传播速度快和覆盖广的特点，将党中央和省委省政府的扶贫政策宣传到每一个贫困群众，增强贫困群众牢记嘱托、感恩奋进的信心和决心，激发脱贫致富的志气。与群众一起制定和完善地方治理基本制度，通过制度的制定来限制农村的不良行为，规范村民的行为，增强村民的自制能力和行为约束能力，扫除长期存在于基层的不良陋习，在基层营造良好的社会风气。

弘扬传统文化，运用传统文化的内在约束力来规范群众的言行。挖掘存在民间的优秀家风家训，选出里面勤劳致富、邻里和睦的内容，请地方书法家书写张贴在门庭、院墙、门头等显眼位置，培育和营造积极向上的乡风民风。比如，黔南州1186个行政村，实现了"山山寨寨有敬语、村村组组树村规、家家户户明家训、老老少少颂党恩、人人处处显先进、事事物物是景观"的局面，传统文化的春风化雨，规范了贫困群众的言行，激发他们战胜贫困的内生动力。

充分发挥"新时代农民（市民）讲习所"的作用，赋予贫困群众战胜贫困的能力。"新时代农民（市民）讲习所"是助推决战脱贫攻坚、决胜同步小康的重要抓手，密切联系群众、夯实基层基础的重要渠道。针对部分贫困户发展能力不足，发展技能欠缺和不知道发展什么的现象，充分发挥"新时代农民（市民）讲习所"的作用，按照"缺什么、补什么"的原则，在全省实行讲习全覆盖。党的十九大以来，贵州扎实推进新时代农民（市民）讲习所兴办工作，按照"六有标准""五级联动""六讲六干"要求，着力规范讲习阵地、壮大讲习队伍、创新讲习方式方法，并通过开展讲习风采展示、讲习大比武、现场观摩研讨会等活动，举办骨干讲习员培训班，精心编印讲习读本，持续加大媒体宣传报道力度，建好建强官方网站和微信公众号等，进一步深化推进讲习工作，基本构建起协调统一、资源聚合、特色鲜明、效果显著的大讲习格局。截至2018年底，贵州共兴办"新时代农民（市民）讲习所"2万余个，已开展讲习16万余场次，受众1800万余人次。通过开展讲习，使得贫困群众对讲习内容听得懂、记得住、用得上，送去思想扶贫"充电输氧"课，提升贫困群众脱贫致富的能力。

三 进一步激发贫困群众内生动力的思考

在脱贫攻坚工作中，要顺利实现全部脱贫，缺乏内生动力的贫困群众是难点，如何让他们顺利实现脱贫，关键在于将党和政府的扶贫政策及社会帮扶力量与贫困群众内在的意愿和能力有机结合起来，在内外之间找到融合的最佳途径，激发他们的内生动力，需要从多方面多途径发力。

（一）产业发展之际，需进一步加强贫困群众自我发展能力建设，实现产业发展与贫困户能力共同提高

培育产业的目的是希望通过产业发展，最终带动贫困群众共同致富。中央和省委省政府高度重视贫困地区产业发展，希望通过产业的发展，带动贫困群众发展能力的提高。当前，贫困地区产业处于起步发展阶段，在后面得到各种政策的支持和帮助。但是贫困地区的产业最终要走向市场，也要面临更多的竞争，因此，在产业发展的同时，进一步帮助贫困群众提升自我发展能力，让他们能够有面临各种竞争的能力，使"造血细胞"具备立足于市场的能力至关重要。贵州产业革命过程中，进一步加强对农民生产、管理和市场营销能力的集体培训，通过农民能力提高来促进产业发展。

（二）继续把扶智作为阻断贫困代际传递的重要措施，营造教育改变命运氛围

让贫困地区的孩子们接受良好教育和健康成长的环境，是斩断贫困代际传递的基础性工作。继续加大对贫困地区教育的投入，在基础设施建设、师资力量和教师待遇方面予以政策性的倾斜，激发贫困家庭的子女在内心通过读书改变环境和战胜贫困的信心。针对贫困群众子女的特点，大力发展职业教育，鼓励他们学好学精一技之长。运用讲习所、道德讲堂等多种阵地平台，继续加强对贫困地区群众的教育培训工作，产业发展相关知识、种植养殖技术培训、基本科学技术知识普及、法律法规和传统教育等多层次、全方位的培训教育，运用群众喜闻乐见的语言和通俗易懂的方式，尽量满足时代变化和贫困群众对知识增长、素质提升、技能培训的需求。

（三）旗帜鲜明地坚持治贫先治愚的帮扶理念，消除等靠要的懒惰思想

地方贫困与观念贫困的现象在贵州普遍存在。20世纪80年代开展大规模的救济式的帮扶，对贵州很多贫困地区的群众来说，即使规模很大，也难以改变他们贫困的生活状态。当前，在脱贫攻坚的关键时期，只有充分认识到多数贫困群众是源于思想意识落后而贫穷，千方百计帮助他们改变等靠要这一落后意识，调动和激发他们内心深处的内生动力，脱贫攻坚工作才会有成效，脱贫的目标才能实现。因此，可以深入思考贵州深度贫困地区群众所处的社会环境和民族习性等多方面的因素，结合改革开放以来国家的各种帮扶的投入和经验教训，以及当地情况，制定符合本地贫困群众实际又具有可操作性的激发贫困群众内生动力的行动方案，从思想深处扫除观念落后，长期等靠要的惰性思想，来一场去除落后观念的革命，让贫困群众在脱贫工作上把事事求诸人转为事事先求诸己。此外，可以依托基层党组织，对个别贫困群众开展精细化的思想教育工作，对扶贫政策方针进行宣讲，动员其参与到产业扶贫和就业扶贫中来，让他们主动树立

脱贫信念、脱贫信心和对美好生活向往，告别等靠要的懒惰思想，勤奋致富、勤劳致富、勤快致富。

（四）加强一线帮扶干部的综合能力建设，更好带动贫困地区发展

一线帮扶涉及的知识面广，需要加强对基层帮扶干部综合能力建设，因此，可以分批分期在党校、干部学院、高校对基层干部进行产业发展及市场销售、基层党组织建设、社会管理等方面的培训，提高他们运用理论指导实践的能力，培养出一支懂农村、懂农业和爱农民的扶贫队伍。加强对基层帮扶队伍工作的考核和监督。通过考核和监督，增强扶贫队伍责任感和紧迫感，让他们主动为农村繁荣、农业发展和农民富裕千方百计寻找适合的路子。加大对于一线帮扶干部队伍的关怀力度，对长期在基层的帮扶干部，予以更多的人文关怀，并落到实处，尤其是对在帮扶工作中成效突出、口碑好的领导干部，在晋升、提拔、评优评先、绩效（津贴）工资等方面予以倾斜。

（五）扶贫项目中考虑贫困群众的存在感，调动和激发他们在项目发展中的积极性和主动性

在脱贫攻坚项目设置和实施过程中，应避免大包大揽，充分考虑贫困群众在项目中参与和角色的扮演，只有贫困群众的主动参与，才有更好的工作成效和价值。项目的设置要尊重扶贫对象的主体地位，各类扶贫项目和扶贫活动都要紧紧围绕贫困群众需求来进行。尊重贫困群众合理合情的需求，并且想方设法满足，研究表明，这对于贫困群众激发内生动力活力是非常有效和直接的关系。对于项目的设置和实施，多多听取贫困群众的意见和建议，问需于民、问计于民，发扬民主。主动与贫困户交流和沟通，分析和权衡利弊得失，让群众有参与感，能够提高他们的积极性和主动性。

（六）加强宣传正能量信息，着力营造自力更生勤劳致富发展氛围

以加强脱贫攻坚过程中的积极典型对外宣传作为抓手，充分利用电视、报刊、横幅、自媒体等宣传媒介，全方位、多层次、多形式地开展脱贫致富

宣传，营造贫困群众积极向上勤劳致富的舆论氛围，改善群众的等靠要的精神面貌，让他们主动动起来，形成贫困群众你超我赶的良性竞争局面。加强对等靠要思想严重的贫困户的思想引导，增加与他们交流沟通的频率，向他们宣传党的路线方针，对他们予以政策帮扶和技术帮扶，同时对他们的行为进行相应的约束和监督，帮助他们抛弃落后的思想和行为习惯，增强他们战胜贫困的信心和决心，加大对转变的典型的宣传力度。加大对帮扶后等靠要思想依然严重贫困户的惩治力度。对于有劳动能力又懒惰的贫困户，改变扶贫方式，控制钱物的帮扶数量，加强对他们进行思想教育工作的力度。

（七）在贫困群众中加强良好卫生习惯和健康生活方式的宣传力度

贫困地区卫生习惯和生活方式还存在很大的隐患，因病致贫的现象不时出现，容易对经济实力较弱的群众带来较大的风险，因此，基层党组织和帮扶干部应加大对贫困地区良好日常卫生习惯和生活方式的宣传和推广，提倡良好的生活方式，消除潜在的致贫危险。加大对贫困地区科学知识的宣传和普及，组织志愿者在贫困地区宣传相关科学知识，引导贫困群众抛弃不良的生活方式。

（八）为贫困地区创造更多就业机会

继续加强对劳动者的技能培训力度和次数，让多数劳动者掌握一定的劳动技能。针对贵州贫困群众年龄偏大、文化水平不高的事实，继续繁荣贵州旅游业，创造更多的就业机会和岗位。政府继续加大出资的额度，在森林、环保等方面开展较多的公益性岗位，给有劳动能力但文化水平低的劳动者提供就业机会，同时让自然环境更加整洁卫生。加大对返乡创业者在资金、政策等方面的支持力度，引导他们为贫困群众提供更多的就业机会。

参考文献

习近平：《摆脱贫困》，福建人民出版社，2014。

黄承伟：《习近平扶贫思想体系及其丰富内涵》，《中南民族大学学报》（人文社会科学版）2016年第3期。

张运通、苏晓雅、阎紫薇：《文化扶贫激发脱贫内生动力——基于供给侧改革思路》，《经济研究参考》2018年第10期。

刘合光：《精准扶贫与扶志、扶智的关联》，《改革》2017年第12期。

沈万根、马冀：《习近平精准扶贫思想在民族地区的实践》，《科学社会主义》2018年第2期。

治贫与社会发展篇

Sub Reports of the Poverty Alleviation
and Social Developments

B.12
贵州农村扶贫中的"五对关系"研究

蔡贞明*

摘　要： 脱贫攻坚工作时间紧、任务重、责任大。要增强脱贫的针对性和实效性，就应把握好"症结"与"处方"的关系；要使脱贫具有可持续性和永久性，就应把握好消费与生产的关系；要克服生产的盲目性和随意性，就应把握好需求与供给的关系；要凸显脱贫工作的自觉性和计划性，就应把握好全面与重点的关系；要适应形势的变化和工作重心的转移，就应把握好外因与内因的关系。本文试图对上述五对关系进行分析论证，从而使哲学思维贯穿脱贫攻坚工作全过程。

---

* 蔡贞明，贵州省社会科学院文化研究所副研究员，研究方向：传统哲学及贵州文化。

贵州蓝皮书·大扶贫战略

关键词： 脱贫攻坚　方法论　贵州

脱贫攻坚工作是当前党和国家压倒一切的中心工作。要在 2020 年如期完成脱贫任务、全面建成小康社会，剩余的时间已不多。眼下正值脱贫攻坚战攻城拔寨、加速冲刺的阶段，时间之紧迫，任务之繁重，压力之巨大，可谓绝无仅有。自党的十八大以来，经过全党全国各族人民的共同努力，我国贫困人口已减少 8186 万人，易地扶贫搬迁 1110 万人。其中，2013～2017 年减少贫困人口 6800 万人，易地扶贫搬迁 830 万人。2018 年减少贫困人口 1386 万人，易地扶贫搬迁 280 万人。[①] 虽然取得了骄人的减贫成绩，但尚未脱贫的贫困人口依然不少，而且他们绝大多数都居住在自然条件比较恶劣的地区。可以说，越到后面，脱贫的难度越大，脱贫的"骨头"越难啃。贵州地处内陆，不沿江、不沿边、不沿海，自然条件较差，经济基础较薄弱，是脱贫攻坚主战场。不但贫困人口多，贫困程度深，贫困面大，而且贫困状况呈现出不平衡性特征。尽管如此，经过贵州全省上下的攻坚克难，党的十八大以来，脱贫成绩仍然令人瞩目。2013～2017 年，贵州贫困人口已减少 670.8 万人，易地扶贫搬迁 173.6 万人。[②] 2018 年，贵州又有 148 万人口脱贫，易地扶贫搬迁 76.19 万人。[③] 短短六年时间，一共减少贫困人口 818.8 万人，易地扶贫搬迁 249.79 万人。然而，截至目前，在全省 66 个贫困县中，已经脱贫摘帽的贫困县有 33 个（含 2016 年 1 个，2017 年 14 个，2018 年 18 个）。要在 2019 年、2020 年这两年时间内实现贫困县全部摘帽的目标，难度之大可想而知。值得注意的是，尚未摘帽的贫困县绝大多数都分布在各市州比较边远的地区和少数民族聚居区。为了把脱贫攻坚工作持续向前推进，在预定的时间节点取得脱贫攻坚战的决定性胜利，笔者认为，应把握好五对关系。

---

① 参见《2019 年政府工作报告》。
② 参见《2018 年贵州省人民政府工作报告》。
③ 参见《2019 年贵州省人民政府工作报告》。

一 "症结"与"处方"的关系

2013年10月,习近平总书记在湖南考察时,首次提出"精准扶贫"概念。2015年6月,习近平总书记在贵州考察时,提出了"六个精准"[扶贫对象精准、措施到户精准、项目安排精准、资金使用精准、因村派人(第一书记)精准、脱贫成效精准]的基本要求。同年11月,在中央扶贫工作会议上,习近平总书记就脱贫的主要途径提出了"五个一批"(发展生产脱贫一批、易地搬迁脱贫一批、生态补偿脱贫一批、发展教育脱贫一批、社会保障兜底一批)。习近平总书记的上述思想,为脱贫攻坚工作指明了前进方向,提供了必要遵循。

(一)找准"症结"是开出"处方"的必要前提

我国幅员辽阔,东西南北差距很大。无论是气象条件,还是地理条件,不同地区都呈现各自的突出特征。处于西南部的贵州也不例外。贵州四季分明,日照时间较少,阴冷潮湿天气居多。贵州山地和丘陵面积占92.5%,多为深山区、石山区、高寒山区,可耕种土地面积较少。这两种自然条件不但严重制约着贵州农业的发展,而且对交通运输的影响也很大。贵州人口较多,自1986年至今,贵州常住人口一直保持在3000万人以上。其中,2017年末为3580万人。[①] 特殊的气候特征,地形地貌,与较多的人口数量结合在一起,使贵州贫困的程度远深于国内其他地区。不仅如此,贵州在贫困人口分布、贫困程度、贫困面等方面也表现出较大差别。一般来说,地势平坦、土地肥沃、水源充足、距离省会城市和交通要道较近的地区,贫困人口较少,贫困程度较低,贫困面较小。反之,山高谷深、土地贫瘠、水源枯竭、距离省会城市和交通要道较远的地区,贫困人口较多,贫困程度较深,贫困面较大,这从16个深度贫困县的分布可以得到印证。就贫困户而言,

---

① 《贵州统计年鉴(2018)》。

虽然同属贫困户，但有的人家常年有慢性病或大病患者，有的人家人口较多而劳动力较少，有的人家没有慢性病或大病患者，有的人家人口较少而劳动力较多，各自的家庭情况使得这些家庭贫困程度也各不相同。有的人家更接近现行扶贫标准（"一达标"，即贫困线，"两不愁"，即吃不愁、穿不愁，"三保障"，即义务教育、基本医疗、安全住房），有的人家则离现行扶贫标准更远。针对上述情况，就不能简单采取"一刀切"的方式来对待。也就是说，在脱贫攻坚工作中，应根据不同的实际情况，制定不同的脱贫措施、方案和办法。贫困程度深的地区用一类措施、方案和办法，贫困程度一般的地区用另一类措施、方案和办法。即使身处同一贫困地区，贫困户与贫困户之间，由于致贫原因不同，各自贫困程度各异，采取的脱贫手段也不应完全一样。由此，发现不同对象之间的差别就显得极为重要。如果没有发现贫困地区与贫困地区之间或贫困户与贫困户之间的差别，那么，所采取的措施、方案、办法或手段就会缺乏应有针对性，就会把原本用于甲地区的脱贫措施、方案、办法用于乙地区，就会把应该用于张三家的脱贫手段用到李四家，结果只能是劳而无功或事倍功半。一句话，未能找准"症结"，由此而开出的所谓"处方"不能有效地治愈病症即在情理之中。

（二）找准"症结"、开出"处方"，能够避免人力、财力、物力的浪费

区分贫困地区与非贫困地区的主要依据是贫困人口占比、人均纯收入及占比、人均GDP及人均财政收入等。而区分贫困户与非贫困户的主要依据是食物、衣物、住房等基本生活需求的满足状况，子女就学、病人就医状况，以及家庭人均年收入等。任何社会都有贫富之分，要想彻底消灭贫困非常困难。但这并不意味着不能缩小贫富之间的差距。社会主义制度的优越性在于最大限度地缩小地区与地区、家庭与家庭之间的贫富差距，最大限度地使全体人民过上富裕幸福的生活。正因如此，党和国家才把2020年作为打赢脱贫攻坚战的决胜年份，其决心之大、信心之足由此可见一斑。为了打赢这场惠及亿万人民的攻坚战，近年来，省级以下各系统、部门、单位都抽调

了精兵强将投入脱贫攻坚战场,中央和地方从财政预算中专门拿出一笔资金用于扶贫,并把大量的物资投放到贫困地区。其最终目的只有一个,就是在预定的时间内解决区域性整体贫困,取得脱贫攻坚战的决定性胜利。各级党委政府、社会组织、干部职工都为这场"战争"贡献了自己应尽的力量。但由于贫困情况千差万别,贫困人口数量过多,贫困覆盖面太广,相对于目前已经投入的人力、财力、物力来说,仍然远远满足不了贫困地区和贫困户脱贫的迫切需求。在此情况下,就只能在有限的时间内,根据脱贫任务的轻重缓急,有组织地下派脱贫攻坚工作人员,分阶段地拨付扶贫资金,有计划地运送用于脱贫的物资。而目前遇到急需解决的问题是,脱贫攻坚所需人力、财力、物力太多,而现有的人员、资金、物资却相当有限,因而只能"具体问题具体分析",按照"把钱用在刀刃上"的原则办事。如果不"头痛医头、脚痛医脚","对症下药",要想做到"药到病除",取得脱贫攻坚战的真正胜利就是一句空话。

(三)找准"症结"、开出"处方",能够增强针对性、提高实效性

发现问题,接着加以分析,最后拿出解决的办法,这是对待和处理任何事物的常规性思维。脱贫攻坚工作同样如此。按照一定标准,把不同的县(市、区)、乡(镇)、村、划分为贫困县(市、区)与非贫困县(市、区)、贫困乡(镇)与非贫困乡(镇)、贫困村与非贫困村,把不同的家庭划分为贫困户与非贫困户,其目的就是为了有效地开展工作,就是为了在预定的时间内把有限的人员、资金和物资投入贫困县(市、区)、贫困乡(镇)、贫困村,以及贫困户等扶贫对象上。由此,精准识别就显得至关重要。如果在识别这一关键环节出现偏差,接下来就会错上加错。不但收效甚微,而且会多走弯路。因此,脱贫攻坚工作必须把好识别关。无论是主观原因还是客观原因而导致识别错误,其结果都只能是"差之毫厘谬以千里",都只能是人力、财力、物力等社会资源的巨大浪费。当贫困地区与非贫困地区、贫困户与非贫困户被区分出来,并不意味着问题就得到最终解决,就可以"刀枪入库,马放南山"了。原因是,即使同属于贫困地区,不同的地

区之间仍然存在着差异，它们之间仍然不能简单画等号；同属于贫困户，他们贫困的程度不尽相同，致贫原因也存在着一定差别。亦即"不幸的家庭各有各的不幸"。这种贫困地区、贫困户之间客观上存在的差别决定了在帮扶方式、帮扶力度上必须具有针对性，不能"眉毛胡子一把抓"。只有增强脱贫攻坚工作的针对性，才能提高脱贫攻坚工作的实效性。只有一切从实际出发，从现实状况入手，才会收到实实在在的效果。如果不分青红皂白，甚至张冠李戴，对所有贫困地区都采用同一方式，对所有贫困户都同等用力，千篇一律，或大而化之，扶贫就不可能扶在点子上、要害处，就会导致"牛头不对马嘴"的严重后果。鉴于此，把更多的时间和精力投入在找准"症结"上，然后根据"症结"开出切实可行的"处方"仍然是当务之急。

二 消费与生产的关系

（一）消费与生产相辅相成

消费与生产是相互对应的两个概念。二者既对立又统一。消费是目的，生产是手段。消费为生产提供动能，生产为消费提供对象或内容。二者都是人类生存和发展必不可少的活动。消费包括消费者、消费行为、消费品等。生产包括生产者、生产行为、生产条件、生产方式、组织形式等。通常，人既是消费者又是生产者，既参与消费活动又参与生产活动。但人并非都是消费者与生产者、消费行为与生产行为的结合体，更多时候人只是消费者，只参与消费活动。这样就会导致两种后果：一是消费者多于生产者，消费活动多于生产活动。具体说来就是，生产需要具备一定的能力，缺乏能力就不能从事生产活动，而消费无须具备专门的能力，有了消费需求和消费品即可以消费。二是同一个人终身都是消费者，只有一个特定阶段才是生产者。在我国，男性16~60岁属于劳动年龄人口，是生产者；女性16~55岁属于劳动年龄人口，是生产者。这样，未满16岁的男女两性及年满60岁的男性和年满55岁的女性均不属于生产者。因为在这两个阶段人的身体要么未发育成熟，要么身体已经衰老。也就是说，他们要么还不具备生产能力，要么已经丧失生产能力。只有青壮年阶段，他们才完全具备生产能力，一身而二任，既是消费者又是生产者。如此，生产者不仅要为自身生产消费对象或内容，而且要为其他消费者生产消费对象或内容。否则，消费者将得不到满足其需求的消费对象或内容。但未满16岁的男女两性消费者是未来的生产者，是从事生产活动的后备力量；年满60岁的男性消费者和年满55岁的女性消费者，他们曾经是生产者，曾经为社会财富的创造做出过贡献。因而，必须善待他们。而要让所有人都获得并享有用以维持生计的消费对象或内容，势必就会大大加重生产者的负担。如果生产者与消费者数量大致相当，生产者的负担就会大幅度减轻；如果消费者数量远多于生产者，生产者就会苦不堪言。因此，只要条件允许，就应当设法增加生产者数量，尽可能让他们投入生产活动中。

（二）发展生产是摆脱贫困的首选和上策

贫困地区与非贫困地区之间的区别，贫困户与非贫困户之间的区别，在很大程度上同消费与生产之间的关系紧密相连。表现在：一是消费者与生产者的比例严重失调，消费者远多于生产者；二是生产者能力较低。如果消费者与生产者的比例短期内不可能改变，那么，就应把提高生产者能力作为着力点。生产能力的高低通常由身体素质、文化程度这两个因素决定。一般情况下，身体素质好、文化程度高的生产者，其生产能力比身体素质差、文化程度低的生产者的生产能力要高。而较高的生产能力意味着在时间一定的情况下能够生产出更多的产品，或者在产品数量一定的情况下无须耗费较多的生产时间。无论属于何种情形，生产能力较高的人都会处于优势地位。如果按照多劳多得、少劳少得的分配原则，那么，生产能力较高的生产者就会获得更多的报酬，更多的报酬就能换回更多的消费对象或内容。这样，生产者本人及其家属的生活处境就会更好一些。因此，不管从消费对象或内容的数量还是质量上考察，拥有较高生产能力的人都会更有保障。就贫困户的实际情况而言，许多人家之所以贫困，就是由于生产者（劳动年龄人口）太少而消费者过多，或者生产者的生产能力较低。这样，养家糊口就显得极其艰难。此外，气象条件、地理条件、交通条件、生产方式、组织形式等这些生产者自身之外的因素也在不同程度地影响着贫困户的生产生活。一般情况下，生产者的身体只要处于健康状态，完成他所承担的分内职责是没有问题的，耕田种地、喂猪养鸡等都属于常规性的生产活动，需要付出一定的体力和脑力，投入一定的时间和精力，但毕竟这些生产活动均不属于需要经过专门训练的高难度的复杂劳动，而只属于普通的具有一定劳动强度的体力或手工劳动，因而无须受过较高程度的教育也能胜任。问题是，在广大农村，旱灾水灾频发，土地破碎，交通不便，老百姓种植的农作物多为经济效益较低的玉米小麦，喂养的家畜家禽往往是抗病能力较弱的猪鸡鸭鹅，且数量稀少，生产的组织形式大多以一家一户为单位独立完成。如此，陷入贫困非常容易，而要想获得较多的经济收入却相当困难。

要改变目前的不利处境，让贫困群众早日脱贫，有必要采取如下措施。一是提高生产能力。在生产活动中，要求每个贫困户都提高文化程度并不现实，让他们拥有一技之长却是必需的。因为现代产业都普遍具有专业化、精细化、程序化特点，如果不经过一段时间专门训练，势必难以适应工作的需要。二是创新组织形式。传统种植或养殖何以脆弱，缺乏抗风险能力，主要是一家一户所为，集中不足而零散有余。因此，要改变这种状况，就要引进现代企业经营管理制度，明确管理者和员工各自的责、权、利，抱团取暖，更好的效益才会实现。三是更新生产方式。传统种植或养殖都是采用刀耕火种的方式进行，劳动强度大，劳动时间长，劳动效率低。先进的生产方式应当是大机器生产，分工明确，各自在流水线上完成自己的工作职责。这样，投入虽然不多而产出却不少。四是改善生产条件。温度、湿度、土质、品种等外在条件往往是影响生产效率的重要因素。为了规避风险，减少损失，在种植方面，应尽可能采用大棚，加大科技投入力度，使农作物获得其所需要的温度和湿度；在养殖方面，应当精心选择品种，完善养殖设施，科学加工饲料，加强疾病防控。

在坚决打赢脱贫攻坚战的生动实践中，贵州省委省政府探索出一条行之有效的产业革命之路。其中"八要素"(产业选择、培训农民、技术服务、资金筹措、组织形式、产销对接、利益联结、基层党建)具有十分重要的意义。这八个要素内涵丰富,既彼此独立又相互关联。综合考量了结合实际、能力提升、技术与资金支持、组织形式、利益实现及分配、基层党建的作用等多种要素。虽然同属贫困村,但由于各自的地形地貌、土壤肥沃程度、交通便利条件不同,它们所选择的产业就应有所区别,种植什么、养殖什么,不能千人一面,否则就会简单重复。无论是小型合作社还是现代化企业,没有专业技术人员和雄厚资金不行。而不管是种植还是养殖,其目的都不再是为了自给自足,而应以交换为目的,以获取利润为旨归。利益分配必须力求公平合理。否则,生产者应有的积极性、主动性、创造性就难以充分调动起来。总之,提高生产者素质、理性确定主导产业、引入现代企业经营管理理念、引进先进技术、多渠道筹措资金、以市场为导向、最大限度地保障生产者的利益、坚持党的领导等,都缺一不可。

三　需求与供给的关系

要发展生产,有效实施产业革命,就必然涉及需求与供给,这样,需求与供给之间的关系就被提到议事日程。对于农业来说,无论是种植业还是养殖业,其结果都会以可感可触的物质形式呈现出来。这些物质形式既有粮食、蔬菜、水果等植物性产品,也有肉类、蛋类等动物性产品。它们都是食品的重要组成部分,都有利于人的身心健康和生命延续。需求与供给二者如何相互适应,如何保持平衡,既不供不应求,也不供过于求,需求什么、供给什么,需求多少、供给多少,在市场经济居于支配地位的今天,值得深入探讨。依笔者之见,必须把握好四个维度。

(一)内容

农业的主要职责是利用土地等自然资源,使用生产工具,生产出含有一定营养成分的植物性产品和具有较高营养价值的动物性产品。接下来的问题是，处于供给者一方无法准确地知悉需求者一方的真正需求，这样，在需求与供给之间就可能出现错位。具体地说，就是供给者生产的产品不为需求者所需，而需求者所需产品供给者恰恰没有生产出来。如果双方契合度较高，错位较小，给供给方造成的经济损失就不大；如果契合度很低，错位很大，那么，供给方的经济损失就会很大。因为如果产品短期内销售不出去，势必形成积压、闲置，部分产品还可能会变质腐烂，连成本都无法收回，更不要说赢利了。造成这种后果的主要原因在于供给的盲目性。而要解决这一问题，就需要在生产之前对市场需求进行深入调查。调查内容应包括市面上已有什么品种、没有什么品种、需求人口数量、需求者食用习惯、食物偏好等。调查完毕，再根据需求缺口制定出可以生产什么而不能生产什么的具有针对性的实施方案。这样，就能大大减少因生产的盲目性而给供给方造成的不必要损失。在脱贫攻坚工作中，近年来，贵州各地都做了一些有益的尝试，如赫章县以种植核桃为主，晴隆县以养殖黑山羊为主，其他地区也积极开展"一县一业""一镇一特""一村一品"的大胆摸索和实践，都产生了明显效果。之所以如此，就是这些地方始终把需求者所需对象或内容（品种）作为工作的重中之重来抓，从而实现了不同品种互补，并达到满足需求者多样化需求的目标。

（二）形式

形式是呈现于人们眼前的表象。任何事物都有内容和形式两种维度。没有无形式的内容，也没有无内容的形式。形式把不同事物的外在形象直观地呈现出来，通过颜色、形状、线条、文字、图案、长度、宽度、高度等加以具体体现。从需求者的心理看，不断变换形式，适时更新形式能够使其产生新鲜感。鉴于此，生产者在生产植物性产品或动物性产品时，必须花费一定的时间和精力去谋划形式的变换和更新。举例说，同是花椒，如果千篇一律地出售花椒颗粒，需求者势必会觉得单调乏味。如果更换形式，制作一些花椒粉或花椒油并投放市场，花椒制品内容或味道虽大同小异，但因形式上存在差异而会更受需求者青睐。同样是猪肉，如果总是把它做成肉片，时间长了再喜欢吃肉的人也会感到厌倦，供给者要是把它加工成肉末、肉丝、肉坨等，需求者就会因形式的变化而产生浓厚兴趣。形式的变换和更新在生产初级产品阶段如果施展的空间有限，那么，在产品加工环节就可以充分发挥自己的聪明才智，大显身手，在颜色的搭配、形状的改变、图案的变换、体积的缩放上下功夫、做文章。要达到这一目的，仍然需要做一番市场调查，避开那些已有的陈旧形式，设法用全新的形式去替换。这就需要不断创新。不能依样画葫芦，停留于简单模仿的层面。只有品种齐全，形式新颖，供给者生产出来的产品才会符合需求者的多样化需求，才会最大限度地实现经济效益。因此，贫困地区无论是发展种植业还是发展养殖业，都既要了解需求者对内容的需要，也要了解需求者对形式的需要。这样才能真正达到产销衔接、供求相称。

（三）数量

数量维度不难理解。就是供给者要根据需求者所需数量来制定生产计划。如果生产出来的产品数量过多，需求者所需产品数量过少，就会出现供过于求的局面。产品数量过剩而形成滞销，流动资金难以回收，持续经营就会遇到困难。如果生产出来的产品数量过少，满足不了需求者的基本需求，赢利就没有达到充分状态。供不应求的事实一旦存在，就意味着原本获取利润还有很大空间，但因为无法提供需求者所需产品，所以应当获得的利益没有获得。即使以后生产出了同类产品，但已经错过了获利的最佳时机。由此，了解需求者所需产品的数量至关重要。以销定产、以求定供是最好的策略。要做到这一点虽然存在着一定困难，但只要投入一定人力对需求者的需要量做一个详细了解，真正做到心中有数、有的放矢，那么，就不会产生供过于求或供不应求的不利后果。当然，在市场调查的整个过程中，除了要了解需求方的情况，也要留心供给方的情况。如果供给者可能不止一家，而是有多个潜在的竞争对手，不确定性就会增加，产品滞销的可能性就会更大。因此，在需求与供给数量的把握上，不可掉以轻心。贫困地区尚处于起步阶段的小微企业更是如此。

（四）质量

产品质量问题是所有需求者都十分关心且高度重视的问题。如果不能保证产品质量，就意味着需求者的身心健康和生命安全得不到保障。因此，身为供给者一定要把产品的质量问题置于首位。就种植而言，农作物除了需要投入一定的人力、财力和物力，由于它本身有其生长周期，这就不能违背生物成长的自然规律。但是，由于科学技术的进步，化肥、农药等在生产过程中的普遍使用，因而，供给者生产出来的植物性产品就可能受到不同程度的污染，质量就难以得到保证。养殖同样如此。要么因为逐利动机而使一些有毒饲料被用于喂养过程，要么家畜家禽感染病毒后没有得到及时根治，无论如何，存在着严重安全隐患的动物性产品流入市场后果都不堪设想。因此，无论从道德、制度、法律的层面，还是从为需求者身心健康、生命安全负责的层面，保证产品质量都是供给者义不容辞的责任。如果销售出去的产品是假冒伪劣产品或有毒产品，那么，供给者不但不能赢利，而且会受到严厉惩处。脱贫攻坚工作是一项重大民心工程，因而在产品质量问题上，一定要把道德、合规、合法放在第一位。正因如此，在把握需求与供给二者的关系时，供给者可以在内容、形式、数量上开动脑筋，以使需求与供给保持适应和平衡，而在质量问题上则只能遵纪守法，坚持原则，不得有任何含糊。因为，"质量是企业的生命"。

四　全面与重点的关系

（一）事物的不平衡性决定主从关系的存在

世界是由纷繁复杂的事物构成的。构成世界的事物，不但种类各异，而且作用有别。换言之，不同事物有不同的性质，不同事物有不同的功能。事物的多样性和层次性表明它们之间既有并存的一面，也有不平衡的一面。在事物发展过程中，起主导作用、居于支配地位的矛盾是主要矛盾，起从属作用、居于被支配地位的矛盾是次要矛盾。之所以有主要矛盾和次要矛盾之分，其实质在于事物本身的不平衡性。一般来说，事物之间的差别或不平衡性需要通过相互比较才能发现。所谓"有比较才有鉴别"即属此意。不通过比较，就不能看出不同事物之间的差别，同样不能发现事物本身的不平衡性。人类要改造世界，首先得认识世界，而认识世界就要善于发现事物之间的差别，对事物本身的不平衡性有所把握。与此相联系，现实社会中就有贫困地区与非贫困地区之分。即使均为贫困地区，它们之间贫困的程度也存在着一定差别。既然如此，对一般贫困地区和深度贫困地区就应当有所区别，而不能主次不分，平均用力。如果把一般贫困地区与深度贫困地区同等对待，势必就会出现扶贫缺乏针对性的后果。那些贫困程度不深、投入少量人力、财力、物力就能脱贫的地区，如果投入了较多的人力、财力、物力，在资源有限的情况下，这就是一种浪费。而那些贫困程度很深、需要投入大量人力、财力、物力的地区，如果只投入了较少的人力、财力、物力，必然迟迟难以脱贫。为了避免这种情况出现，把贫困地区再区分为一般贫困地区和深度贫困地区不但必要而且及时。在未来不到两年的时间里，脱贫攻坚工作仍然要继续强化这种遇事分清主次、区别对待的思维和意识。

（二）兼顾全面、突出重点可以增强自觉性、计划性

基于事物自身不平衡性的主从关系决定了我们在看问题、办事情时既要顾及全面又要抓住重点，做到点面结合。具体到脱贫攻坚工作上，既不能放弃一般贫困地区，又要紧紧盯住深度贫困地区。因为既然同属贫困地区，肯定都存在着不少共性。比如，贫困人口多，贫困发生率高，水、电、路基础设施残缺不全，贫困户衣、食、住等基本生活需求的满足程度较低，贫困家庭义务教育、基本医疗、安全住房尚未得到切实保障，贫困家庭人均年收入少，等等。但如果继续深入考察，特别是从量上考察，就会发现一般贫困地区与深度贫困地区仍然存在着较大差别。一般贫困地区的贫困户通过社会帮扶和自身努力，他们比较容易脱贫，而深度贫困地区的贫困户就是通过社会帮扶和自身努力也很难脱贫。据此，脱贫攻坚工作相关部门在制定政策、措

施、方案时，就要根据问题本身的实际情况，分清轻重缓急，有组织、有步骤、有计划地进行。在人力投入方面，一般贫困地区只需要投入较少脱贫攻坚工作人员，这些人员只要掌握国家扶贫开发政策、掌握相关扶贫知识、了解派驻地区基本情况、态度端正、业务熟悉、身体健康，就算能够胜任此项工作。深度贫困地区投入的脱贫攻坚工作人员数量应当更多，对他们的要求也应当更高。除了具有一般贫困地区脱贫攻坚工作人员所具备的基本素质外，还应当考察其是否具有吃苦耐劳的精神，是否具有坚韧不拔的毅力，以及是否具有攻坚克难的品质等。由于深度贫困地区自然条件恶劣且要肩负急难险重任务，因而相关部门在激励机制上必须有所倾斜，这种倾斜包括物质奖励和精神鼓励两个方面。在财力方面，一般贫困地区投入较少资金，主要用于发展产业，而深度贫困地区应当加大资金投入力度，水、电、路等基础设施建设需要更多投入，贫困户的食物、衣物、住房、子女就学、病人就医、危房改造等也需要更多投入。在物力方面，对于一般贫困地区来说，如果社会组织和机构筹集到用于生产生活类的物资，比如电脑、课桌、图书、医疗设备、床上用品等也可以给予支持，而深度贫困地区对于这些物资的需求更加紧迫。因此，有关部门在与资助方联络和接洽时，就应当有意识地让他们把有限物资重点支持深度贫困地区。这样，就能大大缩短深度贫困地区与一般贫困地区之间的差距，贫困人口也能更强烈地感受到来自社会各界的温暖和关怀。如果没有体现出全面与重点，那么，也就谈不上脱贫攻坚工作具有自觉性、计划性，而处于盲目和随意状态下的脱贫攻坚工作，要想产生良好效果是不可能的。

（三）兼顾全面、突出重点可以合理利用现有资源

在脱贫攻坚工作中，为何要把一般贫困地区与深度贫困地区区分开来，一个重要的原因就是脱贫攻坚工作的重要性、紧迫性、艰巨性不是停留在口头或书面上，而是要实实在在地落实到具体行动中。因此，在预定的时间内打赢这场硬仗，就必须真刀真枪、实打实地进行，没有任何商量和讲价钱的回旋余地。不仅要投入大量人力，还要投入大量财力和物力。就人力的投入

而言,最近几年,只要是脱贫攻坚工作需要,不管涉及哪一个单位,不管其人手是否紧缺,都必须服从工作大局,都要把精兵强将派往脱贫攻坚一线。就财力而言,从中央到地方,每年都要拿出财政扶贫资金投入贫困地区,从而让贫困人口尽快脱贫。就物力而言,社会各界都在想方设法,把贫困群众最需要的机器设备、学习用品等通过各种渠道送到他们手中。尽管如此,仍然必须坚持差别化原则。就拿财力的投入来说,作为一个拥有 13 亿多人口的发展中大国,在工业、农业、国防、科技、教育等各个领域都需要大量支出,财政负担沉重。在此情况下,还要从中拿出一部分资金专门用于扶贫,要是把最急需花钱与不急需花钱的地区都同等对待,那么,钱就可能没有用在"刀刃"上。

作为脱贫攻坚主战场的贵州,目前尚有从江县、沿河县等 16 个深度贫困县,威宁县石门乡、晴隆县三宝乡等 20 个极贫乡(镇)、紫云县猫营镇沙坎村、纳雍县髭岭镇小营村等 2760 个深度贫困村。2020 年,这些深度贫困县要全部摘帽,极贫乡(镇)要全部退出,深度贫困村要全部出列,与全国同步进入小康社会,显然需要更大的帮扶力度和更多的人力、财力、物力支持。可以说,这些深度贫困地区既是全省脱贫攻坚工作的重点,同时也是脱贫攻坚工作的难点。如何突出重点、突破难点是一个各级党委政府、脱贫攻坚工作相关部门及人员必须面对、亟待解决的问题。要是把有限的社会资源用到一般贫困地区,不但显得主次不清,而且脱贫攻坚工作的任务也难以如期完成。为了避免出现这种情况,就不但要在头脑中牢牢把握住全面与重点的关系,而且要以其指导脱贫攻坚工作的具体实践。

五 外因与内因的关系

毛泽东同志说:"外因是变化的条件,内因是变化的根据,外因通过内因而起作用。"① 就脱贫攻坚工作而言,外因就是社会力量的帮扶,内因就

---

① 毛泽东:《毛泽东著作选读(上册)》,人民出版社,1986,第 141 页。

是贫困户脱贫的主观意愿和客观能力。外因与内因都是脱贫攻坚工作的重要因素，二者随着工作重心的转移而分别扮演着各自的角色，起着不同的作用。

（一）注重外因可以加快脱贫步伐

由于贵州省贫困人口众多，居住分散，各地土壤、水分、交通等自然条件千差万别，开发有早有晚，要让贫困群众单纯依靠自身力量在较短时间内达到脱贫目标很不现实。既然完全依靠自身无法脱贫，就只能到自身之外去寻找解决问题的办法。而这个解决问题的办法就是外因。外因虽然是外在因素，是事物变化或发展的条件，但它的作用不仅不可低估，而且非常巨大。因此，脱贫目标的实现必须借助于外因。在脱贫攻坚工作中，外因包括所有投入扶贫工作中的人力、财力、物力。其中，人力包括各级党委政府，扶贫工作相关部门及人员，各级各单位派驻到贫困地区的帮扶领导、第一书记、驻村干部，社会各界捐资、捐物的爱心人士等。这支构成成分复杂、来源不一的力量是脱贫攻坚工作的人的因素，他们从顶层设计、制定政策措施方案、具体贯彻落实，到进村入户、走访调查、与贫困户共商脱贫大计等等，都倾注了不少时间和精力。财力指从中央到地方下拨的财政扶贫资金，各帮扶单位用于资助贫困村、贫困户的帮扶资金，爱心人士资助贫困农户子女上学的捐款等。物力指帮扶单位及爱心人士赠送贫困村的办公用品、贫困户子女的学习用品等。财力和物力共同构成脱贫攻坚工作的物的因素。把人的因素与物的因素结合起来，脱贫的外在力量就格外强大，改善贫困群众生产生活处境就既拥有不竭的精神动力而又具备坚实的物质基础。正是因为有这支外来力量源源不断的"增援"，贫困户一时无法解决的水、电、路等基础设施建设问题才得到有效解决，吃、穿困难、危房、辍学、无钱就医，以及家庭人均年收入过低的问题才得到及时解决。可见，在外因与内因这一对关系中，虽然外因只是外在条件，但它仍然发挥着惊人的作用。因此，绝不能低估这一因素。在脱贫攻坚工作的前一阶段，应当加倍注重外因，只有充分借助这支外在的力量才能大大加快脱贫进程，缩短脱贫时间。从目前脱贫攻坚工作的实际情况看，外因确实扮演了非同小可的角色，外在的力量坚定了人们打赢脱贫攻坚战的决心和信心。

（二）重视内因能有效防止返贫

说外因的作用巨大，并不意味着要否定内因的"根据"作用。随着形势的变化，内因的根本性作用会慢慢地显现出来。就脱贫攻坚工作而言，随着脱贫攻坚战决定性胜利的取得和脱贫目标的实现，工作重心必然会发生转移。这样，外因就会逐渐下降到次要位置，内因则会上升到主要位置。具体地说，就是外部力量的投入会日趋减少，不管是人力，还是财力、物力，都会在原先基础上有一定幅度的压缩。这样，前一阶段的"输血"式扶贫将逐步向"造血"式扶贫转变，以前"授人以鱼"的扶贫模式将慢慢向"授人以渔"的扶贫模式过渡。应该说，这种转变和过渡完全在意料之中且合情合理。尽管其他工作的紧迫性、艰巨性、复杂性确实无法与脱贫攻坚工作相提并论，但无论如何，脱贫攻坚工作仍然是一种阶段性工作。既然属于阶段性工作，那么，到2020年，当区域性整体贫困被消除，贫困县全部摘帽，贫困户"一达标""两不愁""三保障"的目标已经实现，脱贫攻坚战取得决定性胜利，接下来的工作就应该是巩固脱贫成果、防止返贫了。何以如此？一是外部力量投入的减少，也就是人力、财力、物力的支持力度降低；二是那些依靠"特惠贷"等金融优惠政策支持而得以脱贫的贫困户也可能会因归还贷款而失去应得红利；三是国际国内经济形势的变化，贫困地区的产业经营状况抗风险能力的有限性和脆弱性致使脱贫户的增收遭遇困难；四是易地扶贫搬迁脱贫户搬到新的安置点以后短期内就业问题没有得到及时解决。为此，从现在起，就要有意识地将增强贫困户巩固脱贫成果的内生动力及实际能力置于首位：一方面要培育他们的自力更生意识，另一方面要让他们拥有一技之长。前者属于主观方面，即把"要我脱贫"变为"我要脱贫"，摒弃等靠要思想，以主动的姿态去改变现实。后者属于客观方面，即努力提升自己生存及发展的能力和水平，掌握一门别人短期内不能掌握的挣钱的技能技巧。只有这样，脱贫成果才会得到巩固，返贫现象才会得到有效预防和遏止。现阶段，倡导把扶贫与扶志、扶智结合起来，其实就是提前为巩固脱贫成果、防止返贫做准备。

（三）重视内因能使脱贫户早日致富

从长远的角度看，完成脱贫任务其实只是一个初级目标。更高的目标在于：全国人民同步进入小康社会之后，每一个社会成员都能够通过自身努力过上富裕幸福的生活。而要达到此目的，必须要高度重视内因，即不但要开动脑筋，充分发挥自身的聪明才智，而且要勤奋学习，争取百尺竿头更进一步。因为达到脱贫目标属于较低要求，而要上升到富裕幸福的境界则属于较高理想。要实现这一理想，脱贫户就不能停留和满足于眼前基本生活问题的解决，而应居安思危，作更宏伟的规划和更长远的打算。暂时摆脱了贫困并不意味着一劳永逸，随着时间的推移和社会的发展，重新返回贫困状态的可能性依然存在。只有超前谋划、尽早准备，才能牢牢把握住人生和命运的主动权，从而不使自己陷于被动境地。

脱贫攻坚工作是前无古人的伟大事业。目前这一伟大事业仍然在持续向前推进的过程中。为了夺取脱贫攻坚战的决定性胜利，就必须始终把握好"症结"与"处方"、消费与生产、需求与供给、全面与重点、外因与内因这五对关系。把握好这五对关系，无论在战略上还是在战术上，无论基于宏观视角还是基于微观视角，无论在理论层面还是在实践层面，无论着眼于当前而且是考虑到长远，都具有实际意义。

参考文献

《2018年政府工作报告》。
《2019年政府工作报告》。
《2018年贵州省人民政府工作报告》。
《2019年贵州省人民政府工作报告》。

贵州省统计局：《贵州统计年鉴（2018）》，中国统计出版社，2018。
《贵州省大扶贫条例》（百度百科）。
《2018年中共中央　国务院关于打赢脱贫攻坚战三年行动的指导意见》。
《2019年中共中央　国务院关于坚持农业农村优先发展做好"三农"工作的若干意见》。

B.13
大数据助推贵州精准扶贫研究*

罗以洪**

摘　要： 贵州省将大数据与精准扶贫深度融合作为提升精准扶贫效率的重要举措。贵州大数据精准扶贫仍有数据不够准确，共享开放机制不完善，系统平台标准还不统一等问题。将大数据与扶贫工作紧密结合，实现大数据与精准贫深度融合，使扶贫工作更加透明、高效、精确、全面。

关键词： 大数据战略　大数据精准扶贫　脱贫攻坚战　扶贫绩效　贵州

中国共产党第十九次全国代表大会报告指出，中国共产党正在致力于打赢脱贫攻坚战，实现与贫困地区同步全面进入小康社会。2017年12月，习近平指出，要加大大数据在精准扶贫、生态环境等领域的应用，为打赢脱贫攻坚战助力。2018年3月，总书记在2017年省级党委和政府脱贫攻坚工作成效考核情况汇报会议上又强调，打好精准扶贫攻坚战，实行最严格的考核评估制度是打赢脱贫攻坚战的重要保障。应深入贯彻落实习近平总书记重要讲话和重要指示精神，充分利用大数据助力精准扶贫，提升扶贫效率，打赢脱贫攻坚战。

---

* 本文系贵州省软科学研究项目"城乡信息分化视野下的贵州农村信息扶贫研究"（项目号：黔科合体R字〔2010〕2020号）的相关研究成果。
** 罗以洪，博士，贵州省社会科学院区域经济研究所副研究员，贵州省大数据政策法律创新研究中心副主任，研究方向：区域经济、工业经济、大数据、创新管理。

一 实施大数据精准扶贫意义重大

(一)贯彻精准扶贫方略的重要举措

党的十八大以来,习近平同志高度重视扶贫攻坚工作,明确提出了"精准扶贫"方略。2013年7月,习近平视察中科院时指出,谁掌握了数据,谁就掌握了主动权。2015年6月,总书记在视察贵州时说,"贵州发展大数据确实有道理",在遵义看望村民时指出:"贫困并不可怕,只要有信心、有决心,就没有克服不了的困难。"用大数据深度融合扶贫攻坚工作,是践行总书记"四个切实""六个精准"新时代精准扶贫战略的重要举措。

(二)提升精准扶贫效率的重要途径

通过大数据精准扶贫系统,解决扶贫中扶贫数据不准确、效率不高等问题。一是精准识别。通过多维数据对比分析,发现异常扶贫信息,帮助干部准确识别真假贫困户,并实现自动预警。二是扶贫画像。通过基础扶贫数据,掌握从国家、省到乡、村六级扶贫干部情况,精准画像贫困户,贫困家庭中找扶贫干部,协助干部找贫困户,预测致贫、返贫原因。三是教育扶贫。根据大学生实时录取相关信息资料,自动比对和识别贫困大学生信息,实现教育系统、金融系统、扶贫系统等部门的一条龙服务,自动减免教育扶贫资金等。四是易地搬迁。对移民局数据分析,及时掌握搬迁和扶贫最新情况。由电力部门、供水公司、人社等数据,分析安置、入住、就业、人均家庭收入等情况。五是企业帮扶。通过大数据,了解帮扶企业帮扶情况,查看企业协助的贫困家庭清单,帮扶名称、地点、金额等,对企业帮助贫困家庭情况深入了解,及时了解企业帮扶贫困户信息。

(三)实施扶贫成效评估的重要手段

通过全样本数据,将大数据分析结果作为评估、考核重要依据。一是产业扶贫评估。通过对各地区档案建立数据收集、识别统计，考察人均收入、贫困达标率，分析扶贫产业扶贫效益。二是扶贫成效分析。对辖区扶贫、扶贫指标、男女比例等各项指标统计分析，对公安、住房、工商、移民、土地、教育、卫生、民政等比对分析，发现关键点和异常指标，提供决策依据。通过网站访问统计数据报告、可视化报告，减轻手动统计时间及人工成本。三是干部成效评估。实时掌握省级、市级、县级、乡级、村级等五级帮扶干部情况，帮助干部寻求贫困家庭，实现对扶贫过程、结果、成效的全过程监督。

二 大数据精准扶贫取得显著成效

（一）将大数据作为扶贫攻坚的重要抓手

贵州省充分利用大数据的"大""新"特点，着力解决精准扶贫中存在的数据不准、质量不高、数据迟延等棘手问题，推进"大数据战略"和"精准扶贫战略"两大战略行动。省委、省政府高度重视，省委书记和省长亲自指示，常务副省长亲自安排部署，将大数据作为贵州省扶贫攻坚的重要抓手。市州县区全力推进落实，加大培训力度，提升工作效率；加强校对、审核，提升数据质量；深化服务，完善信息，推动扶贫精准、动态、科学管理。"扶贫云"实现重点对贫困人口、贫困村、极贫乡镇、深度贫困县和帮扶项目、帮扶资金的动态监测。

（二）基本打通了各部门的数据烟囱

依托云上贵州数据共享交换平台，将公安、住建、工商、移民、国土、教育等省直部门的数据统一共享在"精准扶贫云"平台。通过统计分析等功能，实时掌握辖区情况，如致贫原因、脱贫情况、男女比例、贫困人口分布等，实现数据共享、比较、更新、预警的自动化。截至2018年底，包括省扶贫办在内的23家省级扶贫相关业务部门数据得到有效整合，开发功能主要包括数据概述、准确识别、易地搬迁、教育扶贫、万企万村、数据统计、干部细节、动态异常警告、安全权限管理等，支持多燥作平台下载，实现多条件快速查询、数据统计、数据报告和数据可视化等。平台已基本完成省、市、县、乡、村五级扶贫部门及扶贫相关工作人员全覆盖。

（三）成为省委省政府利民惠民的重要举措

"平台"围绕精准扶贫"扶持谁、谁来扶、怎么扶、如何退"四个方面，按照"一达标、两不愁、三保障"识别标准，从饮水、住房、交通、教育、医疗等方面入手，以精准识别建档立卡数据库为基础，重点对2014年以来全省贫困人口进行动态监测管理，并采取针对性帮扶措施进行帮扶。"扶贫云"为贫困人口提供医疗、学校教育、住房等生产和生活方面的基本支持，已成为国家扶贫档案的重要组成部分。"精准扶贫云"能自动将国内各高等院校录取的大学生信息实时与建档立卡贫困户信息精准比对，自动推送到省内各高校和相关部门，省内录取的贫困学生可"一站式"办理教育精准扶贫资金减免，实现"数据多跑路、学生不跑腿"；能快速准确查询、调用扶贫有关数据，方便领导调度、扶贫干部调用；自动处理数据、自动生成报表等应用，大幅减少驻村干部重复调表统表工作量。"扶贫云"系统中的考核评估子系统（数据铁笼），严格执行干部履职跟踪问效和动态管理机制，对各级各部门推进扶贫开发工作台账、领导干部"定帮联驻"工作情况、遍访贫困村贫困户工作情况、各行业部门落实扶贫任务工作台账等进行督查考核，考核结果作为各级各部门干部提拔任用、工作绩效评价的重要依据。

（四）初步实现扶贫数据互通共享、自动比对和实时更新

通过在黔西南州9个县126个乡629个贫困村74.83万条建房立卡数据的试点应用，率先打通了13个省直部门和5个州级部门的数据，通过平台具备的多维度的信息查询功能，快速准确查询、使用到有关扶贫信息。扶贫干部只需在手机上安装"精准扶贫App"，点一点"百企帮百村"按钮，就

能快速查询到企业对贫困村和贫困户的帮扶情况；"一人更新填报、多人调用共享"；多维度扶贫数据统计、报表自动生成与实时更新。在基础地理信息数据的支持下，促进"国土资源云"与"扶贫云"的整合，准确掌握和调度易地扶贫搬迁等重点项目的推进情况。

（五）减轻扶贫干部负担，提高工作效率

通过多维数据对比分析，实时推送自动预警异常信息，准确识别贫困户，大数据让假的贫困户无所遁形。通过第三方数据比对结果，贫困户一旦发生经济变动如购房、买车等，自动预警并实时推送数据。根据工作需求，比对核查数据、自动完成统计报表等工作，可减少扶贫干部30%～40%工作量，扶贫干部通过"精准扶贫云"系统实现精准识别、精准画像、自动生成、异常预警等，大大提高了扶贫工作效率。

（六）应用成就得到国家和其他省区认可

"精准扶贫云"自2017年6月起，先后在黔东南州黎平县、黔西南州进行试点，得到社会各界的高度认可。中国科学院梅宏院士两次到贵州，先后考查了该平台，2018年1月10日在CCTV2财经频道《经济半小时》以"大数据：精准扶贫有了'测谎仪'"、1月25日CCTV2财经频道《中国经济大讲堂》播出的"不容错过的大数据时代"对该平台给予了高度评价。国家标准委决定将此平台的精准扶贫大数据标准上升为国家标准，将威宁县作为试点并开展相关工作。中国科学院精准扶贫评估研究中心、清华大学等专家到贵州现场实地评估，对贵州的大数据精准扶贫工作给予了高度评价。

三 大数据精准扶贫面临的主要问题

（一）精准扶贫大数据还不够准确

影响精准扶贫大数据准确性的主要因素有扶贫数据系统误差标准不同，

系统过多、数据量偏小、采集方法原始、功能还不太完善等。

一是信息系统差异和标准不一。一些省级部门信息化建设程度不同，数据存储管理方式、更新周期、技术实力、硬件设施等差异较大，得到的数据花费较大的人力物力处理才能勉强应用，有的甚至几乎没有使用价值。二是信息系统过多，重复劳动。目前扶贫部门信息系统主要有三种，全国扶贫开发信息系统业务管理子系统、省级层面扶贫云系统、部分地区（市、州）开发的扶贫系统。国家、省级的系统是上级指挥脱贫攻坚工作和对各地扶贫开发工作考核评定的主要工具，各项指标信息和系统完善均关系年度工作成效好坏，但国家、省级扶贫系统功能有限，无法完全满足地方扶贫工作需要，三大系统间数据信息无法互通，同一指标要分别在三个系统中人工输入、更改或完善，很多数据需重复录入，极大地增大了基层干部工作量，大量重复劳动严重影响了基层干部对扶贫系统应用推广的积极性。三是平台功能不完善。原来的"扶贫云"系统平台数据主要是手动录入，录入数据无法和其他部门数据核对，导致精准识别程度不高。平台在功能设计上存在逻辑检测功能差、审核工作困难、系统自我检测功能配套不全、系统信息量大、提取数据较困难、数据导出不全、对工作人员专业要求较高等。四是数据少不规范。扶贫云系统使用率不高，数据收集渠道较窄，特别是与扶贫有关的数据收集不足、系统云越来越多缺乏资料来源，产业扶贫数据采集率低，全面实施扶贫大数据分析困难。五是信息采集方式原始。在扶贫系统早期版本中，基本信息收集主要依靠帮扶干部、村支两委及驻村工作队填写纸质材料，通过人工收集数据，不确定性因素影响大，数据逻辑要求高，收集情况与实际情况可比性差，系统信息不符合贫困户实际情况，扶贫数据难以达到精准。

（二）大数据精准扶贫推广应用力度不足

1. 系统平台问题影响扶贫效率

一是系统设计不完善。有些精准扶贫大数据系统设计不接地气，操作复杂，与实际工作存在冲突，造成基层干部在使用中要花较多精力去学习研究新系统，而不是去直接应用系统，影响了平台的使用及推广。二是平台专业运行维护管理难度大。部分大数据精准扶贫应用大系统的后台服务器容量和带宽不够，软件开发设计中没有充分考虑到基层极端恶劣环境下的系统应用适应状况，特别是在县乡村共同使用系统时会经常出现登录不上、死机或系统崩盘等现象。部分市州精准扶贫信息系统运行没有预算日常维护管理费用，无专职管理人员，监管不到位，易出现断网、死机等情况。系统数据涉及量大，贫困人口信息指标较多，且无专业人员进行数据更新维护，造成了系统中各项信息指标的核实核准和动态更新较慢。

2. 专业人才资源严重不足

一是操作人员专业知识缺乏。部分基层管理使用人员年龄偏大，缺乏必要电脑基础知识、业务水平不高、不能熟练掌握使用系统人员使用及管理系统，部分人员虽经多次培训，仍不能正常熟练使用系统。二是操作人员更换频繁。由于县市及乡镇扶贫云操作人员变换频繁，一些扶贫云使用人员操作不熟练，影响了大数据精准扶贫系统的应用推广。三是复合型人才缺乏。大数据运用领域需专业技能人才才能使系统最大限度地发挥优势，尤其在扶贫领域，既懂扶贫、又懂大数据技术的专业人才、复合型人才更是稀少，极大地限制了系统功能的有效发挥。四是产业扶贫应用的大数据人才缺乏。在产业扶贫应用中，缺乏大数据专业人才对贫困干部的技能培训，大数据扶贫开发、应用、管理等方面专业人才队伍小，水平不高，大数据及电商扶贫人才特别是本土化高层次人才欠缺等问题制约了大数据扶贫工作的推进。五是基层扶贫干部业务素质有待提升。有的乡镇工作人员对扶贫政策理解不全面，采集数据不认真，对系统相关指标数据不了解，对系统操作应用不熟练，造成数据录入错误后又反复修改或数据等，影响工作进度和效率。

3. 与扶贫实体经济融合不够紧密

一是对大数据扶贫的认识程度不足。部分市州精准扶贫的实体经济产业基础薄弱，市场主体小、民营中小企业占比较大，对大数据、信息化建设方面认识和投入不足，与大数据融合发展程度不够紧密，大数据对扶贫实体经济的促进作用较弱。二是产业大数据平台不够成熟。省级、市级农业大数据基础平台还处于起步阶段，还未形成真正的大数据汇聚。农产品质量不高，农业产业扶贫基础设施不完善，产销对接不畅，本地产品市场占有率不高，农村信息基础设施资源利用率不高，大部分行政村宽带用户很少只有几户，甚至有的行政村没有宽带用户，信息基础设施资源浪费。

（三）扶贫数据共享开放机制没有有效建立

目前大数据精准扶贫中没有建立数据交互及共享机制、系统功能不完善、部门及行业间数据交互及共享机制缺乏。一是系统平台中数据交互及共享机制缺乏。第一，数据交换机制缺乏，在与部门其他系统进行数据交换时往往只能获得一个反馈结果，无法从中获取更多有价值信息。第二，系统间数据信息共享程度低，各部门管理使用的系统，权限均在国家或省级，部门只有登录使用功能，系统之间不能互开端口，难以实现数据共享，系统功能难以有效发挥。二是系统功能不完善影响系统共享。第一，系统开发商不一致。国务院扶贫办、省扶贫办和各地（市、州）扶贫系统在业务结构和承包商不同，逻辑关系复杂，数据共享困难大，需要重复输入有些数据，工作量大，基层干部负担大。第二，数据共享无法实时更新，尽管部分扶贫云系统实现了行业部门数据的共享交换，实现了与部分行业部门数据的比对，但数据仍然达不到实时更新要求，预警信息无法消除，影响了系统应用及共享。三是部门及行业间数据交互及共享机制缺乏。第一，部门沟通协调的权限不足，以省级扶贫办为例，省级扶贫办不具备协调调度各省省级直属部门的有关业务数据权限，导致在推进跨部门数据资源整合过程中往往事倍功半。第二，跨部门行业数据共享交换难，"数据孤岛"大量存在使跨部门、跨行业数据共享交换更加艰难，数据不互通给精准扶贫成效带来了较大阻力。第三，部门观念落后影响了资源配置效率。一些省级部门、地（市州）、县（区）领导没有全局观念，思想保守，以数据安全为由限制了很多数据信息开放，导致数据信息无法有效开放共享，且不同部门和区域间的数据标准差异也增加了信息资源共享的难度。

（四）大数据精准扶贫系统及平台标准不统一

大数据精准扶贫没有经验可循，国家标准委对大数据精准扶贫没有统一的国家标准，多系统重复操作及系统功能不完善影响了平台的推广及应用。一是国家大数据扶贫标准不统一。尽管国务院扶贫办开发了一套大数据系统，但该系统在功能及应用上仍然有很多缺陷，大数据精准扶贫国家也处于探索阶段，系统功能不完善，除了国家系统外，部分省（市）、地（市、州）、县（区）等也开发了大数据扶贫系统，大数据扶贫缺乏统一的系统结构及国家标准。二是多系统重复操作效率低下。国家扶贫云系统、省级扶贫云系统、地区（市、州）级精准扶贫系统都是为精准扶贫服务，但由于系统间无法共享数据，需重复录入信息，效率低，大数据扶贫应用效果差。三是系统设计不完善。一些扶贫系统设计与实际脱离、操作复杂、与实际工作差别大，基层干部学习困难，不便直接应用系统，影响使用和推广。四是系统动态管理困难。在国家扶贫系统中，功能开放权限有限，每年只开放一次对新增、删除、自然增减贫困户功能，动态管理贫困户困难，纸质数据管理工作量增加，基层扶贫干部工作量增加，扶贫效率降低。

四 大数据促进贵州精准扶贫对策建议

（一）建设全国一张网系统平台

建立国家、省、地统一的大数据扶贫系统平台，实现系统间数据共享交换，率先在云、贵、川、甘、藏等深度贫困地区，推广应用升级版平台。一是统一系统平台。做好平台推广应用、账户分配管理、App下载安装、答疑等，避免扶贫系统多头管理，确保基层干部能用会用，发挥平台功能。二是有效打通数字鸿沟。寻求国家政策支持，整合各级扶贫云功能，建立国家、省（市）、地（市、州）数据共享交换机制，发挥国家及省级系统互补优势。三是构建云管理中心。建成国家、省、地区三级云平台及云管理中心。

利用基础资源，统一平台、统一体系、统一管理，通过"大数据"管理好扶贫对象的脱贫返贫情况，让扶贫工作透明、高效、精准、全面。四是制定国家标准。充分吸收地方扶贫云系统的优秀特质，将地方云平台优秀特质上升为国家标准，制定国家大数据精准扶贫标准。

（二）打通部门数据壁垒

制定措施，打通部门间的数据共享开放壁垒。一是完善共享交换机制。加强部门间数据共享交换，高度重视跨部门业务数据共享交换，促进信息系统间数据的互联互通，丰富和完善数据，提升扶贫大数据实时性、准确性，明确具体部门、专门人员推进工作。二是推进数据共享交换。依托政府数据共享交换平台，推进基础数据资源与信息系统部门共享。加强部门协调，建立动态交换机制，促进横向数据连接、传输和集成。三是简化资源共享流程。简化跨行业数据、跨部门数据资源的共享交换流程，解决不必要的中间障碍，消除"数据孤岛"。四是深化数据资源开放。增加数据共享交换能力，提高数据共享水平，为"扶贫云"、国家扶贫工作提供强有力支持。五是授权开放扶贫数据。在确保数据和信息安全下，授权向各级扶贫部门开放"扶贫大数据"，打通扶贫系统连接渠道，将气象、工商、经信、农业、水利等数据纳入扶贫信息管理。

（三）提升扶贫绩效

加强示范引领、完善体制机制，提高实用价值及扶贫绩效。一是完善基本功能。研究系统逻辑错误，完善系统基本功能，提高系统智能化，减少人工干预，人工操作。二是开发子系统。按照统一平台、统一标准和统一数据条件下，制定和构建精准扶贫管理相关制度，促进扶贫创新。三是建设大数据精准扶贫监测公共数据平台。依托各省扶贫云系统建设，准确识别、精确帮扶、精确管理，精准评估工作成效，为扶贫绩效评估提供科学决策支持。

（四）加强扶贫应用的线上线下应用

1. 建设专业的大数据扶贫人才队伍

一是培养大数据扶贫人才。打破地域和行业限制，有计划地培养大数据专业人才，培养一批"电商带头人"。加强市、县、乡三级数据平台业务培训工作指导，基础干部能熟练使用大数据平台。鼓励和支持发展"电商+"产业，对企业和个人给予奖励。二是引进各类大数据扶贫人才。发挥高校、科研院所、业务主管部门优势，发挥专业人才的指导与咨询作用，引进一批专业化人才，开辟大数据人才引进"绿色通道"，落实创业资助等优惠政策，吸引各类大数据人才聚集。三是加大基层操作人员培训力度。加强对市州、县区、乡镇扶贫云平台使用培训力度，确保扶贫云系统高效运行，发挥好扶贫系统的调度、分析、指挥作用。

2. 推进产业扶贫进程

一是加强产销对接。整合本地产品，注重生产和营销对接，充分依托大数据集成平台、社区便民服务平台等，通过农村电子商务服务站、大型养殖户、农村专业合作社等整合农村分散农产品，建立采购、分销、销售和售后服务体系，实现农商联动，推动产业精准扶贫。二是发展农村电子商务。以全国电子商务进农村综合示范县创建工作为抓手，完善电子商务政策和措施，积极营造良好的电商发展环境，帮助贫困农村摆脱贫困。

参考文献

曹菲：《善用大数据 做好扶贫工作》，《人民论坛》2018年第4期。
杜永红：《大数据背景下精准扶贫绩效评估研究》，《求实》2018年第2期。
王超：《大数据背景下精准扶贫创新思考》，《合作经济与科技》2018年第3期。
莫光辉、张玉雪：《大数据背景下的精准扶贫模式创新路径——精准扶贫绩效提升机制系列研究之十》，《大数据时代》2018年第1期。
刘欢：《"大数据"督查：助力精准扶贫的利器》，《劳动保障世界》2018年第4期。

秦文娟：《大数据背景下精准扶贫工作"失准"的改进》，《党政干部论坛》2018年第2期。

谢治菊：《农村精准扶贫中的大数据应用困境及改进策略》，《中共福建省委党校学报》2017年第8期。

马山虎、阿布里克木·亚森：《大数据助力农村精准扶贫》，《人民论坛》2017年第34期。

丁翔、丁荣余、金帅：《大数据驱动精准扶贫：内在机理与实现路径》，《现代经济探讨》2017年第12期。

张仲雷：《大数据精准扶贫与传统方式扶贫之比较》，《中国统计》2017年第9期。

莫光辉、张玉雪：《大数据背景下的精准扶贫模式创新路径——精准扶贫绩效提升机制系列研究之十》，《理论与改革》2017年第1期。

汪磊、许鹿、汪霞：《大数据驱动下精准扶贫运行机制的耦合性分析及其机制创新——基于贵州、甘肃的案例》，《公共管理学报》2017年第3期。

谢治菊：《块数据在农村精准扶贫中的应用及反思——兼与"条时代"大数据应用相比较》，《南京农业大学学报》（社会科学版）2017年第5期。

王亮：《大数据背景下贵州农村精准扶贫识别机制研究》，贵州民族大学硕士学位论文，2017年。

莫光辉：《大数据在精准扶贫过程中的应用及实践创新》，《求实》2016年第10期。

杨颖、殷明、席晓：《"互联网+"时代，大数据助力精准扶贫快速落地》，《通信世界》2016年第4期。

郑瑞强、曹国庆：《基于大数据思维的精准扶贫机制研究》，《贵州社会科学》2015年第8期。

刘寒：《甘肃省精准扶贫大数据管理平台的设计与实现》，西安电子科技大学硕士学位论文，2015年。

成效评估与巩固篇

Sub Reports of the Assessments and Consolidation
of Poverty Alleviation Effects

B.14
贵州省脱贫攻坚退出工作
第三方调研评估报告[*]
——以拟退出的W县为例

甘露 李华红[**]

摘 要： 近年来，W县精准扶贫工作取得了较大成绩，如漏评率为0、错退率为2.16%、综合满意度81.48%、贫困发生率下降为1.95%。然而，有些问题仍有待突破和改进，如基础设施仍旧欠账、"住房保障"落实有差距、帮扶管理不科学、扶贫政策

---

[*] 本文系国家社科基金项目"城镇化进程中西部少数民族地区的'农村病'问题及其治理研究"（项目号14CMZ031）的相关研究成果。本文作者感谢赵琴、邓小海、王红霞、韩缙等老师在数据收集、数据统计中所给予的帮助。

[**] 甘露，安顺学院马克思主义学院副教授，研究方向：农村社会学、社会治理等；李华红，贵州省社会科学院农村发展研究所研究员，研究方向：贫困与反贫困问题、第三方评估等。

宣传不到位、扶贫产业起步迟且见效慢、建档立卡户信息管理滞后、补短板有尾欠等。要进一步提升其脱贫攻坚质效，还必须加强对贫困户动态管理、加快基础设施建设、加大扶贫政策宣传力度、"实""准""常"地做好扶贫帮扶、打好产业扶贫和金融扶贫"两张王牌"、注重激发农户内生动力等。

关键词： 贵州　脱贫摘帽　第三方调研评估

为深入贯彻落实党中央、国务院在新时代关于打赢脱贫攻坚战的相关政策决定，根据贵州省委、省政府《关于深入实施打赢脱贫攻坚战三年行动发起总攻夺取全胜的决定》要求，相关职能部门决定对2018年度拟退出贫困县之W县的脱贫攻坚工作进行先期的调研摸底。受其委托，贵州省社会科学院农村发展研究所具体承担了本次调研工作。实地调研的时间节点为2018年10月8日。

一　评估依据和评估原则

（一）评估依据

评估调研主要以《国务院扶贫办关于印发〈扶贫开发建档立卡工作方案〉的通知》（国开办发〔2014〕24号）、《中办、国办关于印发〈省级党委和政府扶贫开发工作成效考核办法〉》（厅字〔2016〕6号）、《贵州省扶贫开发建档立卡工作实施方案》（黔扶领办通〔2014〕4号）、《中共贵州省委、贵州省人民政府关于坚决打赢扶贫攻坚战确保同步全面建成小康社会的决定》（黔党发〔2015〕21号）、《贵州省脱贫攻坚工作督查实施办法》（黔委厅字〔2016〕23号）、《贵州市县两级党委和政府扶贫开发工作成效考核办法》（黔委厅字〔2016〕26号）、《贵州省扶贫对象精准识别和脱贫退出程序管理暂行办法》（黔委厅字〔2016〕35号）、《关于进一步做好贫困人口精准识别查漏补缺工作的实施方案》（黔扶通〔2017〕38号）、《省扶贫开发领导小组办公室关于对〈贵州省扶贫对象精准识别和脱贫退出程序暂行管理办法〉的补充通知》（黔扶领办通〔2018〕9号）、《中共贵州省委、贵州省人民政府关于深入实施打赢脱贫攻坚战三年行动发起总攻夺取全胜的决定》（黔党发〔2018〕19号）等文件为依据。

（二）评估原则

评估调研严格遵循独立性、客观性、公正性、透明性、专业性、有效性和可操作性原则。

二 评估内容、对象与调查实施

（一）评估内容

本次评估调研主要聚焦"发现问题"这个核心目标，并着重从以下几个方面对W县脱贫攻坚工作进行调研。

1. 贫困人口识别的精准性

全面了解贫困户真实生产生活状况，测算家庭人均可支配收入，核实贫困人口识别的精准性。包括贫困户错评率、贫困户漏评率等。

2. 贫困人口退出准确率及脱贫效果的真实性

核实已脱贫的贫困户是否真正脱贫，有没有入户调查、和群众一起算账，群众是否认账，有没有存在"数字脱贫""被脱贫"现象等。包括脱贫户错退率、脱贫户漏退率等。

3. 因村因户帮扶工作群众满意度及干部工作作风等问题

核查群众对贫困户识别是否满意；对驻村工作队是否满意；对帮扶责任人是否满意、对帮扶方式是否满意、对贫困户脱贫及帮扶工作效果是否满意；驻村工作队（组）会第一书记是否走访过贫困户、是否帮助贫困户分析主要致贫原因、帮助贫困户理清增收途径等。

4. 贫困户识别/退出程序的规范性

按照国家、省市扶贫办规定的方法、步骤和程序等要求，核实在贫困户识别和退出过程中程序、步骤是否规范完备、贫困户建档立卡信息是否准确。

（二）评估对象

根据相关工作安排和指示精神，并依据一定的原则和方法，评估组在W县（"面"）共抽取了其中的两个乡镇（"线"）、两个贫困村的村小组（"点"）即FS镇TS村X1组、SC乡LS村Y1组进行了普查调研，在FS镇TS村X2、X3组和SC乡LS村Y2组、Y3组进行了随机调研。

（三）调查实施及样本情况

1. 调查实施

评估组于2018年10月2号至4日正式对受评对象进行调研评估。具体入户过程中，一般采用普查调查和随机调查相结合方式。普查调查的数据主要用于分析相关的"两率一度"，随机调查的数据主要用于补充分析该村或其所在乡镇存在的面上宏观问题。待普查的村民小组要求做到"户户见面"，即建档立卡和非建档立卡农户进行逐户调查。随机调查主要是对"特殊关注户"进行随机抽样调查。

2. 样本情况

本次共对270户农户家庭进行了实地普查调研，获得有效调查问卷242份、调查不成功问卷28份，调查成功率为89.63%。

——从调查样本类型情况来看，共调查非建档立卡户172户、占比63.70%，建档立卡户98户、占比36.3%。建档立卡户中，调查贫困户11户、占比4.07%，脱贫户（含2018年拟脱贫户）87户、占比32.22%。

——从调查成功与否的情况来看，172户非建档立卡户中调查成功的有151户，调查成功率为87.79%；98户建档立卡户中调查成功的有91户，

253

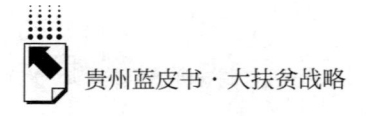

调查成功率为92.86%，其中贫困户调查成功的有11户、脱贫户（含2018年拟脱贫户）调查成功的有80户。

三　主要评估结果

（一）精准率调研结果

——从普查组调查所得的"问题户"绝对数来看，受访总样本中发现：错退2户（8人）、漏退1户（1人）、返贫风险户2户，另提请特殊关注户11户、短板未补齐3户。

——从"三率"情况来看，受访总样本中：

（1）漏评率为0。

（2）错退率为2.16%，高于相关国家标准即错退率不得高于2%的退出标准0.16个百分点。

（3）实际贫困发生率为1.95%，低于相关国家标准即贫困发生率不得高于3%的退出标准1.05个百分点。

（二）满意度调研结果

对帮扶工作满意度情况的调查主要分为建档立卡农户、非建档立卡农户的满意度情况调查。其中，对建档立卡农户满意度情况调查主要是针对贫困户和脱贫户两类群体，具体包括两类群体对帮扶方式是否满意、驻村工作队到位情况是否满意、帮扶责任人到位情况是否满意、帮扶成效是否满意等四种情况。对非建档立卡农户满意度情况调查主要是围绕"基础设施满意度""人居环境满意度"两种情况来统计的。

1. 非建档立卡户满意度调查结果

非建档立卡户对相关的共性帮扶措施的整体满意度达85.11%，其中"基础设施建设情况"总体满意度达88.30%，"人居环境"总体满意度达81.91%。"人居环境"总体满意度相对偏低，这可能与农户对相关的"五改、五建、五通"不彻底或相关补助资金兑付不及时、不到位等有关。

2. 建档立卡户满意度调查结果

建档立卡户（包括贫困户和脱贫户）对精准扶贫帮扶工作的总体满意度评价情况如下：帮扶责任人到位情况满意度78.48%、帮扶方式满意度79.75%、驻村工作队到位情况满意度77.22%、帮扶成效满意度75.95%，总体满意度为77.85%。

3. 综合满意度调查结果

根据非建档立卡户和建档立卡户的满意度情况，得出综合满意度为81.48%。

四 主要经验和可资借鉴的做法

近年来，W县精准施策，尽锐出战，实施"五攻五筑"决战战术取得了较好成效。[①]

（一）攻克机制短板，筑牢组织堡垒

1. 党政统领从严

严格落实党政一把手负总责制度，建强县级党政主要负责人担任双指挥长的脱贫攻坚总指挥部，组建16个战区指挥部、122个村级指挥所和驻村工作队，形成上下联动、立体高效的指挥调度体系。大力实施"千人包千组"计划，39名县级领导任战区指挥长，全面配齐67个贫困村"第一书记"和驻村干部，选派2000多名县乡干部全脱产驻村包组。

2. 业务把关从准

严格按照"一比对两公示一公告"程序要求，扎实开展"一看二算三评四审"工作，县乡村三级责任层层压实，县脱贫攻坚"1+10"部门协同发力，着力把严把实建档立卡贫困人口的入口关、动态调整关和退出关，切

---

① W县脱贫攻坚总指挥部：《W县脱贫攻坚工作推进情况报告》，内部资料汇编，2018。

实做到"镇不漏村、村不漏户、户不漏人",确保应进则进、应退则退,全县精准建档立卡贫困人口23820户102858人。

3. 帮扶领域从全

坚持内生动力与向外借力并举。积极承接中央和省市部门挂帮机遇,累计获得帮扶资金7.6亿元、信贷资金75亿元,涉及项目328个,覆盖贫困群众3.17万人。广泛凝聚社会力量,开展"千企帮千村"行动,累计获帮扶资金3.2亿元,帮助建设扶贫产业基地5万亩。借助东西部扶贫协作力量,主动承接上海市奉贤区对口帮扶,累计获得上海帮扶资金1.08亿元、各界捐助物资款项3255万元,共计实施帮扶项目85个,利益联结贫困人口2.64万人。

(二)攻克基础短板,筑牢发展堡垒

始终聚力聚焦三生空间,着力构建生产增效、生活增质、生态增美协调发展格局,强基固本打赢打好基础"突破战"。

1. 改造生产条件

按照"畅通路、改造水、升级电、联通网"的工作思路,不断加快路、水、电、讯等项目建设,全力以赴补齐脱贫攻坚基础短板。

2. 改变生活环境

按照"居有屋、屋有样"的工作思路,全力改善农村人居环境。2014年以来,累计实施农村危房改造9170户,兑现补助资金1.01亿元,特别是建档立卡贫困户、低保户、农村分散供养特困人员和残疾人家庭等四类重点对象,其住房安全得到有效保障。

聚焦打好易地扶贫搬迁硬仗,累计投入资金13.71亿元,建成5个乡镇7个安置点和1个县城集中安置点,搬迁群众4283户19805人,其中建档立卡贫困人口4103户18991人(跨区域搬迁55户246人),并精准落实"五个三"后扶政策,实行未参加包组包户的教师、医生和20%机关干部对易地扶贫搬迁户"一对一"帮扶包保,确保贫困群众"搬得出、稳得住、能致富"。

3. 改善生态空间

按照"百姓富生态美"目标要求，有效实施水土保持工程1.9万亩、土地整治工程7.85万亩、石漠化治理工程44.8万亩、中小河流治理26公里；完成退耕还林工程22.1万亩、兑现补助资金1.26亿元，完成公益林生态效益补偿210万亩、兑现补偿金8596.55万元、年均受益群众10.78万户40.14万人，兑现天保护林员和生态护林员补助资金2312.06万元3144人次，实现脱贫攻坚与生态文明建设双赢。

（三）攻克产业短板，筑牢增收堡垒

1. 聚力聚焦产业扶贫

按照"政府引导、群众参与、企业带动、产业推动"的原则和"长效产业上山、短效产业下地""一长两短全覆盖"产业发展思路，探索"企业+合作社+贫困户、企业+集体经济+贫困户"等发展模式，建立了贫困户自身参与、入股分红、基地就业等多种利益联结机制，确保"户户有增收项目、人人有脱贫产业"。2014年以来，共计实施农业产业项目205个，总投资4.67亿元，培育县级以上扶贫龙头企业64个、农民专业合作社437个，建成产业扶贫示范基地290个。

2. 发展新型工业

全力实施工业强县战略，重点发展新型材料、清洁能源、绿色食品、医药健康、电子信息"五大产业"，相继建成1个工业园区、3个产业园、3个返乡创业园，园区面积19.37平方公里，入驻平台商、孵化商和运营商13家，入园企业37家，全面拓宽贫困群众就业增收渠道。

3. 培育第三产业

依托景区景点、农庄酒店等载体，面向贫困群众开展旅游常识、餐饮服务、卫生保洁、电子商务等技能培训13000余人次，其中贫困劳动力培训6000余人次，让贫困群众有一技之长，有效带动贫困群众创业就业。依托景区景点，开设乡村旅馆200余家、农家乐60余家，带动贫困群众超过3000人就业。建成电商服务站点52个，辐射带动贫困群众就业1万余

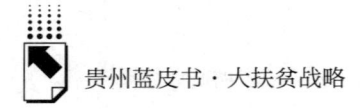

人。全县三产拉动从业人员约3.5万人，带动农村贫困人口1.65万人脱贫。

（四）攻克民生短板，筑牢政策堡垒

1. 教育扶贫保学

坚持"穷县办大教育，办大教育拔穷根"理念，全面落实各阶段教育扶贫政策，累计发放各类教育惠民资金6.85亿元，惠及学生72.7万人次，实现贫困家庭就读学生教育扶贫资助"零遗漏"。

2. 健康扶贫保医

建立完善新农合基本医疗保障、大病保险、医疗救助、医疗扶助"四重医疗"保障体系，全面落实贫困群众"先诊疗后付费"和定点医疗机构"一站式"报销政策。引育卫生技术从业资格人员1646人，常住人口家庭医生签约服务率达100%。2018年全县农村居民新农合参合率达99.96%，建档立卡贫困人口医疗保障全覆盖，住院报销比例达92.15%。2014~2018年新农合共计补偿5.55万人次、补偿金额达1.79亿元。

3. 民生政策保底

健全完善"全覆盖、保基本、多层次、可持续"的社会保障和救助体系，深入推进扶贫政策与农村最低生活保障制度有效衔接，用保障性制度托好底，确保贫困人口有效脱贫，实现特困供养、孤儿供养和"两无"人员政策兜底保障全覆盖。2014年以来，发放各类救助资金5.02亿元。

（五）攻克动力短板，筑牢自强堡垒

1."群众会+"扶志向

始终坚持群众主体，充分发挥"群众会+"宣传教育、村民自治、推动发展、培育新风等功能，把强农惠农政策传送进千家万户，制定完善村规民约制度，组织开展"话脱贫、感党恩、谋发展""小手牵大手""脱贫先锋"等活动，营造"村比村、户比户"的比学赶超氛围，形成"以勤劳致富为荣，以等靠要为耻"的鲜明导向，激发了群众的内生动力。

2. "培训+"扶智力

依托县委党校、县职校、农民夜校、新时代农（市）民讲习所等平台，大力开展种养殖、建筑施工、餐饮服务、家政服务等技术培训。2014年以来，全县累计培训人员近20万人次，认定新型职业农民1.2万人，实现就业困难人员就业2718人次、农村劳动力转移就业53万人次。积极开发就业扶贫"四员"（河道管理员、护林员、卫生保洁员、公路养护员）公益岗位3256个，建档立卡贫困人口先后受训从业2406人。

3. "法治+"扶正气

坚持运用法治思维，创新性开展法治扶贫，依法惩戒薄养厚葬的面子户、遗弃老人的不孝户、攀比跟风的眼红户、环境脏乱的落后户、隐瞒造假的虚伪户、胡搅蛮缠的破坏户，着力培育良好家风、文明乡风、淳朴民风，不断提升新农村乡风文明水平。2014年以来，开展法治宣传教育1万场次，打击训诫争当贫困户、争要扶贫政策对象298人次。

五 评估中发现的主要问题

（一）存在的宏观问题

1. 基础设施欠账仍然明显

一是部分通村路通组路或联户路尚未完工、仍有欠账。二是部分村组通信网络还需进一步完善，还存在大面积的弱信号区或无信号的"盲区"。三是人居环境改造不全面，改造尾欠较多，改造实施进度比较慢，质量把控不严，改造覆盖面小，反而引发部分农户的不满意。四是相关环境卫生情况需关注，部分农户的院子、串户路卫生状况较差。

2. 饮水工程尚未完工，"吃水"仍存在困难

该县FS镇TS村工程性缺水严重，尤其是干旱季节，农户需步行40分钟左右取水，甚至会连续多天无水源。虽然该地已通过上海帮扶，引进工程设备解决饮水困难，但目前工程尚未完工，农户"吃水"问题尚未有效解

决,直接影响到该村脱贫户能否顺利退出,加大了错退风险。

3. 危旧住房较多,"住房保障"落实缓慢

该县FS镇TS村和SC乡LS村均存在较多的危旧住房,调查发现的2户错退户均是由于住房未保障,且这两户都是2018年之前的脱贫户(一户是2017年脱贫户,一户是2016年脱贫户)。而该县2018年拟脱贫农户中,存在大量住房未保障户,由于这部分农户的住房正在进行改造,调查组并未将其列入错退名单,只将其列入了特殊关注或短板名单,若这部分农户脱贫时住房仍未保障到位的话,则将产生大量错退户。

4. 帮扶责任人频繁更换负向影响了满意度评价

在FS镇TS村,很多贫困户的帮扶责任人是最新更换的,这就导致很多贫困户只清楚"曾经"的帮扶责任人,不清楚现在的帮扶人,且贫困户识别牌上的帮扶责任人信息也未及时更新。显然,在更换帮扶人的环节上,存在相关衔接工作不到位的问题。这样一方面导致建档立卡贫困户对当前帮扶责任人的认知度低,另一方面也导致扶贫措施不具有连续性,直接影响到该村的帮扶满意度。数据统计结果显示,TS村的帮扶满意度只有70%左右,就很好地说明了这点。另外,农户对驻村第一书记的知晓率也不高,也会影响其满意度评价。

5. 帮扶责任人帮扶任务过重存"不合理"之嫌

W县在帮扶工作中推行的是"10+N"的工作模式,即一个帮扶干部专职驻村帮扶某个片区的10个贫困户家庭及其周围的若干个一般户家庭。显然,这种模式的初衷是为了让帮扶干部全身心地"驻村""扶贫"。但从另一个角度来说,其帮扶对象又大大超过"5户家庭"的国家标准,则又存在因帮扶任务过重而考核"不合格"的风险。

6. 贫困识别与退出工作不扎实,扶贫政策宣传不到位

调研发现,大多数群众都知道党和国家在大力开展扶贫工作,但还是有部分贫困群众对自家田地面积、识别为贫困户时间,以及对精准识别或退出程序、精准识别或退出结果等知之有限,还有部分农户表示根本就不知道贫困户是怎么选出来的,也未开会评议过,这些问题都说明相关的扶贫政策宣

传不到位,这种宣传或程序上的"不到位"必然会降低其对帮扶工作满意度评价。

7. 多数扶贫产业刚投产且未见效

一是产业扶贫项目推进较为缓慢,农户增收渠道有限。调研村农户收入主要来源于打工以及种植烤烟,多数扶贫产业刚投产,尚未见效。如 FS 镇 TS 村的林下养鸡扶贫项目尚处于建设鸡棚阶段,李子产业扶贫项目于 2018 年 2 月种植果树;SC 乡 LS 村的某特色产业也是刚种植果树,尚未产出。二是产业扶贫的利益链接机制不太健全,对贫困户的覆盖面以及贫困户受惠程度要尽可能"高一些"。

8. 对外出务工家庭关注度不够

一是对外出家庭的基本信息情况掌握不全或不足。二是对外出家庭的扶贫政策宣传不到位。三是对外出家庭的"精准识别"存在"一刀切"的问题,即只要其存在外出一年的现象,在贫困识别时几乎"不考虑"纳入系统,所谓的"慎重判断"异化为了"不作考虑",而没有根据实情予以必要的关注或关心。

9. 部分五保户未集中供养

调研发现,有些五保户未能集中供养,存在"居无定所"或偶住危旧房的现象。集中供养的五保户也应予以更多的关注和关心。

10. 建档立卡贫困户的信息管理滞后

建档立卡贫困户信息未及时更新,系统导出信息与实际情况不符,如存在合户以及刚识别的贫困户信息与系统信息不一致的情况,提供名册上的农户性质与实际调查情况不一致,"连心袋"里的资料信息也逐渐模糊甚至脱落、缺页。建档立卡贫困户未统一张贴贫困户识别牌。

(二) 微观问题及相关短板

1. "一达标、两不愁、三保障"方面仍存在一定问题

"一达标"方面。从普查组调查的结果看,受访户中收入不达标的有 7 户(家庭人均纯收入低于 3535 元)。受访地农户收入来源渠道主要是务工,

其次是种植烤烟，部分来源于家畜养殖（猪、牛、羊）。扶贫产业项目主要有林下养鸡、经果林（李子、香榧），但产业项目推进较为缓慢，目前处于刚投产阶段，尚未产生效益。

"两不愁"方面。从调研的两个村的情况来看，农民已经实现吃饭不愁、穿衣不愁，但"吃水"困难仍然存在。统计表明，饮水未保障或不安全24户。值得关注的是，FS镇TS村在某些时节季节性缺水很严重，农户饮水困难是当地的一种普遍性现象。

"三保障"方面。一是安全住房未保障11户，其中2户非贫困户、9户脱贫户（其中有5户是2018拟脱贫户）。脱贫户（含2018年拟脱贫）的住房无保障将成为错退最大的风险隐患，需高度重视。二是教育保障不到位0户。此次调查并未发现因家庭困难在义务教育阶段辍学的情况。此外，所调查的建档立卡贫困户学生基本都能按时获得相关教育资助，教育保障基本落实到位。三是医疗未保障或保障不到位0户。所调查农户中，新农合参保率达100%，建档立卡贫困户住院报销比例达到90%。建档立卡贫困户医疗开支大幅减少，但存在部分农户，主要是长期慢性病或各种小病不断的农户，倾向于在地方小诊所看病就医，这部分农户医疗费用报销较少。

2. 其他相关短板问题

经过调查及梳理，W县其他短板问题汇总如下："人居环境改造"尾欠42户；基础信息不吻合17户；帮扶措施不精准13户；帮扶人对帮扶对象基本情况掌握不清8户；政策宣传不到位31户；五保户未集中供养1户。

六 下一步工作建议

（一）及时更新信息以加强对贫困户动态管理

要加强对贫困人口的台账建设与管理工作。一是贫困户信息录入时要仔细核对姓名、性别、家庭人口数、身份证号、户主名等个人或家庭信息，要实行一审、二审制度。二是信息变更时要及时更新线上系统、线下纸质材料等。三是有些证件要及时更换，家庭人员变化时户口本上的信息也要及时完善。四是帮扶工作的相关记录要具体翔实，万不可"空白"。

（二）重点攻坚住房和饮水保障，"好快全"地建设基础设施

一是重点加强贫困农户和脱贫农户危房改造工作，确保每一户建档立卡贫困户都有安全住房，对于拟脱贫农户住房安全未保障的，应加快工程建设进程，严格监督，确保工程如期按质完成。二是进一步加快饮水工程建设，务必在"国检"前解决好农户的饮水困难，搞好脱贫硬件设施建设。三是按照军令状要求，列出其他基础设施建设的欠账清单，力争按预先计划做好贫困村基础设施建设，尤其是要加快推进深度贫困村基础设施建设，要不断改善贫困村水、电、路、讯等条件，全面实现既定目标，确保达到贫困户或村顺利退出目标。

（三）"四轮驱动"一个都不能弱

一是要深入推进农村产业革命，加大产业扶持力度。W县要紧紧围绕"增收"目标，全面完成产业结构调整及特色优势产业种植任务，为脱贫致富奠定基础。二是要加强龙头企业的培育或引进，加快农民专业合作社建设，全面推广"龙头企业＋合作社＋农户"组织方式，带动群众发展。三是金融扶贫力度要跟上，尤其要加快"特惠贷"放贷步伐，保证"特惠贷"额度不缩水、用途不变样。四是要定期举办相关技能培训班，大力实施农民实用技术培训工作，提升群众自我发展能力。

（四）营造良好村庄氛围，激发农户内生动力

农户贫困具有多维性，尤其精神和观念上的"等靠要"具有持久性和难以改变的特征，因而这也是精准扶贫的"难中之难"。正因如此，基层扶贫工作切忌拈轻怕重，对贫困户的帮扶不能仅停留在鼓励其发展产业，甚至是送钱送物的层面，要走进贫困农户的精神世界，通过交流引导，扬"正

抑"负"，树立典型，营造勤劳为荣、积极向上的村庄氛围，逐步改变他们落后的思想文化观念，激发脱贫的内生动力。

（五）帮扶措施要"实""准""常"

一是要加大帮扶力度，"真扶贫"给实惠。所谓的帮扶万不可停留在口头上的"给意见"，要能真正"看得见""有实效"，也不能只是局限于小恩小惠的物质帮助。二是帮扶措施要"准确"，而不能"答非所问"，要详细了解所帮扶贫困户的具体需求和意愿，为其量身定制能力范围内的且有个性、有针对性的帮扶措施。三是帮扶措施要"常态化"，不能"千年等一回"，要尽量多次数地入户调查，要根据贫困户实际情况及时调整帮扶措施和力度，要尽可能做到跟踪帮扶。①

（六）多措并举提高扶贫工作满意度

一是程序上要到位。要严格按照贫困户识别和退出程序开展民主评议，不能只通知建档立卡贫困户参会，非贫困户也要参会"民主评议"。要加强脱贫户收入算账、签字确认工作，需征得拟退出贫困户签字同意方可初步确定拟脱贫名单。二是标准上不能有丝毫的降低。要严格按照国标或省标即时识别即时帮扶，要以"一达标、两不愁、三保障"为准绳，严格审核退出户，尚未解决"饮水、住房、教育及医疗"问题的农户，坚决不能退出。三是帮扶上要"深刻"且有"记忆"。帮扶责任人、驻村工作队和第一书记要深入走访贫困户，强化贫困户对帮扶人、驻村工作队和第一书记的认知，提高知晓率和群众满意度。对于更换帮扶责任人的情况，应做好对接工作，确保帮扶措施的连贯性。四是"脱贫不脱政策"要做实。对已脱贫的贫困户还要加强跟踪服务，坚持扶贫政策不变、帮扶力度不减，确保脱贫质量。

---

① 李华红：《贵州农村贫困现状观察及精准扶贫研究——基于扶贫成效第三方评估视角》，《新西部》2018 年第 2~3 期，第 83 页。

（七）扶贫宣传要多维给力

一是要高度重视扶贫宣传的重要性，对广大干部群众来说，加强宣传有助于激发他们扶贫的热情和投入工作的主动性。二是加强宣传有助于提高农民对相关政策或程序的知晓率，进而有助于其对满意度评价。三是宣传的内容要"精准"，不要一味地只是宣传领导干部"工作忙"，而要重点加强对精准扶贫政策的宣传，如精准识别和精准退出的标准、程序，贫困户可以享受的优惠政策等。四是宣传的形式除了广播、报纸、电视等外，还要充分发挥干部、村能人、有正义感且懂政策的脱贫户到贫困户中"口口相传"。五是宣传的时间"点"要恰当、合时宜，如可充分利用好节假日的特殊时期，加大对扶贫政策的宣传。

参考文献

李华红：《贵州农村贫困现状观察及精准扶贫研究——基于扶贫成效第三方评估视角》，《新西部》2018年第2~3期。

W县脱贫攻坚总指挥部：《W县脱贫攻坚工作推进情况报告》，内部资料汇编，2018。

B.15
精准扶贫中贵州农民的获得感比较研究[*]

陆光米[**]

摘　要： 贵州作为全国脱贫攻坚主战场，近年来在"两不愁、三保障"及产业扶贫方面成效显著。农民作为精准扶贫的对象和主体，其获得感是精准扶贫成效的"试金石"。本文基于2013~2018年相关数据，在梳理贵州精准扶贫成效的基础上，对农民在"两不愁、三保障"及产业扶持上的所获所得和所言所感进行比较分析。近年来，贵州农民的获得感在逐年提升。但也不可忽视贵州特殊贫困"实情"、教育质量整体不高、"等靠要"惰性思想滋生及产业结构不尽合理等会影响和削弱农民的获得感。因此，要切实做好聚集目标、提升教育质量、增强农民奋斗脱困意识、发展优势高效产业、保障农民利益等工作，以提高农民的获得感。

关键词： 农民获得感　精准扶贫成效　贵州

新中国成立以来，我国经历了普遍贫困、区域贫困、温饱解决、争取同

---

[*] 本文系贵州省社会科学院创新工程重大支撑项目"贵州省精准扶贫成效评估与发展跟踪研究"（项目号2019CXZD06）、贵州省社会科学院创新工程特色学科项目"旅游经济学"（项目号2019CXTS03）的相关研究成果。
[**] 陆光米，贵州省社会科学院农村发展研究所助理研究员，研究方向：农村经济、产业经济。

步小康等多个阶段。贫困长期困扰和阻碍我国经济发展,要发展,首先要与贫困抗争。长期以来党和政府高度重视并致力于战胜贫困,党的十八大以后,扶贫开发工作进入一个新的阶段,以习近平同志为核心的党中央把脱贫攻坚摆到治国理政的重要位置,多次提出"精准扶贫"战略思想。在贵州考察工作时进一步强调扶贫开发贵在精准,重在精准,成败之举也在精准。贵州作为我国扶贫攻坚的主战场,在经济发展上曾是块"洼地",中央提出到 2020 年全面建成小康社会,对贵州而言是艰难的考验。2014 年,按照国家农村贫困标准测算农村贫困人口在 500 万以上的 6 个省份及贫困发生率在 15% 以上的 5 个省份中,贵州均名列其中,可见贵州扶贫开发工作对 2020 年全国同步小康具有重要的意义。近年来,贵州全面贯彻落实精准扶贫特别是习总书记对贵州扶贫工作的指示精神,扶贫成效显著。2013 年以来,贵州贫困人口减少了 600 多万,贫困发生率下降到 4.3%,扶贫成效显著提升。2015 年习总书记在中央全面深化改革领导小组第十次会议上的重要讲话中指出"要让人民群众有更多获得感",2016 年再次重申人民群众的"获得感"是改革的试金石;在全面深化改革委员会第七次会议时又强调"继续把增强人民群众获得感、幸福感、安全感放在突出位置来抓"。农民作为精准扶贫的对象,其"获得感"是检验改革成效的标准[1],是汇聚民智,衡量发展质量、检验改革成败的试金石[2]。因此,本文在精准扶贫背景下,分析贵州农民在"两不愁、三保障"及产业扶贫上的获得感,具有重要的现实意义。

一 相关研究回顾

实施精准扶贫以来,诸多学者运用多种方式从多方面对贵州扶贫开发进行了研究。在精准扶贫理论方面:把握好精准扶贫的关键点,千方百计加大

---

[1] 黄艳敏、张文娟、赵娟霞:《实际获得、公平认知与居民获得感》,《现代经济探讨》2017 年第 11 期,第 1~10 页。
[2] 陶文昭:《"获得感"是执政为民的标尺》,《理论导报》2016 年第 4 期,第 21~23 页。

扶贫投入力度，努力提高扶贫资源的配置效率，充分利用和整合贫困地区的特色资源、优势资源[①]。贵州作为全国脱贫攻坚的主战场，要强化政治意识、责任意识、精准意识，以创新的精神和务实的作风扎实推进精准扶贫、精准脱贫[②]。在贵州民族地区精准扶贫中更要注意总结和分析以往经验，转变发展模式[③]。在"两不愁、三保障"方面：教育精准扶贫是一种包括综合理论、战略、政策和行为的完整系统[④]。目前我国尚未形成真正意义上的集中连片特困地区义务教育精准扶贫制度体系[⑤]。实施扶贫生态移民工程是恢复生态和消除贫困的有效途径[⑥]，贫困农户是易地扶贫搬迁中影响资源配置的"另一只看得见的手"，通过改变"单边行政"的旧方式，让人民群众有更多的参与感、获得感[⑦]。在产业扶贫方面：产业扶贫是促进农民增收及脱贫致富的新渠道[⑧]，同时产业扶贫在助推精准脱贫中发挥着重要作用，应加大地方政府的赋权，提高政策考核的弹性，以增强产业扶贫的精准性[⑨]。因此，基于现有的产业扶贫理论和产业选择理论，构建了科学的扶贫产业精准选择指标体系，保障其长期稳定发展和贫困农民利益分配，促进产业精准脱

---

① 李春明：《精准扶贫的经济学思考》，《理论月刊》2015年第11期，第5~8页。
② 冉光圭、朱静：《习近平扶贫思想及其在贵州的实践研究》，《贵州民族研究》2018年第1期，第1~8页。
③ 邓博文：《贵州民族地区精准扶贫工作机制探讨——以威宁县迤那镇精准扶贫实践探索为视角》，《贵州民族研究》2016年第7期，第153~157页。
④ 张翔：《集中连片特困地区教育精准扶贫机制探究》，《教育导刊》2016年第6期，第23~26页。
⑤ 李芳：《集中连片特困地区义务教育精准扶贫制度模式探究——基于帕森斯的社会行动理论》，《华东师范大学学报》（教育科学版）2019年第2期，第116~126页。
⑥ 陈琛、顾雪莲、刘艳梅：《"生态"与"脱贫"并重的扶贫生态移民实践与思考——以贵州湄潭永兴镇为例》，《生态经济》2018年第2期，第134~139页。
⑦ 李宇军、张继焦：《易地扶贫搬迁必须发挥受扶主体的能动性——基于贵州黔西南州的调查及思考》，《中南民族大学学报》2017年第5期，第156~159页。
⑧ 张莉、邵俭福：《精准扶贫视角下发展乡村旅游的意义、困境及路径探究》，《农业经济》2019年第3期，第30~32页。
⑨ 金江峰：《产业扶贫何以容易出现"精准偏差"——基于地方政府能力视角》，《兰州学刊》2019年第2期，第181~191页。

贫[1]。在农民获得感方面：从区域发展差距看，人民获得感存在不平衡与不充分的现实问题[2]。但要增强农民获得感，要以增进人民福祉、促进人的全面发展作为目标和落脚点[3]。同时政府承诺与政府信任对人民获得感都有显著的正向促进作用[4]。

可见，相关学者对贵州精准扶贫、教育扶贫、易地搬迁及产业扶贫进行了研究，并从多方面指出加强农民在精准扶贫上获得感的举措及方法。同时有相关学者对农民获得感的重要意义及如何增强农民获得感进行理论阐述和分析。但较少有学者从精准扶贫同步小康的具体目标的角度去分析农民的获得感。因此，本文在前人研究基础上，梳理贵州精准扶贫的重要意义，分析贵州农民在"两不愁、三保障"及产业扶贫上的获得感。

二 研究主要内容及概念界定

（一）研究主要内容

本研究以精准扶贫为背景，选取 2013～2018 年作为研究，首先分析贵州精准扶贫的成效。其次，对贵州农户在精准扶贫中的"两不愁、三保障"和产业扶贫方面所获所得进行比较分析，同时梳理精准扶贫中贵州农户在"两不愁、三保障"和产业扶贫方面所言所感的实例。再次，对贵州农民获得感不足的原因进行分析。最后，结合前文研究，提出提高农民获得感的对策建议。

---

[1] 杨艳琳、袁安：《精准扶贫中的产业精准选择机制》，《华南农业大学学报》（社会科学版）2019 年第 2 期，第 1～14 页。
[2] 文宏、刘志鹏：《人民获得感的时序比较——基于中国城乡社会治理数据的实证分析》，《社会科学》2018 年第 3 期，第 3～20 页。
[3] 杨兴坤、张晓梅：《获得感语境下失地农民社会保障制度研究》，《重庆电子工程职业学院学报》2015 年第 6 期，第 27～31 页。
[4] 李涛、陶明浩、张竞：《精准扶贫中的人民获得感：基于广西民族地区的实证研究》，《管理学刊》2019 年第 1 期，第 8～19 页。

（二）概念与研究范畴的界定

1. 关于"农民获得感"概念界定

迄今为止，诸多学者对"获得感"进行了界定。郭学静指出人民群众的获得感包括主观和客观两个方面，具体划分为物质生活、健康安全、支持网络、社会公正和价值实现五个方面[1]。陶文昭指出"获得感"以发展为前提，在发展中坚持公平公正，让全体人民获得发展红利[2]。曹现强指出"获得感"是一个有"中国特色"的"新词"，是针对每一个人的，而不只是指小部分人[3]。我国实施精准扶贫，确保在 2020 年全国同步小康，不落一村、不少一人，就是在发展中坚持公平公正，是针对我国每一个人，为了让我国全体人民都能"获得"发展的红利，为了让人民在脱贫攻坚中有更多的"获得感、幸福感"。因此本文中"农民获得感"是指在精准扶贫的背景下，农民在"两不愁、三保障"及产业扶贫中的所获所得和所言所感。

2. 关于研究范畴的界定

本研究在对精准扶贫中贵州农民的获得感进行分析时，主要对标脱贫标准和"四场硬仗"。最终选取脱贫标准"两不愁、三保障"和产业扶贫角度进行深入分析。原因在于"基础设施硬仗"对农民生产生活及获得感的影响属于一种普遍性的"受惠"，其获得感、认同感具有很强的一致性即"高"，因此在此文中不作分析。另外，相对于贵州省的整个贫困人口而言，"易地扶贫搬迁硬仗"中的相关搬迁群体属于"少数人"，因此本文对这个"少数人"的获得感问题也不作分析。也就是说，对精准扶贫中农民的获得感进行分析时，主要从"两不愁、三保障"和产业扶贫角度进行分析。

---

[1] 郭学静、陈海玉：《增强人民群众获得感路径研究》，《价格理论与实践》2017 年第 4 期，第 37~39 页。
[2] 陶文昭：《"获得感"是执政为民的标尺》，《理论导报》2016 年第 4 期，第 21~23 页。
[3] 曹现强、李烁：《获得感的时代内涵与国外经验借鉴》，《人民论坛·学术前沿》2017 年第 2 期，第 18~28 页。

3. 关于"比较分析"的说明

本研究所讲的"比较研究",是指在精准扶贫背景下,对精准扶贫推行初期与近两年的比较分析。通过前后比较来反映农民在"两不愁、三保障"及产业扶贫上的所获所得和所言所感。

三 贵州省精准扶贫成效分析

(一) 农村居民可支配收入逐年上升

周春平[1]、朱建芳[2]指出收入水平对主观幸福感有正向影响,因此在经济发展中要不断提高居民的收入水平,以保障居民的幸福感、获得感。实施精准扶贫以来,贵州省农村地区、集中连片特困地区及扶贫重点县的农村居民人均可支配收入逐年增加(见表1)。从纵向看:2017年全省农村地区、集中连片特困地区及重点扶贫县的农村居民人均可支配收入分别达到8869.1元、8953元和8396元,较2013年分别增长了50.4%、57.5%和58.7%。从横向看:2013年全省农村地区农村居民人均可支配收入分别比集中连片特困地区和扶贫重点县高3.8个百分点和11.5个百分点。到2017年,集中连片特困地区的农民人均可支配收入却高于全省农村地区和扶贫重点县。

(二) 农村贫困人口逐年减少

2013年以来,贵州农村地区、集中连片特困地区及重点扶贫县的农村贫困人口逐年减少(见图1)。从纵向看:2017贵州农村贫困人口较2013年下降了62%,以年均115.7万的减少量逐年减少。2013年集中连片特困地区和重点扶贫县农村贫困人口分别为699.5万和580.5万,到2016年分别

---

[1] 周春平:《收入、收入满意度对居民主观幸福感影响实证研究——来自江苏的证据》,《南京航空航天大学学报》(社会科学版)2013年第1期,第40~44页。

[2] 朱建芳:《中国转型期收入与幸福的实证研究》,《统计研究》2009年第4期,第7~12页。

表1 2013～2017年贵州农村居民人均可支配收入

单位：元

年份	全省农村地区	集中连片特困地区	扶贫重点县
2013	5897.8	5683	5289
2014	6671.2	6620	6180
2015	7386.9	7361	6884
2016	8090.3	8107	7594
2017	8869.1	8953	8396

注："集中连片特困地区县"农村居民人均可支配收入是指滇黔桂石漠化地区、乌蒙山片区和武陵山片区的71个县（市）的加总求平均；"重点扶贫县"农村居民人均可支配收入是指国家重点扶贫县50个县（区）加总求平均。

资料来源：《贵州统计年鉴（2013～2017年）》。

减少到346万和279万，分别下降了50.5%和51.9%。从横向看：2013年贵州集中连片特困地区和扶贫重点县贫困人口分别占全省农村贫困人口的93.9%和77.9%，到2016年分别占86.1%和69.4%，占比分别缩减了7.8个百分点和8.5个百分点，重点扶贫县与集中连片地区贫困人口相比，其减少幅度相对较大。

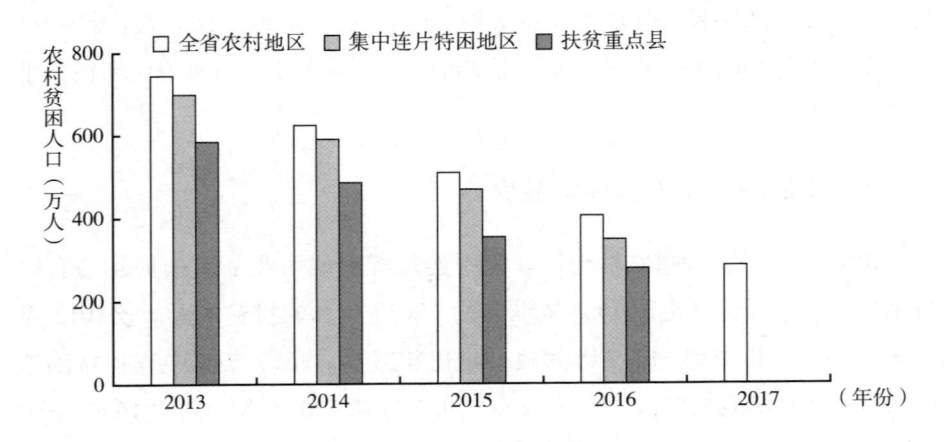

图1 2013～2017年贵州农村贫困人口

资料来源：《中国农村贫困监测报告（2013～2017年）》。

（三）农村贫困发生率逐年下降

2013 年以来，贵州农村地区、集中连片特困地区及重点扶贫县的农村贫困发生率逐年下降（见图2）。从纵向看：2013 年贵州农村地区农村贫困发生率为 21.3%，到 2017 年下降到 7.7%。2013 年集中连片特困地区和重点扶贫县的贫困发生率分别 24.2% 和 28.2%，到 2016 年分别下降至 11.9% 和 12.6%，缩减了 12.3 个百分点和 15.6 个百分点。从横向看：2013 年集中连片特困地区和扶贫重点县贫困发生率分别比全省农村贫困发生率高出 2.9 个百分点和 6.9 个百分点，到 2016 年分别高出 0.3 个百分点和 1 个百分点，差距分别缩减了 2.6 个百分点和 5.9 个百分点。扶贫重点县农村贫困发生率均高于集中连片特困地区，但差距逐年缩小，2016 年较 2013 年缩减了 3.3 个百分点。

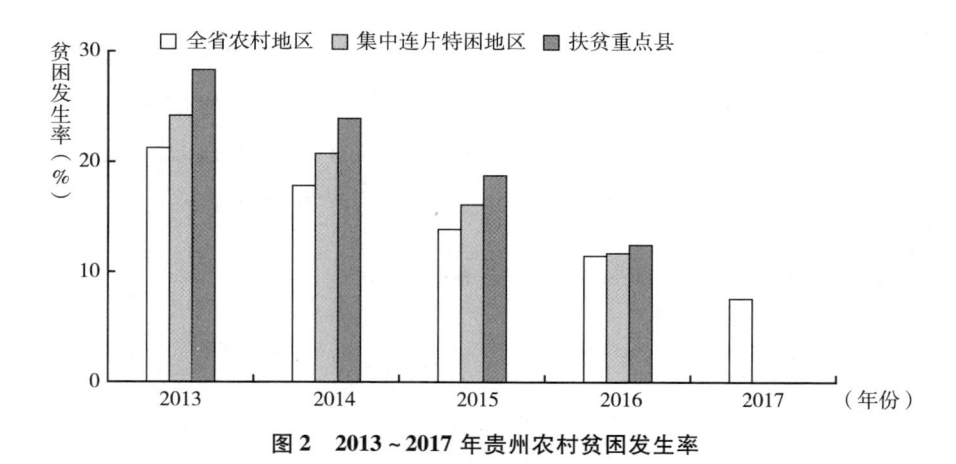

图 2　2013~2017 年贵州农村贫困发生率

资料来源：《中国农村贫困监测报告（2013~2017 年）》。

综上可知，近年来贵州扶贫成效显著。贵州农村地区、集中连片贫困地区及重点扶贫县的人均可支配收入逐年上升，贫困人口和贫困发生率则逐年下降，且集中连片贫困地区和重点扶贫县与贵州农村地区的贫困人口和贫困发生率的差距逐年缩减。但贵州贫困人口占全国贫困人口比重仍较大，贫困发生率远高于全国平均水平。

四 精准扶贫中贵州农民的获得感比较分析

农民作为精准扶贫的对象,其在"两不愁、三保障"及产业扶贫方面的所获所得及所言所感,正是精准扶贫的最终落脚点及扶贫成效的"试金石"。因此从"两不愁、三保障"及产业扶贫方面对农民的所获所得、所言所感进行比较分析。

(一)贵州农民在"两不愁"中的获得感

在物质匮乏年代,吃饱穿暖是农民最大的追求。随着经济的不断发展,农民人均可支配收入稳步提高,吃穿逐渐得到解决和满足,农民在吃穿上的获得感及需求结构也随之发生变化。

1. 农民在吃上的所获所得

精准扶贫政策实施以来,贵州农民在"吃"上的所获所得明显增加。贵州农村居民家庭人均生活消费支出和食品支出逐年上升,食物支出占消费支出的比重却有所下降(见图3)。2013年贵州农村居民家庭人均生活消费支出和食品支出分别为4740元和2036元,到2017年分别增长了75.1%和

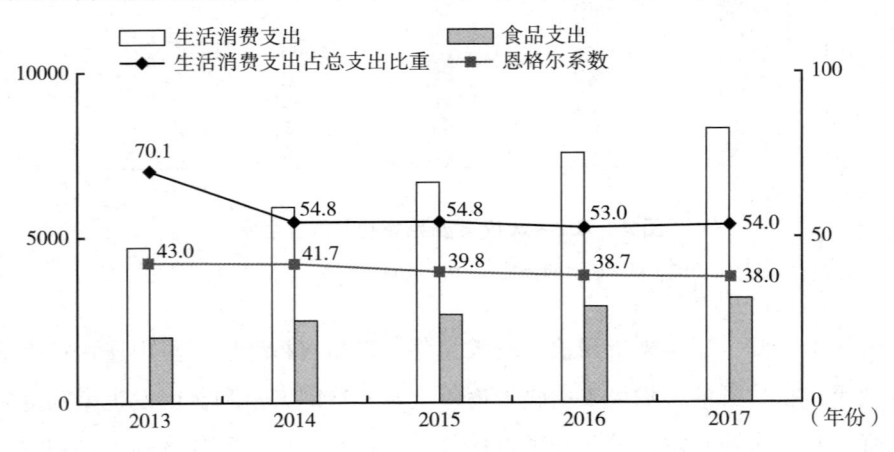

图3 2013~2017年贵州农村居民家庭人均食物消费

资料来源:《贵州统计年鉴(2013~2017年)》。

54.9%。同时2013年贵州农村居民家庭人均生活消费支出占全年总支出的70.1%，到2017年下降到54%。随着家庭收入的增加，食物支出占家庭总收入比重会逐渐下降。当恩格尔系数在40%~50%和30%~40%时，可以说人民生活达到小康和富裕水平。随着收入水平的提高，贵州农村居民食品支出消费结构不断发生变化（见表2）。2013年低收入户平均每人要消费128.64公斤粮食、2.82公斤蛋类及其制品、80.8公斤蔬菜，到2017年则下降到126.76公斤、2.43公斤和74.11公斤。2017年肉类及其制品和瓜果的消费量较2013年分别增长了14.9%和112.5%。

表2 2013~2017年贵州低收入户平均每人食物消费量

单位：公斤

年份	粮食	肉类及其制品	蛋类及其制品	蔬菜及其制品	瓜果
2013	128.64	20.88	2.82	80.8	8.03
2014	139.47	24.04	2.87	79.22	13.04
2015	136.66	28.32	2.92	79.69	16.41
2016	131.1	22.88	2.37	76.24	17.84
2017	126.76	23.99	2.43	74.11	17.06

资料来源：《贵州统计年鉴（2013~2017年）》。

2. 农民在穿上的所获所得

贵州农村居民家庭人均衣着消费支出逐年上升，但其占生活消费比重却逐年下降，可见农村居民（见图4）。2013年农村居民家庭人均衣着消费支出为254元，到2017年增长到416元。2013~2014年农村居民人均衣着消费支出占生活消费支出比重从5.4%上升到5.7%，2014~2017年则逐年下降。同时，贵州低收入户在耐用品的消费数量上逐年增加（见表3）。2013年贵州农村低收入户每百户拥有彩色电视、电冰箱、洗衣机、热水器、摩托车和移动电话分别为95.85台、41.61台、61.66台、9.23台、32.54辆和176.12部，到2017年，贵州低收入户每百户在彩色电视机和移动电话上的拥有量达到101.89台和277.64台，每家每户均拥有彩电和多部移动电话。且彩色电视机、电冰箱、洗衣机、热水器、摩托车和移动电话上的拥有量较

2013年分别增长了6.3%、76.4%、40.7%、289%、42%和57.6%，其中热水器的增长最为显著。

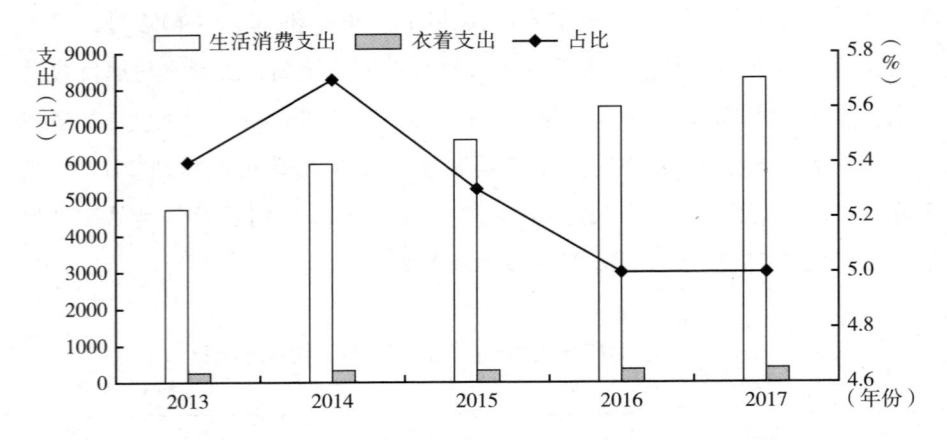

图4 2013~2017年贵州农村居民家庭人均衣着支出

资料来源：《贵州统计年鉴（2013~2017年）》。

表3 2013~2017年贵州低收入户每百户耐用消费品拥有量

名称	2013年	2014年	2015年	2016年	2017年
彩色电视机(台)	95.85	97.79	97.8	100.82	101.89
电冰箱(台)	41.61	55.36	61.56	69.33	73.42
洗衣机(台)	61.66	73.76	77.92	87.05	86.73
热水器(台)	9.23	11.77	22.6	28.86	35.92
摩托车(辆)	32.54	42.32	49.68	51.15	46.2
移动电话(部)	176.12	212.83	214.66	262.47	277.64

资料来源：《贵州统计年鉴（2013~2017年）》。

（二）贵州农民在"三保障"中的获得感

1. 农民在教育上的所获所得

"国势之强由于人，人材之成出于学"；"百年大计，教育为本"，可见教育是实现国强民富、长远发展的重要根本之计，教育是贵州挖掉穷根的根本之策。十八大以来，贵州省从多方面狠抓教育。

在教育经费上：2017年全省教育经费总投入1250.37亿元，较2013年增长了83.88%。其中，国家财政性教育经费占教育总投入的78.43%，较2013年增长了64.69%。2017年幼儿园、普通小学、普通初中、普通高中生、中等职业学校及普通高等学校生均公共财政预算教育事业费支出分别为5914.72元、9753.05元、11273.06元、10637.85元、6451.44元和17781.19元，与2013年相比，幼儿园生均公共财政预算教育事业费支出增幅最大，增长了150.6%。

在教育扶贫上：2013年全省在87个县1.43万所学校实施农村义务教育学生营养改善计划，惠及398万农村学生，进一步扩大学生资助面，覆盖从幼儿园到研究生的各级各类学生269.2万人次，资助金额共计40.45亿元。2017年实现营养改善计划农村义务教育学校全覆盖，惠及384万农村中小学生。同时教育精准扶贫学生资助攻势强劲，全年下达教育精准扶贫学生资助专项资金16.98亿元，资助农村贫困学生83.25万人次。

在教育发展上：2013年贵州省义务教育阶段共有17755名学生辍学，小学和中学辍学率分别为1.36%和2.89%。经过多年狠抓"辍控保学"，2017年贵州省幼儿园、小学、初中、普通高中、普通高等院校在校学生分别为153.4万、362.1万、182.9万、101.1万和62.8万人，小学、初中、高中、高等教育毛入学率及九年义务教育稳固率分别为99.6%、108.8%、87%、34%和90%，较2013年分别增长了0.3%、7.6%、27.9%、24.1%和7.1%。

以上各方面的发展，最终优惠效果落实到一个个农村学生的教育上，减轻了农村家庭教育的负担，农村孩子上学难的问题逐渐得到解决，这即是在不断落实中提高农民在教育上的获得感。

2. 农民在基本医疗上的所获所得

"救护车一响，一年猪白养；住上一次院，三年活白干。"一句顺口溜，道出了贫困地区农民生不起病、看不起病的境况。近年来贵州农村合作医疗、"四重医疗保障"、"万医下基层"等诸多惠民政策，从多方面保障了贫困农民在基本医疗上的所获所得。

在医院及医疗人员上：2017年贵州省卫生机构达2.8万个，卫生技术人员达30.19万人，较2013年增长了35.8%。在医院服务方面，2017年诊疗人数和入院人数分别为6390.52万人次和571.92万人，较2013年分别增长了57.3%和41.4%，将远程医疗服务延伸到全省1543个乡镇卫生院，实现医疗"乡乡通"。

在农村合作医疗上：2015年贵州省农村合作医疗参合率为99.12%，远高于《中国农村扶贫开发纲要（2011～2020年）》到2015年新型农村合作医疗参合率稳定在90%以上的要求。2017年贵州省农村合作医疗参合率高达99.5%，几乎实现全覆盖，补偿收益人次达6402.86万人次，较2013年增长了16%。

在健康扶贫上：2016年全面实施提高农村贫困人口医疗救助保障水平，确保建档立卡的农村贫困人口因病就医政策范围内医药费用报销比例达到90%以上。同时全面深化城乡医院对口帮扶，加快推进基层医疗卫生服务能力三年提升计划，32.51万人享受城乡居民大病保。2018年继续推进基层医疗卫生服务能力提升三年行动计划，2018年上半年，全省享受国家健康精准扶贫政策建档立卡贫困人口120万人次，累计补偿13亿元，万余名医务人员在全省66个贫困县开展义诊巡诊。

3. 农民在住房安全上的所获所得

居所是农民生活舒适的基本条件，安全住房对提升农民幸福感和获得感都具有重要作用。近年来贵州从危房改造、易地扶贫搬迁等方面保障了农民在住房安全上有所获得。

在危房改造上：危房改造是帮助农民实现"安居梦"的惠民工程，2008年实施危房改造以来，贵州累计投入268.2亿元，确保惠民工程落到实处，累计实施危房改造330万户，极大的改善农村居住环境，保障农民住房的安全性。

在易地扶贫搬迁上：2017年易地扶贫搬迁投资达到186.22亿元，约是2013年投入的6倍。同时贵州易地扶贫搬迁安置房和搬迁人数也在逐年上升，2017年贵州农村及三大集中连片特困地区易地扶贫搬迁安置房和搬迁人数分别为 64.54 万套、16.1 万套和 76.23 万人、68.9 万人，分别是 2013 年的 4.6 倍、4.7 倍和 5 倍、4.9 倍，其中建档立卡贫困户搬迁人数占总搬迁人数的 91.1%（见图 5）。同时注重搬迁户的居住环境，保障农民搬得出，住得安。2016 年安置点修建水池，铺设供水管道、污水管道、供电线路，硬化道路，绿化等分别比 2013 年提高了 21.1%、116%、7.2%、72.1%、65.8% 和 170%（见表 4）。

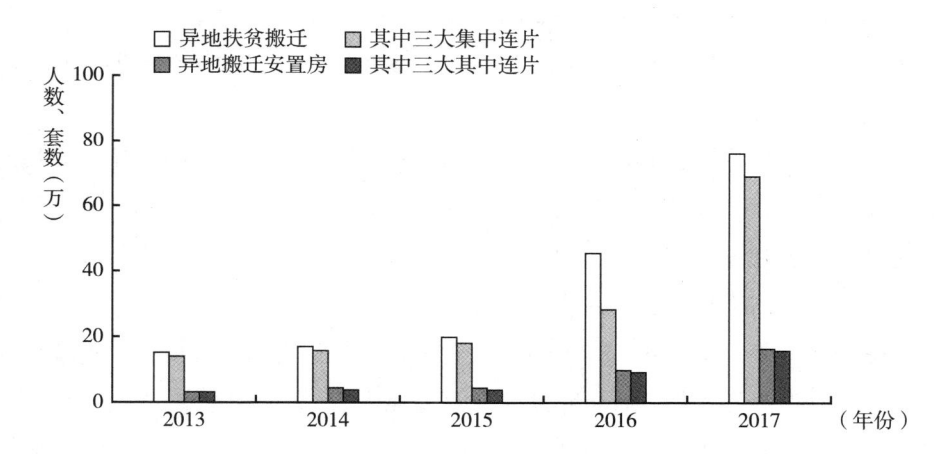

图 5　2013～2017 年贵州易地扶贫搬迁情况

表 4　2013～2016 年易地扶贫搬迁基础设施情况

年份	铺设供水管道（公里）	修建水池（平方米）	铺设污水管道（公里）	供电线路（公里）	硬化道路（万平方米）	绿化（万平方米）
2013	898.7	1.32	539.12	503.73	217.7	83.19
2014	416.5	0.75	366	395.8	172.8	122.8
2015	655	2.97	543	592	247	208
2016	1088.2	2.85	578.2	867.1	361	225

资料来源："贵州省生态移民局网站"收集整理。

（三）贵州农民在产业扶贫中的获得感

产业兴旺是农村生产力进步、农民增收、脱贫致富的基础前提。近年来贵州加大产业扶贫力度，千方百计发展农村产业、推动产业革新，保障农民在产业发展中的所获所得。

在产业产值方面：近年来贵州省一二三产业生产总值均呈连年上升态势。2017年贵州省一二三产业生产总值分别达到2032亿元、5428亿元和6080亿元，分别是2013年的2倍、1.65倍和1.6倍，其中农业产值增幅最大。

在产业扶贫方面：贵州通过"一县一品""送经验、送技术、送办法""黔货出山"等政策支持下，在2016年和2017年分别带动57.4万、83万贫困人口脱贫，分别占全省脱贫人口54.7%和62.9%，2018年带动143.73万贫困人口增收。

在产业发展方面：2013年以来贵州省持续推动优势农业特色化、规模化，茶叶、辣椒、火龙果、刺梨等种植规模居全国第一位。到2017年食用菌种植面积和产量分别达到10.9亿棒和56.9万吨，年均分别增长了112%和104%。通过做大做强"一县一品"，增加农户收入。2018年农村产业革命调减低效玉米种植面积758万亩，新增高效经济作物667万亩，且持续推动一二三产业融合发展。且近年来"贵州绿茶"、"虾子辣椒"、"威宁马铃薯"等被推广和熟知，农产品品牌逐渐增多。同时休闲农业和乡村旅游主营业务逐年增加，2018年达到90亿元。

（四）精准扶贫中贵州农民获得感的"例证"

1. 农民在"两不愁、三保障"上的所言所感

从前面对农民在"两不愁、三保障"中的所获所得分析可知，近年来贵州农民消费结构不断发生变化，已从追求吃饱穿暖向追求丰富化、多元化和高质量化转变。在教育、住房和医疗等方面的投入也逐年增多，农村孩子上不起学，农民看病难、看病贵，农村住房及居住环境等问题进一步得到改善。农民在"两不愁、三保障"上的所获所得看得见、听得见。农民的日子慢慢变好、困难逐步得到帮助和解决，他们的所获所得就会流露在脸上，吐露于言语间。从农民在"两不愁、三保障"上的所言所感（见表5）可以看出，贵州农民在精准扶贫的各项政策支持帮助下，农民的交通、居住环境较好得到改善,生活像翻了一个身。教育帮扶使农村贫困的孩子能走进校园,安心求学。同时,在医疗政策的帮扶下,让贫困农民敢去看病、看得起病。可见,农民在"两不愁、三保障"上的所言所感,是其所获所得的表露,是其生活得到改善的写实,更是精准扶贫成效的客观评价。

表5 2014~2018年间贵州农民在"两不愁、三保障"上的所言所感

年份	地区	主体	背景	所言所感
2014	纳雍县张家湾镇垮桥村	马世民	从大地搬到大坡移民点的垮桥村	现在拧开龙头就可以接水,要去镇上出门抬脚就上车,生活就像翻了一个身
2014	天柱县竹林乡地垄村八组	李艾美	高考结束之后	就在家里四处为我筹集学费时,'雨露计划·圆梦行动'及时向我伸出援助,解决了我家的后顾之忧,感谢党和政府"
2016	金沙县当柿花小学	学生	得到崭新的课桌与书籍	我们虽然生活在农村,但感受到党和政府及社会的温暖,长大后我们一定要做一名对社会有用的人
2016	仁怀市屯山村	田应方	患有高血压心脏病,住院治疗	住院估计要花10000多块,合医可以帮我报90%,自己只负责千把块
2017	赤水县苑新城安置点	王小英	住进的安置房	能有一套属于自己的新房子是我们一家人最大的梦想,现在这一切都实现了,我们一家都特别高兴
2017	思南县三道水乡周寨村	韩薇	得到社会各界人士的帮助	感谢党和政府给我走进大学校门的机会,感谢叔叔阿姨们的爱心帮助,让我在校安心学习
2017	惠水县王佑镇明田新村	罗海丽	住进安置房	能从老家摇摇欲坠的木房子搬进这个楼房里居住,我们已经很满意了,没想到搬进来时政府还为我们准备好了沙发、床、电视机,就连锅碗瓢盆都有
2018	江口县民和镇凯里村	杨秀开	孙子病情好转	如果没有政策救助,真的就无法了

资料来源:"贵州省扶贫开发办公室新闻中心"收集整理所得。

2. 农民在产业扶贫上的所言所感

产业帮扶是为了促进农民增收,农村经济发展。产业持续有效发展是农民脱贫致富的长效机制。但贵州耕地比较破碎,村庄比较分散,大部分国土

面积属于崎岖的山地。且贵州农村大多地方长期种植玉米、小麦、水稻等经济价值不高的传统作物，农民受传统种植习惯的影响较严重。因此，产业扶贫要见实效，就需要得到农民的支持和积极参与。从贵州农民在产业扶持上的所言所感（见表6）可以看出，产业扶持保障农民收益，农民的收益看得见、算得出。无论是蜂糖李、食用菌、畜牧业还是旅游业，对农民的带动效果明显。农民的所言所感就是其在产业扶贫政策支持下所获所得的真实吐露。

表6　2014~2018年间贵州农民在产业扶贫上的所言所感

年份	地区	主体	背景	所言所感
2014	关岭县上关镇	吴天华	调整产业结构，发展山地高效蜂糖李产业	当然比以前种田好，种水稻一年每亩收入只有几百元，现在农民仅是收租的钱就比得上种水稻的，而且合作社效益好了还能分红，可谓是旱涝保收
2015	普安县青山镇范家寨村	瓦庆春	普安大力发展草地生态畜牧业	前不久卖了10只，收入2万多元，比跑运输划算多了。预计今年将发展到500只左右，以后发展大了就带着父老乡亲一起干
2016	赤水市大同镇民族村	张代炳	加快发展旅游产业	以前我家住的是茅草屋，一年忙到头也就只够全家吃个饱，没什么经济收入。发展旅游，让我的生活发生了很大改变
2017	黎平县肇兴镇皮林村	吴春华	食用菌种植大户	菌种供应每棒成本2.5元，每棒菌棒种植大约需人工费1元，总成本为3.5元，每棒产出效益6元，纯利润大约2.5元每棒，收益比传统的种植业高很多
2018	钟山战区青林乡海发村	熊文亮	贫困户熊文亮和妻子在养殖基地务工	我们两口子都在这里干活，我当门卫她喂羊，每月都是1800元，包吃包住，日子好过多了

资料来源："贵州省扶贫开发办公室新闻中心"收集整理所得。

综上分析可知，精准扶贫以来，贵州农民在"两不愁、三保障"及产业扶贫上的获得感逐年提升。在吃穿上，农民逐渐从追求吃饱穿暖向追求生活质量提高上转变。在"三保障"上，贵州教育经费、基础建设及教育扶贫投入和力度逐年加大，使农村教育得到进一步保障；医疗人员逐年增加，农村合作医疗和健康扶贫的推进覆盖，使农民看病贵、看病难的问题得到改善；同时随着危房改造、移民搬迁等政策的实施推进，保障了农民住房安全。在产业扶持上，贵州持续发展特色优势产业，产业结构不断优化升级，产业扶贫带动贫困农民增收的效果明显，增强了农民的获得感。同时，农民的所言所感，是其对生活得到改善的真实反应，是其对所获所得的真情吐露，更是精准扶贫成效的直接反应与客观评价。精准扶贫以来，贵州农民在"两不愁、三保障"及产业扶贫方面的所获所得看得见、算得出，所言所感表于言，露于心。

五 贵州农民获得感提升中的问题关注

根据前面对相关研究回顾，研究概念范畴界定，贵州精准扶贫效果分析的基础上。基于精准扶贫背景，从"两不愁、三保障"及产业扶贫方面对贵州农民的获得感进行比较分析。贵州农民在"两不愁、三保障"及产业扶贫上的获得感，从其所获所得及所言所感都能反映出农民的获得感在逐年提升。同时，要稳步提高农民获得感，以下几个问题需要关注。

（一）特殊的贫困"实情"影响农民获得感的提高

因受地理条件特殊、基础设施欠账太深以及历史发展等综合因素影响，贵州农村的发展就处在了一种长期性的相对落后状态，进而农民生活水平也相对较低。尽管近年来贵州在脱贫攻坚中持续发力并取得了显著成绩，但由于贵州贫困人口多、贫困面积大、贫困程度深，其脱贫攻坚的难度比全国其他地区都要大、都要难。从而在一定程度上影响农民获得感的提高。

（二）贵州教育质量整体不高，会削弱农民在教育扶贫上的获得感

近年来贵州教育事业发展取得长足进步，义务教育稳固率较高，保障适龄孩童有学上。但高中和高等教育毛入学率均不高，特别是高等教育的毛入

学率较低。原因可能是贵州教育水平相对落后，在教学设施、师资及教学方法上相对欠缺。这些问题的存在，不仅影响当前教育环境下农民所关心、面临的问题，更是影响教育事业的长远发展，进而会削弱农民在教育扶贫中的获得感。

（三）"等靠要"惰性思想的滋生，不利于客观反映农民在住房上的获得感

对贫困农民来说，要修建好一栋住着舒适的房屋，可能需要花费毕生劳苦作代价。如今易地扶贫搬迁在农民不需支付费用的情况下保障农民住房安全，但贫困农民存在文化程度低、工作技能单一、新环境适应融入能力有限等自身问题，且在国家惠民政策易地扶贫搬迁中尝过"不劳而获"的甜头，易滋生"等靠要"惰性思想。这些思想的萌生，易产生负面影响，削弱精准扶贫的积极作用，进而不利于客观反映农民的获得感。

（四）产业结构不尽合理，不利于保障农民在产业扶贫上的获得感

长期以来贵州农民种植传统作物的比重较高，传统产业产能较低。近年来贵州逐渐调减传统低效产业，着力发展特色优势产业，调整产业结构，促进产业结构转型升级。但产业转型升级有一定的周期，且需要大量财力人力的投入，同时受农业自身特性，农民思想、技术、收入等多重因素的阻碍，实现产业转型升级难度较大。此外，在产业结构转型升级过程中，若补贴不及时到位，农民当年收入得不到保障。这些因素都会影响农民的利益，若产业结构不尽合理且转型升级不够到位，都不利于保障农民在产业扶贫上的获得感。

六 提高精准扶贫中贵州农民获得感的对策建议

（一）肯定成效，认清差距，对准目标，同步小康

一是要肯定来之不易的扶贫成效，贵州近几年在精准扶贫上的成效我们有目共睹，积极肯定所取得的成绩，怀揣信心继续与贫困做斗争。二是要清

楚的认识到贵州贫困人口占全国贫困人口比重仍较大。三是在脱贫攻坚的关键之年，要把脱贫攻坚作为重中之重、急中之急的目标任务，对准"两不愁、三保障"具体目标，打好"四场硬仗"，确保同步小康路上，个个都有所获所得，人人都有所言所感。

（二）提升教育质量，增强农民获得感

一是要稳固贵州在九年义务教育上取得的成绩，继续加大对农村九年义务教育的扶持力度，全面提升九年义务教育巩固率。二是要继续加大对农村教学基础设施、师资储备、教学培训等的投入，保障农村学生有学上、上好学，保障乡村教师待得住、教得好。三是在对教师进行考核时应向教学质量倾斜，不仅要保障学生能坐得下来学习，也要保障学生能学得进，跟得上，走得远，提高贵州高中及高等教育的入学率，让更多孩子在适龄阶段接受该有的教育。只有不断稳固教育事业发展成果，并站在农民角度考虑，才会不断增强农民获得感。

（三）提高农民奋斗脱困意识，提升农民获得感

一是要引导农民正确认识国家精准扶贫的一系列惠民政策，使农民积极响应的同时确保各项政策发挥最大效用。二是要加大对贫困地区农民，特别是贫困农民生产、就业等的培训，扶贫要扶智，更要扶志，让农民树立自身奋斗脱困意识，学技术有技术用技术并增加收入。三是要加大当地及其他地方贫困户奋斗致富事迹的宣传及奖励，激励贫困农民向榜样看齐并积极借鉴脱贫致富的路子。在艰苦奋斗中摆脱贫困，提高农民的获得感。

（四）发展优势高效产业，促进产业转型升级，保障农民获得感

一是政府要统筹调整产业结构，调减传统低效产业。因地制宜，结合各地区优势产业增加种植面积。二是要加大农业扶贫力度，发展优势高效产业，增加对基础设施、种植管理、技术培训等方面的投入，保障农民更好适应高效产业。三是在产业转型升级过程中要保障农民收益，承诺补贴应及时

发放到位，树立政府威信，激励农民积极参与并推进产业转型升级。四是要加快推进一二三产业融合发展，让农民合理分享产业链利益，保障农民在产业发展中的获得感。

（五）坚持以保障农民利益为工作落脚点，提高农民获得感

农民作为精准扶贫的具体对象，其在脱贫致富过程中"两不愁、三保障"等多方面的所获所得及所言所感，是扶贫成效的检验标准，也是扶贫成效是否稳固的"试金石"。因此在扶贫脱困工作开展中要以保障农民利益为落脚点。根据贫困地区自身特点，制定适宜扶贫规划，同时扶贫干部要切实走到群众中去，换位思考农民需求，认真解决农民在"两不愁、三保障"及产业发展等方面面临的困境和难题。在实际工作中提高农民的获得感。

参考文献

黄艳敏、张文娟、赵娟霞：《实际获得，公平认知与居民获得感》，《现代经济探讨》2017年第11期。

陶文昭：《"获得感"是执政为民的标尺》，《理论导报》2016年第4期。

李春明：《精准扶贫的经济学思考》，《理论月刊》2015年第11期。

冉光圭、朱静：《习近平扶贫思想及其在贵州的实践研究》，《贵州民族研究》2018年第1期。

邓博文：《贵州民族地区精准扶贫工作机制探讨——以威宁县迤那镇精准扶贫实践探索为视角》，《贵州民族研究》2016年第7期。

张翔：《集中连片特困地区教育精准扶贫机制探究》，《教育导刊》2016年第6期。

李芳：《集中连片特困地区义务教育精准扶贫制度模式探究——基于帕森斯的社会行动理论》，《华东师范大学学报》（教育科学版）2019年第2期。

陈琛、顾雪莲、刘艳梅：《"生态"与"脱贫"并重的扶贫生态移民实践与思考——以贵州湄潭永兴镇为例》，《生态经济》2018年第2期。

李宇军、张继焦：《易地扶贫搬迁必须发挥受扶主体的能动性——基于贵州黔西南州的调查及思考》，《中南民族大学学报》2017年第5期。

张莉、邵俭福：《精准扶贫视角下发展乡村旅游的意义、困境及路径探究》，《农业经济》2019年第3期。

金江峰：《产业扶贫何以容易出现"精准偏差"——基于地方政府能力视角》，《兰州学刊》2019年第2期。

杨艳琳、袁安：《精准扶贫中的产业精准选择机制》，《华南农业大学学报》（社会科学版）2019年第2期。

文宏、刘志鹏：《人民获得感的时序比较——基于中国城乡社会治理数据的实证分析》，《社会科学》2018年第3期。

杨兴坤、张晓梅：《获得感语境下失地农民社会保障制度研究》，《重庆电子工程职业学院学报》2015年第6期。

李涛、陶明浩、张竞：《精准扶贫中的人民获得感：基于广西民族地区的实证研究》，《管理学刊》2019年第1期。

郭学静、陈海玉：《增强人民群众获得感路径研究》，《价格理论与实践》2017年第4期。

曹现强、李烁：《获得感的时代内涵与国外经验借鉴》，《人民论坛·学术前沿》2017年第2期。

周春平：《收入、收入满意度对居民主观幸福感影响实证研究——来自江苏的证据》，《南京航空航天大学学报》（社会科学版）2013年第1期。

朱建芳：《中国转型期收入与幸福的实证研究》，《统计研究》2009年第4期。

B.16
贵州"摘帽县"脱贫成效巩固研究[*]

赵 琴[**]

摘 要: 扶贫开发一直是贵州省"第一民生工程",省委省政府更是把脱贫攻坚列为贵州发展的三大战略之一。近年来贵州在扶贫领域取得了显著成效,脱贫攻坚力度不断加大,到2020年,完成脱贫攻坚任务是可以实现的。但是2020年现行标准下消除绝对贫困后,脱贫攻坚成果能否巩固?贫困人口和贫困地区能否实现可持续发展?是党和政府急需关注的重要问题。为此,本文结合相关统计资料和政策文件,并在大量实地调研的基础上深入分析了贵州省"摘帽县"稳定脱贫面临的农户收入结构不合理、社会保障水平不高、扶贫产业的可持续性有待进一步提升、易地扶贫搬迁的多重困境、扶贫领域各类专业技术人才供不应求、贫困户内生动力不足共六个方面的问题,并在此基础上提出了贵州省"摘帽县"脱贫成效巩固的六大提升路径。

关键词: 脱贫成果 面临问题 巩固提升 贵州

2020年我国现行标准下农村贫困人口实现脱贫,贫困县全部摘帽,解

---

[*] 本文为贵州省社会科学院省领导指示、圈示课题"贵州摘帽县巩固脱贫成果研究"的阶段性成果。
[**] 赵琴,贵州省社会科学院农村发展研究所助理研究员,研究方向:农业农村问题。

决区域性整体贫困的目标即将实现。攻坚期后,如何进一步巩固脱贫成效,推动脱贫地区的可持续发展,确保已脱贫群众能够稳定脱贫,是当前和今后很长一段时期需要重点关注的问题。贵州作为全国贫困面最广、贫困人口最多、贫困程度最深的省份之一,是全国脱贫攻坚的主战场。中共中央、国务院一直关注贵州贫困问题。中共十一届三中全会以来,历任中共中央总书记和国务院总理,在农村改革、开发扶贫的不同时期不止一次亲临贵州指导减贫。历届贵州省委、省政府更是把治穷减贫作为治省方略,把扶贫开发作为最大的政治和"第一民生工程",在扶贫战略上不断完善顶层设计,扶贫成效显著。但贫困治理并非一朝一夕之事,其复杂性和艰巨性是世界各国所公认的。贵州虽然在扶贫领域取得了显著成绩,也依旧面临不少问题,影响着贫困地区和贫困人口的稳定脱贫。为此,本文从贵州脱贫摘帽情况出发,简要总结了贵州在扶贫领域取得的主要成效,并在此基础上重点分析了贵州"摘帽县"稳定脱贫面临的问题,最后提出"摘帽县"脱贫成果巩固的提升路径,以期为贵州乃至全国的精准脱贫工作提供有益借鉴。

一 贵州脱贫摘帽基本情况

(一)贫困退出标准和程序

2016年4月,中共中央办公厅、国务院办公厅印发《关于建立贫困退出机制的意见》,指出要以脱贫实效为依据,以群众认可为标准,建立严格、规范、透明的贫困退出机制,促进贫困人口、贫困村、贫困县在2020年以前有序退出,确保如期实现脱贫攻坚目标。同时,该意见还明确了贫困退出标准和程序。

贫困人口退出的主要衡量标准为"一达标两不愁三保障",即农户年人均纯收入稳定超过国家扶贫标准且吃穿不愁,义务教育、基本医疗、住房安全有保障。贫困户退出,由村"两委"组织民主评议后提出,经村"两委"和驻村工作队核实、拟退出贫困户认可,在村内公示无异议后,公告退出,并在建档立卡贫困人口中销号。

贫困村退出的主要衡量标准是贫困发生率，原则上西部地区贫困村贫困发生率需降至3%以下，统筹考虑村内基础设施、基本公共服务、产业发展、集体经济收入等综合因素。在乡镇内公示无异议后，公告退出。

贫困县退出的主要衡量标准也是贫困发生率，原则上西部地区贫困县贫困发生率降至3%以下。由县级扶贫开发领导小组提出退出，市级扶贫开发领导小组初审，省级扶贫开发领导小组核查，确定退出名单后向社会公示征求意见，公示无异议的，由各省（自治区、直辖市）扶贫开发领导小组审定后向国务院扶贫开发领导小组报告，国务院扶贫开发领导小组组织中央和国家机关有关部门及相关力量对地方退出情况进行专项评估检查，对符合退出条件的贫困县，由省级政府正式批准退出①。

（二）贵州贫困县退出情况

贵州全省共计88个县（市、区），2002年全省有50个县被划为国家扶贫开发工作重点县，占全国592个贫困县的8.45%。2011年中央扶贫开发工作会议后，贵州省16个县划入国家集中连片特困地区，贫困县增加到66个。贵州省严格按照《关于建立贫困退出机制的意见》开展贫困退出工作，赤水市于2016年率先退出贫困县，同年全国共有28个贫困县（市、区）脱贫摘帽；2017年贵州有14个县（区）退出，占全国（125个）的11.2%；2018年贵州退出18个县（市、区），占全国（283个）的6.36%。迄今为止，贵州省共有33个县（市、区）摘帽脱贫，这些"摘帽县"已基本消除现行贫困标准下的绝对贫困问题，具体名单如下。

2017年脱贫摘帽的14个县（区）分别是：桐梓县、凤冈县、湄潭县、习水县、西秀区、平坝区、黔西县、碧江区、万山区、江口县、玉屏侗族自治县、兴仁县、瓮安县、龙里县。

2018年脱贫摘帽的18个县（市、区）分别是：道真县、务川县、安龙

---

① 中办、国办印发《关于建立贫困退出机制的意见》（全文）。

县、麻江县、施秉县、三穗县、雷山县、丹寨县、镇远县、贵定县、惠水县、印江县、石阡县、普定县、镇宁县、六枝特区、盘州市、大方县。

表1 贵州及全国脱贫摘帽情况

年份	贵州脱贫摘帽县(个)	全国脱贫摘帽县(个)
2016	1	28
2017	14	125
2018	18	283

资料来源:政府工作网数据整理而得。

二 贵州"摘帽县"脱贫成效分析

(一)贫困人口大量减少,贫困发生率大幅降低

截至2018年底,贵州33个脱贫摘帽县减贫成效显著,贫困人口大量减少,贫困发生率大幅降低。33个脱贫摘帽县中有30个县的建档立卡剩余贫困人口低于1万人,仅六枝特区、盘州市、大方县的建档立卡剩余贫困人口高于1万人,但都在2万人以内。33个"摘帽县"的贫困发生率均降至2%以下(见表2)。"摘帽县"已基本消除现行标准下的绝对贫困问题。

表2 2018年贵州"摘帽县"贫困人口及贫困发生率

地区	脱贫摘帽县(市、区)	建档立卡余贫困人口(万人)	贫困发生率(%)	脱贫人口(万人)	贫困发生率比上年下降(百分点)
遵义市	赤水市	0.23	0.96	0.11	0.48
	桐梓县	0.94	1.46	0.3	0.47
	凤冈县	0.64	1.6	0.11	0.27
	湄潭县	0.65	1.51	0.14	0.32
	习水县	0.91	1.36	0.43	0.63
	务川县	0.69	1.62	2.35	5.53
	道真县	0.53	1.76	0.83	2.73

续表

地区	脱贫摘帽县（市、区）	建档立卡余贫困人口（万人）	贫困发生率(%)	脱贫人口（万人）	贫困发生率比上年下降（百分点）
六盘水市	六枝特区	1.05	1.84	2.72	4.75
	盘州市	1.66	1.73	0.11	0.12
安顺市	西秀区	0.71	1.08	0.26	0.39
	平坝区	0.37	1.23	0.17	0.58
	普定县	0.74	1.66	3.28	7.3
	镇宁县	0.63	1.78	3.19	8.99
毕节市	大方县	2	1.85	8.91	8.25
	黔西县	0.89	1	0.61	0.69
铜仁市	碧江区	0.21	1.25	0.08	0.5
	万山区	0.16	1.18	0.03	0.21
	江口县	0.21	0.96	0.22	1.01
	玉屏县	0.18	1.46	0.03	0.21
	石阡县	0.71	1.88	2.91	7.72
	印江县	0.76	1.89	2.81	6.95
黔东南州	施秉县	0.28	1.82	1.42	9.25
	麻江县	0.32	1.55	1.48	7.06
	丹寨县	0.26	1.67	2.33	14.96
	三穗县	0.3	1.52	2.27	11.47
	镇远县	0.41	1.75	0.18	0.75
	雷山县	0.26	1.9	1.7	12.26
黔南州	瓮安县	0.43	1.04	0.08	0.18
	龙里县	0.2	1.05	0.03	0.13
	惠水县	0.62	1.54	2.5	6.19
	贵定县	0.39	1.56	1.78	7.19
黔西南州	兴仁市	0.81	1.65	0.1	0.2
	安龙县	0.66	1.52	1	2.3

资料来源：《2019年领导干部手册》。

（二）基础设施状况明显好转

贵州省"摘帽县"围绕"四在农家·美丽乡村"六个小康行动，大力开展农村基础设施建设，以"水、电、路、讯"为重点的基础设施得到明显改善。基本实现了乡镇通油路、建制村通公路、村组通水泥路；全面推进饮水安全工程，基本解决了农村人口的饮水安全问题；电讯网络建设不断完善，积极开展新一轮农村电网改造升级和通信网络工程建设，基本解决了农村安全稳定用电，农村通信网络盲区盲点基本消除。

（三）"两不愁三保障"基本实现

贵州省"摘帽县"已基本实现农村贫困人口"不愁吃、不愁穿"，且教育、医疗、住房三大保障已全面落实。通过大力实施义务教育"三免两补"、高中阶段"两助三免"、高校院校"两助一免"等教育惠民政策，实现贫困家庭就读学生教育扶贫"零遗漏"，资助"全覆盖"，确保了义务教育阶段学生全部实现应助尽助，达到"不因贫困而辍学，不因就学而返贫"的贫困家庭学生教育保障目的。建立并完善了新农合基本医疗保障、大病保险、医疗救助、医疗扶助等医疗保障体系，全面落实贫困群众"先诊疗后付费"和定点医疗机构"一站式"报销政策，实现建档立卡贫困人口医疗保障全覆盖，住院报销比例达90%以上。全面开展建档立卡贫困户等重点对象农村危房改造工程，根据其住房危险程度，实施全面除危、改造或新建，确保贫困人口住房安全有保障。

（四）扶贫产业稳步推进

贵州围绕建成"全国蔬菜大省、全国南方重要核桃基地、全国草地生态畜牧业重要省份、全国地道中药材主产省、全国最大马铃薯产地、全国南方油茶主产地、全国绿茶大省"等奋斗目标，大力打造菜、薯、烟、果、药、油、茶、畜牧、加工、劳务及乡村旅游等扶贫特色产业。各"摘帽县"为了实现贫困人口如期脱贫，稳定脱贫，更是把发展产业作为扶贫工作的重中之重。33个脱贫摘帽县紧扣产业革命"八要素"，认真践行"五步工作法"，根据各地实际情况，因地制宜，大力发展蔬菜、水果、生态畜牧业、中药材、茶叶、乡村旅游等特色产业，带动大量贫困人口就业增收、入股增收。

三 贵州"摘帽县"稳定脱贫面临的问题分析

迄今为止,贵州省共有33个县(市、区)摘帽脱贫,这些"摘帽县"已基本消除现行贫困标准下的绝对贫困问题。但是,我们迫切需要进一步思考:当超常规措施恢复到常态,脱贫攻坚成果能否巩固?贫困人口和贫困地区又能否做到可持续发展?带着对这一问题的思考,笔者结合四次对贵州省贫困县的大规模调查,对贵州"摘帽县"稳定脱贫面临的问题进行了简要归纳与分析。

(一)农户收入结构不合理

收入增加是脱贫的重要标志,但收入究竟如何增加,收入构成具体怎样直接关系收入增长的可持续。贫困人口的类型不同,致贫原因不同,其脱贫的路径和方式也不相同,最终其增加收入的方式、途径,以及收入的构成也不相同。对于有劳动能力的贫困人口,其收入构成要真正以经营性收入和工资性收入为主,同时财产性收入有较大提高,不再主要依靠转移性收入,这样的脱贫才具有可持续性,脱贫的成效才能真正获得群众的认可,最终才能经得起实践和历史的考验。

从统计数据来看,2013~2018年,农户经营性收入占总收入的比重呈逐年递减趋势,由2013年的43.36%减少到2018年的33.21%;转移性收入占比较2013年大幅增加,由2013年的7.86%增加到2014年的21.53%,此后一直维持在20%左右;工资性收入占比自2014年起有小幅上涨,但截至2018年仍低于2013年的水平;财产性收入占比在1%左右波动(见表3)。综合来看,贵州农村居民收入以经营性收入和工资性收入为主,但近年来这两项收入占比有下降趋势,转移性收入占比较大,财产性收入比重过低且长期徘徊不前,收入增长的可持续性不容乐观。由此可知,贫困人口的状况更加严峻。

为此,课题组利用2018年对T县1087户农户的调研数据对贫困户的收入结构进行进一步分析。从表4可以看出，T县贫困户的经营性收入占比为33.11%，工资性收入占比为34.83%，分别比同期全省农村居民经营收入占比（38.52%）和工资性收入占比（39.69%）低5.41和4.86个百分点，且从贫困户工资性收入的来源看，多数集中于临时工、洗碗工、建筑打杂工等"脏乱差"的行业，收入及其不稳定；转移性收入占比为27.76%，比同期全省平均水平（20.96%）高出6.8个百分点；财产性收入占比为4.3%，比同期全省平均水平（0.83%）高出3.47个百分点，这主要得益于贵州资产收益扶贫（"三变"改革）以及特惠贷分红，但特惠贷分红只能维持3年，与临时救济并无本质区别。可见，贵州贫困人口的收入虽主要依靠经营性收入和工资性收入，但就业质量不高，收入不稳定，且转移性收入占比过大，财产性收入具有短期性，收入结构存在较大的不合理性，收入增长的不可持续性问题突出。

表3 2013~2018年贵州农村居民家庭收入结构统计表

年份	经营收入(%)	工资性收入(%)	转移性收入(%)	财产性收入(%)
2013	43.36	47.35	7.86	1.44
2014	39.62	37.79	21.53	1.06
2015	38.97	39.22	20.67	1.14
2016	38.52	39.69	20.96	0.83
2017	37.04	41.00	20.93	1.04
2018	33.21	44.01	21.48	1.30

资料来源：《贵州统计年鉴（2018）》《2019年领导干部手册》。

表4 T县不同类型农户家庭收入结构统计表（平均值）

农户类型	经营收入(%)	工资性收入(%)	转移性收入(%)	财产性收入(%)
非贫困户	22.16	71.80	4.59	1.45
贫困户	33.11	34.83	27.76	4.30
脱贫户	32.39	52.44	12.06	3.11

资料来源：实地调研数据计算所得（此次调研覆盖了T县的所有乡镇，样本共计有1087户，其中非贫困户730户、贫困户110户、脱贫户247户）。

（二）社会保障水平不高

目前，贵州省贫困人口的就医、就学及住房安全问题在政府系列优惠政策的大力支持下得以较好解决，但这样力度的政策支持会持续多久仍是一个未知数，贵州是第一个提出脱贫不脱政策的省份，但也只是在一定时期内维持原有政策，具体是多长时间并未明确，这就意味着当前贫困人口所享受的高标准的医疗和教育保障完全依赖于政策的可持续性，而这又对政府财政提出了巨大挑战。

此外，当前农村人口中慢性病患者占比很高，贫困户中慢性病患者占比更甚，这部分患者需长期服药，但是此类药物并不在医疗报销范围，医疗花费仍是农民最大的负担。通过对T县调研数据的分析发现，贫困户中占26.36%的家庭有残疾患者，9.09%的家庭有重病患者，40%的家庭有慢性病患者，仅有30.91%的贫困户家庭无以上三种情况存在（见表5），部分家庭既有残疾患者、也有重病患者和慢性病患者，贫困户和脱贫户家庭成员的健康状况不容乐观。

农村人口的养老问题也日益严峻。虽然目前贵州已基本实现养老保障全覆盖，但保障水平极低，贵州农村人口基本上是按国定最低标准缴纳保费，60岁以后每人每月可领取70元的养老补贴，在当前的物价水平下，这一补贴金额连老年人基本的生存保障都无法实现，更不用说安享晚年了。再加上农村养老事业发展缓慢，老年人的养老需长期依赖于家庭，受农村"空心化"的影响，留守老人大量存在，老年人的生活状况实在令人担忧。

表5 贵州省T县农户健康状况

农户类型	家中有残疾人（%）	家中有重病病人（%）	家中有慢性病人（%）	家中无人有以上三种情况（%）
非贫困户	10.27	4.52	27.26	57.81
贫困户	26.36	9.09	40.00	30.91
脱贫户	20.65	6.88	45.75	29.96

资料来源：实地调研数据整理而得（此次调研覆盖了T县的所有乡镇，样本共计有1087户，其中非贫困户730户、贫困户110户、脱贫户247户）。

（三）扶贫产业的可持续性有待进一步提升

一是新型农业经营主体缺乏。当前，贵州农村"空巢"现象较为严重，大量农村能人外流，三留守人员成为农村常住人口。多数农业企业"小、散、弱"且存在一定程度的"假、大、空"现象。发展产业是脱贫的重要途径，中央到地方的各级政府对农业经营主体在政策和资金上给予了很大支持，且各地方政府为早日脱贫引进企业的热情高昂，这就让部分企业有了"钻空子"的机会，导致以骗取扶贫资金为目的的"外来企业"频频得手，如Q县以养羊及羊肉加工为主营业务的某企业，F县的万寿菊种植加工企业。此外，植根于本土的各类合作社因缺乏人才、管理不善等问题，多数沦为"空壳子"，合作社的数量可观，但实际运营的很少，运营良好的合作社更是如凤毛麟角。新型农业经营主体的缺失极大阻碍了扶贫产业的发展，而以套取扶贫资金为目的的农业经营主体在浪费国家扶贫资源的同时，又损害了政府信誉，极大挫伤了农民发展产业的积极性。

二是产业扶贫项目面临"四大瓶颈"制约。（1）部分地区产业选择缺乏充分且科学的论证，虽然考虑了地域条件，但未充分考虑市场供需及产品竞争力，项目布局也不重视区域性规划，导致产业结构趋同，加剧了产品滞销风险，同时也降低了区域经济对市场波动的承受力；（2）全省产业扶贫项目以蔬菜、经果林、中药材、茶叶等经济作物种植，以及猪、牛、羊等动物养殖为主，三产融合以及产业链延伸不够，产品的附加值低，增收效果不明显；（3）扶贫产业面临旱、涝、冰雹等各种自然灾害以及各种病虫灾害，目前全省的政策性农业保险实施的品种只有水稻、玉米和茶叶（试点范围：凤冈、都匀、湄潭、石阡），试点品种和覆盖范围远不能满足产业发展需求，农业的抗风险能力依然很弱；（4）企业在扶贫产业的经营管理过程中，还面临农户信用缺失问题，调研了解到企业在发展生态农产品时，对农户不按要求施用化肥和农药的监督管理非常困难，甚至有农户窃取企业种植的中药材的情况，这不仅影响了农产品质量也挫伤了企业的积极性。

三是利益联结不紧密，扶贫产业稳定增收作用发挥有限。产业扶贫能否发挥预期效益除了受产业本身发展的影响，还与贫困户参与扶贫产业的方式，以及贫困户与企业的利益联结是否紧密息息相关。调研发现，贵州省产业扶贫的利益联结还存在不紧密、质量不高的问题，主要表现在：（1）从扶贫产业的就业带动情况来看，存在产业与贫困户劳动能力不协调问题，如P县发展的长毛兔产业，其养殖技术非常精细，贫困户参与有限；另外，很多合作组织设置的农户入社门槛较高，比如设定要达到一定的交易额或股金才可以入社，将大多数农户排斥在外。（2）从扶贫产业的稳定增收效果来看，虽然股份合作组织接受了贫困户资金或者土地入股，但是有的没有分红，有的分红比例很小，有的分红则具有短期性（如特惠贷入股分红，三年内贫困户可每年享受分红，三年后由企业归还本金贫困户不再享受分红），带动作用不明显；此外，贫困户增收的主要途径是股金分红以及进入合作社的打工收入，而这些收入的稳定性依赖于其所依托的农业企业或合作社取得的经济效益，而实际情况是，企业以利润最大化为经营目的，在遭遇自然风险或市场风险时，企业会牺牲农户利益来保全企业资产，导致帮扶效果不明显。

（四）易地扶贫搬迁面临多重困境

易地扶贫搬迁是贵州省脱贫攻坚"五个一批"重点工程之一，全省搬迁规模大任务重，扶贫移民搬迁后的可持续生计问题突出，是扶贫移民稳定脱贫的关键制约因素。从调研情况来看，各地在开展此项工作中仍存在不少问题：一是对搬出区"三块地"（即承包地、林地、宅基地）的利用不足，搬迁农户生产资源收益不高。搬迁农户的承包地多是自己耕种、请人代耕或赠予他人耕作，无人耕种的只能抛荒；山地多已退耕还林；宅基地则统一复垦复绿，基本没有对旧房予以利用，尤其是整组搬迁随迁户的房子，通常建筑面积较大且新也一并拆除复垦。二是搬迁农户的就业问题难以解决，无就业或就业质量差普遍存在。尤其是农业县，因自身承接能力有限无法提供适量的就业岗位，很多农户为降低生活成本选择回乡耕种土地，在迁入地和迁出地之间往返。无就业或就业质量差都直接影响搬迁农户的可持续生计，并易引发一系列社会问题，需警惕。三是对迁入地"重建设、轻管理"，很多移民搬迁安置点并未进行社区建设，更不用说文化建设了，安置区管理极为薄弱。调研走访的一个位于乡镇的移民搬迁安置点，安置区内有一农贸市场，卫生状况很差；安置房楼梯过道垃圾堆砌，无处下脚；安置区内一处下水管道破裂，污水横流，调研当日有住户表示反映很久了尚未得到处理。

（五）扶贫领域各类专业技术人才供不应求

脱贫攻坚涉及农民生活的方方面面，扶贫领域各类专业技术人才需求强烈。2018年3月，贵州省发布《贵州省助力深度贫困县与极贫乡镇脱贫攻坚人才需求白皮书》，直观反映出贵州省深度贫困县与极贫乡镇脱贫攻坚人才需求状况和紧缺程度。白皮书对全省16个深度贫困县和20个极贫乡镇脱贫攻坚人才需求情况的调研结果显示：贫困地区人才需求量排在前三位的是新型职业农民、乡村产业人才、乡村基础教育人才；紧缺程度排在前三位的是乡村医疗卫生人才、基础教育人才和新型职业农民；此外，对财务管理、景区带动、法律服务、市场营销、公共文化服务志愿者的人才需求也很大[1]。与此相对应的是扶贫领域各类专业技术人才的供给不足，且供需错位。从供给数量来看，全省由于贫困面广、贫困人口多，人才需求缺口较大，很多地方甚至无法达到一个村有一个专业技术人员的配备标准。从供给质量来看，受脱贫攻坚存量人才素质偏低、专技人才能力有限以及按职称而非专业派遣专业人员的影响，导致人才供需错位。扶贫领域人才供给不足且供需不匹配，一定程度上制约了全省脱贫攻坚工作。

（六）贫困户内生动力不足

导致农户贫困的原因既包括资源约束、资金技术缺乏、就业岗位不足等外部环境的制约，也包括农户自身思想观念落后、意识不足等内在驱动力缺乏，可将其概括为致贫的外因和内因。马克思主义哲学深入阐述了内因与外因的辩证关系："事物的发展是内因和外因共同起作用的结果，内因是事物

---

[1]《贵州省助力深度贫困县与极贫乡镇脱贫攻坚人才需求白皮书》。

变化发展的根据，外因是事物变化发展的条件，外因通过内因起作用"。内外因关系的原理要求我们全面看待内因和外因，并高度重视内因的作用。当前各级政府对脱贫攻坚工作高度重视，从资金、技术、人才、政策等多渠道大力支持扶贫工作，大大改善了贫困人口面临的外部条件，即致贫的外因得到有效干预，但是内因的作用尚未有效发挥，最终影响了脱贫成效。

当前，贵州仍然有部分贫困群众存在缺乏竞争意识、自强意识、进取意识、勤劳致富意识以及感恩意识的问题。争当贫困户，不愿脱贫摘帽，对捐钱捐物享受低保等救济式政策的依赖性较强，对产业扶持、就业脱贫的积极性低，"等、靠、要"思想严重，贫困群众内生动力不足已成为全省脱贫路上最大的阻碍。贫困群众内生动力不足，一方面与其自身文化素质普遍偏低密切相关，另一方面当前扶贫政策红利过大，也在一定程度上助长了贫困户的懒惰行为。从表6可以看出，贫困户中占23.33%的户主属于文盲，58.33%的户主只有小学文化水平，仅有18.33%的户主是初中文化水平，小学及以下文化水平的贫困户户主占比高达81.66%，脱贫户户主占比达69.36%，所调查的贫困户和脱贫户户主均未受过高中教育。

表6 贵州省T县农户户主受教育情况

农户类型	文盲（%）	小学（%）	初中（%）	高中（%）
非贫困户	8.45	45.5	43.87	2.18
脱贫户	12.1	57.26	30.65	0
贫困户	23.33	58.33	18.33	0

资料来源：实地调研数据整理而得（此次调研覆盖了T县的所有乡镇，样本共计有1087户，其中非贫困户730户、贫困户110户、脱贫户247户）。

四 贵州"摘帽县"脱贫成效巩固提升的对策建议

（一）加强对农村人口的动态管理

贫困是一个动态变化的过程，受个体家庭生命周期，自然经济条件等诸多因素的共同影响。某一贫困户可能在政府帮助下或者因子女从学校毕业赚取稳定收入而脱贫，某一非贫困户也可能因家庭突遭变故或者受自然灾害而陷入贫困。因此，对农村贫困问题的治理需建立在精准把握贫困人口信息的基础之上，这就要求我们不仅要对当前识别的农村贫困人口和已脱贫人口进行分类管理，而且要对非建档立卡农村人口进行动态监测与管理，将扶贫工作常态化。

一是加强对贫困人口和已脱贫人口的分类管理。对剩余贫困人口，针对其致贫原因，继续进行重点帮扶，达到脱贫标准的，严格按照脱贫程序实现脱贫退出。对已脱贫人口要定期进行回访，及时解决其面临的问题和困难，同时通过进一步帮助其发展产业扶贫项目以及解决就业等方式，稳定脱贫人口收入增长。

二是开展非贫困人口动态监测与管理。建立农村非贫困人口基础信息动态管理系统，对非贫困户的家庭人口信息、收支情况、医疗教育等基本信息进行定期采集与更新。尤其是要重点关注收入略高于贫困线的边缘农户。对于因灾、因病、突发事故等导致农户暂时困难的，要及时给予救助。对于符合贫困户纳入标准的困难农户严格按照程序及时纳入全国扶贫开发信息系统，进行精准帮扶。

三是建立健全贫困人口预警机制。进一步加强大数据技术在扶贫领域的应用能力，强化对农村人口的动态监测与管理，建立贫困人口预警机制。同时，进一步完善动态管理系统功能，在对贫困人口精准识别的基础上对其可能产生的原因进行分析，并给出具体帮扶措施，再由系统将结果推送给相关职能部门，由其负责具体落实。这样，就能对农村贫困人口进行实时监测，快速、高效解决农村贫困问题，使贫困治理常态化和专业化。

（二）进一步完善社会保障制度

一是要进一步完善基本社会保障制度。逐步提高养老、医疗、教育保障水平，探索政策性保障与商业保障的有机结合，拓宽保障资金来源。加快推进农村养老事业，实现居家养老、社区养老、机构养老等多元化养老服务，同时积极开展农村自愿服务，鼓励党员干部、先进分子开展对困难人口的关心关爱服务。进一步扩大慢性病报销范围，切实减轻农民医疗负担，确保每一个农村人口都能够老有所养、病有所医、幼有所教。

二是要一进步建立健全农村人口临时救助制度。对于因突遭变故、遭受自然灾害或遇到突发性、不可抗拒性因素等导致生活暂时特别困难的家庭进行临时救助。根据救助对象的实际情况，综合运用发放临时救助金和实物、提供转介服务等多种救助方式，发挥临时救助应急、过渡、衔接、补充的制度作用，不断提升临时救助综合效益。

三是要进一步健全农村人口就业保障机制。通过加强就业服务、开展技能培训、推进东西部劳务协作以及加强对就业人群的权益保护等举措，帮助解决农村人口的就业困难，进一步增加其工资性收入。

四是要进一步加强各项社会保障制度的相互衔接。充分发挥各类社会保障制度的协同互补作用，形成各项社会保障制度各有侧重、互为补充、合力保障的良好格局。

（三）全力抓好产业扶贫

一是积极培育优质农业经营主体。坚持本土培育与对外引进相结合，尤其是对热爱"三农"、情系"三农"的返乡创业者给予更多政策支持。针对当前农业经营主体发展壮大面临的农业基础设施建设滞后、风险保障不足以及融资难、融资贵等问题，政府应加快农业基础设施及相关配套设施建设，进一步优化农业投资环境；大力推进农业政策保险，为企业抵御市场风险和自然风险提供一定的保障；对涉农企业给予一定的信贷支持，并通过进一步加快农村产权制度改革，让农村资源真正变资产，破解当前农业企业融资无抵押物的现实困境；加大涉农企业降成本力度，如对涉农企业用电以农业用电而非工业用电计价，对冷链物流上高速开通绿色通道等[1]。

二是对扶贫产业进行科学论证，合理规划产业布局。产业选择一定要紧

---

[1] 赵琴：《贵州产业扶贫存在的问题与对策探讨》，《农村经济与科技》2018年第10期。

紧依托当地资源禀赋和产业基础，进行科学论证，因地制宜地发展当地特色优势产业。同时要进一步建立健全民主决策机制，要让所选择的产业得到群众认可和支持，让扶贫资源和资金的利用真正让群众说了算，这样才能充分调动群众的积极性、主动性和创造性。另外，要合理规划产业布局，规避各地产业趋同而引起的农产品滞销风险。同时，进一步强化对扶贫产业面临的技术、市场、自然等风险的评估，建立风险防控处置机制，防止发展产业项目因盲目跟风、随意扩大规模而导致失败、造成损失。

三是建立贫困户与企业利益联结的长效机制。"利益联结机制是否紧密、能否长效需考虑贫困户与企业双方的利益诉求，不能因脱贫攻坚是政治任务，为增加农户收入而不顾企业利益；企业也不能盲目追求利润最大化而损害农户利益。要找到贫困农户与企业的最大利益契合点，建立企业与农户的利益共享机制"[1]。将农户与企业的利益联结由生产端扩展到销售端，由产量联结扩展到产值联结，让农户与企业成为真正的利益共同体，同时也让企业在带动农业增效、农民增收过程中得到长足发展，真正实现农户与企业的双赢。

（四）进一步完善易地扶贫搬迁后续发展政策

一是加快推进易地扶贫搬迁迁出地资源盘活，增加扶贫移民资源性收益。按照迁出地"宜耕则耕、宜林则林、宜草则草"的原则盘活迁出地闲置资源，稳步推进旧房拆除工作，尤其是对随迁户建筑面积较大、质量较好的住房应根据实际情况综合利用，可改为村办公场所、活动场所或养殖场所等，以最大化利用闲置资源。与此同时，要进一步加快推进农村产权制度改革，使资源变资产，资产增收益，使扶贫移民能够"带着"资产进城。

二是加快落实扶贫移民在迁入地的各项权益。加快落实扶贫移民在迁入地的就业、就学、就医及养老等基本权益。通过多渠道全方位开展就业培训、建设种植基地、引进企业等方式，确保"1户1人就业"。加快易地扶

---

[1] 赵琴：《贵州产业扶贫存在的问题与对策探讨》，《农村经济与科技》2018年第10期。

贫移民安置小区教育基础设施建设，按照双向自愿原则、无条件原则、优先入学原则安置扶贫移民适龄学生。加快建设安置小区医疗卫生服务站，做好新型农村合作医疗保险和城镇居民基本医疗保险的衔接工作，确保搬迁群众与迁入地参保人员在辖区内享受同等就医待遇。做好两地养老保险衔接工作，使搬迁群众能够自愿选择参加城乡居民养老保险或城镇职工养老保险。

三是加快推进安置小区文化建设，增强扶贫移民社区归属感。易地扶贫迁入地除了要搞好硬件设施建设，更要注重"软件设施"建设，即要加强安置区文化建设。具体可通过开展丰富多彩的社区文化活动，利用农民讲习所进行宣传教育，以及开展"道德模范户""文明户"等评比活动来增强扶贫移民的社区归属感，帮助其早日融入城市生活。

（五）"双管齐下"增加扶贫专业人才供给

一是加强院企合作，引进专业技术人才。"针对当前脱贫攻坚中各类专业技术人才缺乏的现实情况，可通过加强科研院校与企业合作予以缓解。对企业来说，需要专业技术人员；对科研院校来说，需要实验基地以转化科研成果以及培育新兴技术人才，院企合作可有效满足双方需求"[1]。

二是加快培育本土化专业人才。要加大对贫困地区本土化人才的培训力度，培育农村致富带头人、"土专家"、"田秀才"，打造一支留得住、能战斗、永不走的"扶贫工作队"。具体可探索建立东西部协作带头人培育机制，通过建立教学和见习基地、实行"导师制"、远程互联网指导等多种方式为贫困地区培育专业化人才。此外，还要建立好本土化专业人才的选人、育人、带贫、管理、考核、激励等配套制度。

（六）多方发力提升贫困群众内生动力

一是加强对贫困群众的思想教育。充分利用电视媒体、农民讲习所和村规民约等多种途径，广泛宣传中华优秀传统文化，传播正能量，营造良好的

---

[1] 赵琴：《贵州产业扶贫存在的问题与对策探讨》，《农村经济与科技》2018年第10期。

社会氛围。帮助贫困群众树立自力更生、艰苦奋斗的精神，从思想深处挖掉穷根。

二是实行帮扶投入有偿化。为避免贫困群众对帮扶政策的过度依赖，不能在产业扶贫中为贫困户提供过多的"免费午餐"，要让贫困户有一定投入，不管是物质投入、劳动力投入，还是资金投入，要用利益手段来促使贫困群众关心扶贫项目，加强对产业扶贫项目的管理，让"天下没有免费的午餐"这一观念扎根于贫困户的思想深处。

三是激励与惩罚并重。充分发挥正向激励和反向激励作用，对贫困户参与产业扶贫的结果进行考核，表现良好的给予一定的奖励；而对于争当贫困户，辱骂威胁扶贫工作人员，将扶贫资金用来喝酒打牌，采取隐瞒、伪造等手段获得政府支持的贫困户进行公开教育批评，并给予一定的惩罚。

四是充分发挥先进典型的引领示范带动作用。通过"树榜样、学先进、比行动"，激发群众干事动力，为脱贫攻坚营造积极向上、主动作为、乐观奉献的良好风气。

参考文献

贵州省地方志编纂委员会：《贵州省减贫志》，方志出版社，2016。
贵州省扶贫开发办公室：《贵州省"十三五"脱贫攻坚专项规划》。
赵琴：《贵州产业扶贫存在的问题与对策探讨》，《农村经济与科技》2018年第10期。

附 录
Appendix

B.17
贵州省大扶贫条例[*]

（2016年9月30日贵州省第十二届人民代表大会常务委员会第二十四次会议通过）

目 录

第一章　总则

第二章　扶贫对象和范围

第三章　政府责任

第四章　社会参与

第五章　扶贫项目和资金管理

第六章　保障和监督

第七章　法律责任

第八章　附则

---

[*] 贵州是全国贫困人口最多、贫困面最大的省份，是国家脱贫攻坚的核心区，也是国家脱贫攻坚任务最为艰巨的省份之一。为贯彻落实习近平总书记关于脱贫攻坚系列重要　（转下页注）

第一章 总则

第一条 为了落实国家脱贫攻坚规划，推动大扶贫战略行动，促进科学治贫、精准扶贫、有效脱贫，加快贫困地区经济社会发展，实现与全国同步全面建成小康社会，根据有关法律、法规的规定，结合本省实际，制定本条例。

第二条 本省行政区域内的扶贫开发及其相关活动适用本条例。

第三条 本条例所称大扶贫是指把脱贫攻坚作为头等大事和第一民生工程，统揽经济社会发展全局，构建政府、社会、市场协同推进和专项扶贫、行业扶贫、社会扶贫等多方力量、多种举措有机结合的大扶贫格局，争取国家和其他省（区、市）支持，动员和凝聚全社会力量广泛参与，通过政策、资金、人才、技术等资源，全力、全面帮助本省贫困地区和贫困人口增强发展能力，实现脱贫致富的活动。

第四条 大扶贫应当树立创新、协调、绿色、开放、共享的发展理念，坚持开发式扶贫的方针，贯彻精准扶贫、精准脱贫的基本方略，遵循政府主导、社会参与、多元投入、群众主体的原则。

第五条 大扶贫应当做到扶贫对象精准、项目安排精准、资金使用精

（接上页*）指示精神，以及为实现弯道取直、后发赶超、同步小康，贵州省委将大扶贫作为重大战略行动，举全省之力、集全省之智打赢扶贫开发这场输不起的攻坚战。

为响应省委决战贫困、同步小康的号召，适应贵州扶贫开发工作面临的新形势、新任务、新要求，深入推进大扶贫战略行动贯彻落实，更好地发挥地方立法的引领和推动作用，将中央和省委出台的一系列政策措施和《贵州省扶贫开发条例》施行以来积累的好的经验和做法上升为法规规范，贵州省人大常委会将《贵州省大扶贫条例》列入2016年立法计划。并于2016年9月30日，省人大常委会第二十四次会议审议并全票通过了《贵州省大扶贫条例》。

在全国率先出台实施的《贵州省大扶贫条例》，是以法治化的方式推动大扶贫战略行动的贯彻实施，以法治化方式助推贵州同步小康，其社会影响较大。它曾经得到时任国务院副总理、现任中共中央政治局常委、全国政协主席汪洋同志多次书面或口头批示，时任贵州省委书记、现任中央政治局委员、重庆市委书记陈敏尔同志两次书面批示。《贵州省大扶贫条例》也为其他兄弟省市用法治思维和法制方式推进扶贫工作提供了参考借鉴。

准、措施到户精准、因村派人精准、脱贫成效精准，通过基础设施建设、发展生产、易地扶贫搬迁、生态补偿、发展教育和医疗、社会保障兜底等措施实现贫困人口脱贫。

脱贫攻坚应当与区域发展相结合，通过脱贫攻坚促进区域发展，区域发展带动脱贫攻坚。

第六条 各级人民政府负责本行政区域的大扶贫工作，实行省负总责、市（州）县落实、乡（镇）村实施的管理体制，建立和完善大扶贫目标责任和考核评价制度。

省人民政府负责扶贫工作目标确定、项目下达、资金投放，组织动员、检查指导；市（州）、县级人民政府抓落实，负责进度安排、项目落地、资金使用、人力调配、推进实施；乡镇人民政府、街道办事处（社区）负责具体的组织实施。

村民委员会协助乡镇人民政府、街道办事处（社区）做好贫困户识别、退出，扶贫措施的落实等相关工作。

第七条 县级以上扶贫开发部门负责本行政区域扶贫开发工作的规划、协调、管理、督促、检查和考核。

县级以上人民政府其他有关部门应当结合自身特点，加强对本部门本行业扶贫工作的组织领导，促进部门间的沟通和合作，其主要负责人是本部门本行业扶贫工作的第一责任人。

第八条 县级以上人民政府应当采取措施，保证扶贫开发工作机构设置和人员配备适应本行政区域扶贫开发工作需要；贫困乡镇应当建立扶贫开发工作机构，根据扶贫开发任务配备相应工作人员；其他有扶贫开发任务的乡镇人民政府、街道办事处（社区）和贫困村应当安排专人负责扶贫开发工作。

第九条 鼓励社会各界积极参与扶贫开发活动。各级人民政府应当为社会各界参与扶贫开发活动搭建平台、畅通渠道、提供服务，全方位引导社会各界参与扶贫开发。

第十条 各级人民政府应当保障扶贫对象在扶贫开发活动中的发展权、

选择权、参与权、知情权和监督权。

扶贫对象应当充分发挥主体作用，主动参与到扶贫开发活动中，通过自力更生、艰苦奋斗，不断增强自我发展能力。

第十一条　各级人民政府应当组织开展扶贫政策、法律法规的宣讲和解读，宣传报道先进典型，营造全社会关注扶贫、支持扶贫、参与扶贫的良好氛围。

新闻媒体应当开设专栏，宣传报道扶贫开发活动，刊播具有公益性、帮扶性的扶贫广告。

第二章　扶贫对象和范围

第十二条　扶贫对象是指符合国家扶贫标准的贫困人口。

扶贫范围包括贫困县、贫困乡镇、贫困村等贫困地区和贫困户。

第十三条　扶贫对象精准识别和贫困县、贫困乡镇、贫困村和贫困户脱贫认定，应当坚持客观公正、程序规范、民主评议、严格评估、群众认可、社会认同的原则。

第十四条　县级以上人民政府应当将扶贫对象纳入精准扶贫建档立卡信息系统。建立健全扶贫对象精准识别机制，逐户逐人核查基本情况、致贫原因，依托精准扶贫大数据管理平台，对贫困县、贫困乡镇、贫困村和贫困户实行建档立卡、动态管理。

第十五条　扶贫对象以户为单位，由农村居民户向所在村民委员会申请，经村级初审、村民代表会议评议并公示，乡镇人民政府、街道办事处（社区）审核并公示后报县级人民政府审定。审定结果在农村居民户所在乡镇、村公告。每次公示、公告时间不得少于 7 日。

农村居民户对审核结果有异议的，可以在公示期内提出复核申请，乡镇人民政府、街道办事处（社区）应当进行调查、核实；农村居民户对审定结果有异议的，可以在公告期内提出复核申请，县级人民政府应当进行调查、核实。

第十六条 建立健全脱贫认定机制，按照脱贫标准和程序，实现脱贫销号、返贫重录、政策到户、脱贫到人。

贫困县、贫困乡镇、贫困村、贫困户经脱贫认定后，按照国家和本省有关规定在一定时期内继续享受扶贫政策。

第十七条 扶贫对象精准识别和脱贫认定实行严格责任制，按照谁调查谁复核、谁审核谁负责的原则，建立分级签字确认制度，签字人对结果负直接责任。

第三章　政府责任

第十八条 县级以上人民政府应当制定本行政区域脱贫攻坚规划，作为国民经济和社会发展规划的重要组成部分，与本级城乡规划、土地利用规划、产业发展规划、环境保护规划等相互衔接，并组织实施。

县级以上人民政府有关部门在组织编制本部门本行业规划时，应当把脱贫攻坚和改善贫困地区发展环境和生产生活条件作为重要内容，优先安排扶贫项目、优先保障扶贫资金、优先对接扶贫工作、优先落实扶贫措施。

县级以上人民政府有关部门应当根据脱贫攻坚规划，拟定本部门本行业年度脱贫攻坚计划，安排一定比例的项目和资金用于脱贫攻坚，加大投入力度。

第十九条 县级扶贫开发部门应当根据本级人民政府制定的脱贫攻坚规划，拟定年度脱贫攻坚实施方案，报本级人民政府批准后实施。

年度脱贫攻坚实施方案应当根据致贫原因，因乡、因村、因户拟定脱贫路径、脱贫时限、帮扶措施，明确帮扶单位和责任人等。

第二十条 县级以上人民政府及其有关部门应当加强贫困地区道路、农村能源、农田水利、农业气象、危房改造、安全饮水、电力、广播电视、通信网络等基础设施建设，改善贫困地区生产生活条件。

利用扶贫资金在贫困村实施的200万元以下的农村基础设施建设项目，经村民代表会议讨论决定可以不实行招标投标。不实行招标投标的，应当报乡镇人民政府、街道办事处（社区）和项目审批部门备案，并在本村范围内公示。

第二十一条 各级人民政府及有关部门应当加快县域经济发展，推进农业结构调整，培植壮大优势产业、现代山地特色高效农业、农林产品精深加工等，促进贫困地区农业生产增效、农民生活增收、农村生态增值。

采取措施支持培育农民专业合作社、专业大户、农业企业、家庭农林场等新型生产经营主体发展，带动村级集体经济发展和农民增收。

县级以上人民政府及其有关部门应当为农村电子商务的发展创造条件、提供便利，帮助贫困地区建立健全流通网点，利用互联网、物联网等改造提升传统农业物流，畅通农产品物流渠道。支持发展农村电子商务扶贫网店创业，鼓励电子商务企业开展贫困地区特色产品网上销售。

县级以上人民政府及其有关部门应当加强职业技能培训，帮助有劳动能力的贫困人口掌握实用技术技能，通过劳务输出、就业指导、创业扶持等措施，实现贫困人口脱贫。

第二十二条 各级人民政府及有关部门应当把美丽乡村建设和发展乡村旅游、山地旅游作为精准扶贫的重要途径，推动乡村旅游全域化、特色化、精品化发展，带动贫困人口创业就业，增加贫困人口资产、劳动等权益性收益，实现脱贫致富。

各级人民政府及有关部门应当科学编制乡村旅游扶贫规划，与国民经济和社会发展规划、土地利用总体规划、县域乡镇村建设规划、易地扶贫搬迁规划、风景名胜区总体规划、交通建设规划等专项规划相衔接。

第二十三条 各级人民政府及有关部门应当加强旅游通道、公共服务设施等旅游基础设施建设，建立健全旅游信息咨询、安全保障等服务体系，改善贫困地区旅游发展环境和发展能力；开发形式多样、特色鲜明的乡村旅游产品，开展乡村旅游经营者、能工巧匠传承人、导游、乡土文化讲解员、创新人才等各类实用人才培训和乡村旅游扶贫公益宣传。

创新旅游扶贫投入机制，多渠道支持旅游扶贫开发。省、市州人民政府旅游发展专项资金中应当安排一定比例资金专项用于扶持贫困地区旅游扶贫

项目建设。

实行旅游扶贫奖励和扶持制度。县级以上人民政府对带动贫困人口稳定脱贫的旅游经营者给予一定奖励；对到贫困地区发展乡村旅游的经营者、录用有劳动能力贫困人口的旅游经营者和自主开展乡村旅游的贫困户给予贷款贴息、资金补助和其他政策扶持。

第二十四条 建立健全重点景区与贫困村、贫困户利益联结机制和收益分配机制，发挥旅游景区的辐射作用。根据贫困村、贫困户意愿，可以依法采取土地经营权、林权、房屋资产入股或者将财政专项扶贫资金量化为贫困村、贫困户的股金等方式入股参与乡村旅游开发，享受景区门票、停车场等经营收益分红。

第二十五条 县级以上人民政府及其有关部门应当围绕脱贫目标，按照搬得出、稳得住、能致富的要求，根据群众自愿、因地制宜、量力而行、保障基本、规划引领的原则，鼓励和引导居住在深山、石山、高寒、石漠化、地方病多发地区等生存环境差、不具备基本发展条件，以及生态环境脆弱、限制或者禁止开发地区的贫困户易地扶贫搬迁，改善生产生活条件，实现稳定脱贫。

第二十六条 易地扶贫搬迁应当合理确定安置方式和选择安置点，综合考虑水土资源条件、就业吸纳能力、产业发展潜力、公共服务供给能力和搬迁户生活习惯等因素，选择交通便利、基础设施完善的中心村、小城镇、产业园区等进行集中安置或者分散安置。

易地扶贫搬迁应当与其他扶贫措施相衔接，同步做好产业发展、技能培训、劳务输出、社会保障兜底等扶贫工作，完善水、电、路、信息等基础设施和教育、医疗等公共服务配套设施建设。

易地扶贫搬迁方案应当公开征求搬迁户意见，尊重其意愿。搬迁户应当自力更生、积极主动发展生产，鼓励有劳动能力的贫困人口在工程建设中投工投劳。

第二十七条 县级以上人民政府及其有关部门应当加强贫困地区生态建设和环境保护，建立健全生态补偿机制，增加重点生态功能区转移支付。优先实施贫困地区退耕还林、水土保持、天然林保护、防护林体系建设和石漠化综合治理等生态修复工程,加强贫困地区土地整治、饮用水水源保护、污染治理等生态建设。

因地制宜利用山、水、林、田、湖、气候等生态资源发展绿色经济,促进贫困人口增收。有劳动能力的贫困人口可以聘用为护林员等生态保护人员。

第二十八条　县级以上人民政府及其有关部门应当加强贫困地区和贫困人口的基础教育和职业教育,教育经费和师资向贫困地区和贫困人口倾斜,创造良好教育条件;制定和完善建档立卡贫困学生教育精准扶贫资助制度,逐步提高资助标准。

实施乡村教师支持计划和贫困地区定向人才培养计划,完善城市教师到贫困地区支教、任教和城乡教师交流制度,对有贫困地区任教经历或者长期在贫困地区任教的教师,在职称晋升、招考录用、教育培训等方面给予适当倾斜;提高贫困地区教师补助标准,保障贫困地区教师平均工资水平不低于当地公务员平均工资水平。

第二十九条　县级以上人民政府及其有关部门应当保障农村贫困人口享有基本医疗卫生服务,实施健康扶贫工程,防止因病返贫、因病致贫。加强贫困地区县、乡、村三级医疗卫生服务网络标准化建设,制定和完善贫困地区医疗卫生人才定向培养和引进制度,建立城市医疗卫生人员支援贫困地区制度和基层医疗卫生人员激励机制,对有贫困地区医疗工作经历或者长期在贫困地区基层工作的医疗卫生人员,在职称晋升、招考录用、教育培训、薪酬待遇等方面给予适当倾斜。

完善贫困人口大病医疗保障和疾病应急救助制度,建立健全重特大疾病保障机制。县级以上人民政府应当建立基本医疗保险、大病保险、疾病应急救助、医疗救助等制度衔接机制,形成保障合力。

提高参加新型农村合作医疗贫困人口医疗费用报销比例,贫困人口在县域内定点医疗机构住院实行先诊疗后付费,并逐步推行市域、省域先诊疗后付费制度;加强贫困地区传染病、地方病、慢性病防治工作。

第三十条　建立健全省、市、县三级扶贫投融资平台，依法设立脱贫攻坚投资基金和县级扶贫贷款风险补偿基金。

县级以上人民政府通过优惠政策、贴息和风险补偿等措施，鼓励金融机构创新农村金融产品和服务方式，向贫困户发放扶贫小额信贷，发展普惠、特惠贷金融等；鼓励保险机构在贫困地区建立基层服务站点，发展农业特色保险。

第三十一条　县级以上人民政府及其有关部门应当加强贫困地区图书馆、文化馆、体育活动中心等农村文化和体育设施的建设，实施文化、体育扶贫工程。

第三十二条　建立健全与扶贫政策相衔接的城乡居民基本养老保险、医疗保险、医疗救助、最低生活保障、特困人员供养等社会保障制度，逐步提高农村最低生活保障标准，实现农村最低生活保障制度与扶贫开发政策协调一致。

完善以最低生活保障为基础，以特困人员供养、受灾人员救助、医疗救助、教育救助、住房救助、就业救助、临时救助等专项救助为辅助，以社会力量参与为补充的新型社会救助体系，整合救助资源，提高救助标准，实现精准救助。

第三十三条　鼓励通过创新农村集体资产管理、财政资金投入等方式推动扶贫开发，探索实行资源变资产、资金变股金、农民变股东的扶贫开发模式，增加贫困村、贫困户资产收益。

鼓励通过土地经营权流转等方式发展农业适度经营规模。土地经营权流转应当坚持依法、自愿、有偿原则，不得违背承包农户意愿、损害农民权益、改变土地用途、破坏农业综合生产能力和农业生态环境。

县级以上人民政府应当为贫困村、贫困户参与涉农项目投资入股、委托经营、土地流转提供指导和服务，建立健全法律、经营、道德等风险防控机制，依法保障贫困村、贫困户履行股东职责，享有股东知情权、参与权、收益权、监督权、决策权等，保护贫困村、贫困户和生产经营主体的合法权益。

第四章　社会参与

第三十四条　各地区、各行业、各单位应当积极争取中央国家机关、各民主党派中央、全国工商联、中央大型国有企业等定点扶贫部门和单位对本省贫困地区和贫困人口的精准帮扶，促进定点扶贫资源和地方资源相结合，形成扶贫合力。

相关单位应当根据定点扶贫部门和单位的行业特点和资源优势，合理编制定点扶贫规划和年度工作计划，做好定点扶贫部门和单位对本省贫困地区和贫困人口帮扶的对接和落实工作。

第三十五条　县级以上人民政府及其有关部门应当积极争取对口帮扶城市对本省贫困地区和贫困人口的精准帮扶，加强与对口帮扶城市在产业合作、人才交流、劳务协作、园区共建、教育卫生、文化旅游、新农村建设等领域的交流合作。

县级以上人民政府及其有关部门应当根据对口帮扶城市的区域发展特点和资源优势，结合自身实际，合理编制对口帮扶规划和年度工作计划，积极开展东西部扶贫协作，实行对口帮扶定期沟通联络，推动区县结对帮扶、突出帮扶重点、扩宽协作领域、扩大合作成果。

第三十六条　鼓励民主党派、工商联和工会、共青团、妇联等人民团体、群众团体和其他社会组织积极引进项目、资金、人才和技术等参与扶贫开发活动，帮助贫困地区发展教育、科技、文化、卫生等社会事业，改善基础设施条件，促进特色优势产业发展。

第三十七条　建立健全驻村帮扶工作制度，组建驻村帮扶工作队，明确有关部门和单位的扶贫对象、扶贫任务和扶贫目标。

有关部门和单位应当发挥各自优势，组织资金、项目、技术、市场、培训等资源，帮助贫困地区和贫困人口发展经济社会事业。

驻村帮扶工作队负责宣传并协助农村基层组织落实扶贫政策，指导农村基层组织建设和村级集体经济发展，参与资金筹措、信息服务、技术支持等扶贫开发工作。

第三十八条 鼓励公民、法人和其他组织到贫困地区投资兴业、培训技能、吸纳就业、捐资助贫，通过订单采购农产品、共建生产基地、联办农民专业合作经济组织、投资入股、科技承包和技术推广等方式参与扶贫开发活动。

鼓励有条件的企业依法设立扶贫公益基金和开展扶贫公益信托。

第三十九条 鼓励和引导各类社会组织、社会力量捐款捐物，开展助教、助医、助学、助残等扶贫公益活动。

鼓励组建扶贫志愿者队伍、扶贫志愿者网络和服务体系，探索发展公益众筹扶贫。

第四十条 大中专院校、科研院所、医疗机构应当为贫困地区培养人才，组织和支持技术人员到贫困地区服务。

第四十一条 县级以上人民政府应当建立扶贫工作人才库，积极推进金融、农业林业技术、教育、卫生、科技、文化等专业技术人才到贫困地区从事扶贫工作。

鼓励大中专毕业生到贫困地区创业就业；大中专毕业生到贫困地区创业的，按照贫困人口自主创业政策，在项目、资金、智力等方面给予支持。

第四十二条 县级以上人民政府及其有关部门应当加强反贫困领域的国际交流与合作，积极引进项目、资金和技术等，开展扶贫开发项目合作。

第四十三条 建立健全各级人民政府面向市场购买服务机制。扶贫开发项目规划编制、实施、验收、监管、技术推广、信息提供、培训、法律顾问等工作，可以采取市场化方式，按照公开竞争、择优确定的原则由政府面向社会购买服务。

鼓励参与扶贫开发活动的各类主体通过公开竞争的方式承接政府扶贫开发公共服务、承担扶贫开发项目的实施。

第四十四条 对到贫困地区兴办符合国家和本省产业政策的扶贫开发项目的公民、法人和其他组织，实现贫困人口脱贫的，有关部门应当依照国家有关规定优先给予税收优惠、社会保险补贴、职业培训补贴、贷款贴息、资金补助、风险补偿等优惠政策，并依照有关规定减免行政事业性收费。

第四十五条 各级人民政府应当建立健全定点扶贫、对口扶贫等社会参与帮扶定期沟通、协调和联络机制，协调解决相关问题。

第四十六条 各级人民政府应当采取措施提高社会参与扶贫资源配置和使用效率，通过社会扶贫援助方和求助方信息发布与互动救助网络平台，及时发布供求信息，推动社会扶贫资源供给与扶贫需求有效衔接，实现援助人对求助人精准帮扶。

第五章　扶贫项目和资金管理

第四十七条 扶贫项目主要分为：

（一）产业扶贫项目；

（二）扶贫对象基本生产生活条件改善项目；

（三）扶贫对象能力培训项目；

（四）其他扶贫项目。

扶贫资金主要包括：

（一）财政专项扶贫资金；

（二）社会捐赠资金；

（三）定点扶贫和对口帮扶资金；

（四）其他用于扶贫开发的资金。

财政专项扶贫资金按照使用方向分为发展资金、以工代赈资金、易地扶贫搬迁资金、少数民族发展资金、国有贫困农场扶贫资金、国有贫困林场扶贫资金、扶贫贷款贴息资金等。

第四十八条 财政专项扶贫发展资金按照目标、任务、资金和权责到县的原则，项目由县级人民政府负责审批。省财政、扶贫开发等部门应当做好规划、管理、协调、指导、服务和监督工作，县级人民政府及其有关部门应当按照规划和项目投向使用。

建立财政涉农资金县级整合机制。县级人民政府应当围绕突出问题，以摘帽销号为目标，以脱贫成效为导向，以脱贫攻坚规划为引领，以重点扶贫项目为平台，根据需要把目标相近、方向类同的财政涉农资金统筹整合使用，带动金融资本和社会帮扶资金投入扶贫开发，提高资金使用精准度和效益。

第四十九条 县级人民政府应当根据本行政区域发展情况与脱贫攻坚规划，建立完善扶贫项目库，并按照规定程序报扶贫项目管理部门备案。

县级扶贫项目管理部门应当编制年度项目申报指南，并在本级政府门户网站公开发布。

申报扶贫项目，由乡镇人民政府、街道办事处（社区）按照年度扶贫项目申报指南要求编制项目申报书，并按照规定程序向县级扶贫项目管理部门申报。项目申报书应当如实载明项目区扶贫对象受益方式及情况。

第五十条 到村到户扶贫项目的立项、设计、实施，应当公开征求受益贫困户的意见，尊重其意愿。

项目申报单位不得虚构或者伪造扶贫项目，除续建项外，已批复的项目不得以相同内容向有关部门重复申报。

第五十一条 扶贫项目批准立项后，项目申报单位应当根据项目立项批复编制项目实施方案，报原审批部门同意。

扶贫项目应当按照批准的实施方案组织实施，任何单位和个人不得擅自变更；确需变更扶贫项目实施方案的，除本条例第四十八条第二款规定的情形外，应当报原审批部门同意。

第五十二条 对主要使用财政专项扶贫资金的扶贫项目，项目实施单位一般为项目申报单位。在建立贫困村、贫困户利益连接机制，确保贫困人口受益并征得其同意后，可以委托村民委员会、村级集体经济组织实施，或者协议由扶贫龙头企业、农民专业合作社或者专业大户实施。项目实施用工应当优先安排贫困人口。

第五十三条 扶贫项目批准立项后，县级人民政府和乡镇人民政府、街道办事处（社区）应当在10日内通过本级政府门户网站或者当地主要媒体公开项目资金名称、规模、来源、用途、使用单位、分配原则、分配结果等相关信息。

项目实施单位应当按照扶贫项目建设管理的有关规定开工建设项目，并在开工建设后10日内建立公示牌，公开项目名称、建设内容、实施单位及责任人、实施地点、实施期限、资金来源、资金构成及规模、政府采购及招投标情况、预期目标、受益农户、主管部门监督投诉方式等情况。

第五十四条 扶贫项目应当实行项目法人责任制、合同管理制、质量和安全保证制、公示公告制、项目档案登记制、竣工验收制、绩效评估制，并依法进行环境影响评价。

第五十五条 扶贫项目管理部门应当指导项目实施单位实施扶贫项目，并组织有关部门或者委托有相应资质的第三方对竣工项目进行验收。验收应当邀请受益贫困户代表参加。

产业扶贫项目和扶贫对象基本生产生活条件改善项目竣工验收后，由扶贫项目管理部门或者项目所在地县级人民政府和乡镇人民政府、街道办事处（社区）帮助受益地区或者扶贫对象建立管护制度，明确管护责任和相关权利义务。

实施扶贫项目所形成的各类资产权益依法受到保护。任何单位和个人不得损坏、非法占用或者变卖扶贫项目设施、设备和资产。

第五十六条 建立健全扶贫项目信息化管理机制，依托精准扶贫大数据管理平台，对扶贫项目立项、审批、实施、验收、监督、评估等进行全过程精准管理。

第五十七条 县级以上人民政府应当在本级财政预算中安排一定规模的财政专项扶贫资金，并建立与脱贫攻坚任务相适应的财政专项扶贫资金投入增长机制。省级财政每年安排的财政专项扶贫资金规模应当达到中央补助贵州省财政专项扶贫资金规模的30%以上。

在脱贫攻坚期内，省、市州和贫困县分别按照当年地方财政收入增量的15%增列专项扶贫预算，各级财政当年清理回收可以统筹使用的存量资金中50%以上用于扶贫开发。

第五十八条 财政专项扶贫资金主要用于：

（一）产业扶贫、资产收益扶贫和扶贫产业政策性保险补助；

（二）扶持农民专业合作社、村级集体经济组织；

（三）扶贫贷款贴息和小额扶贫贷款风险补偿；

（四）扶贫对象培训和资助、扶贫工作人员培训；

（五）扶贫对象基本生产生活条件改善；

（六）扶贫对象新型农村合作医疗和城乡居民基本养老保险等个人缴费部分的补助；

（七）其他与扶贫开发相关的支出。

第五十九条 各级财政部门应当设立财政专项扶贫资金专户，做到专账核算、封闭运行、专款专用。

扶贫项目实施单位应当设立财政专项扶贫资金核算专账，按照国家有关财政专项扶贫资金财务管理制度实施管理。

扶贫开发、发展改革、民族宗教、农业、林业、残联等部门或者单位分别会同财政部门，根据扶贫政策，制定年度财政专项扶贫资金使用计划，按照程序上报审定。

第六十条 财政专项扶贫资金实行谁使用谁报账的原则，扶贫开发部门负责支出审核，财政部门负责复核审核，以乡级报账为主，财政、扶贫开发部门应当按照扶贫项目实施进度及时拨付财政专项扶贫资金。

第六十一条 财政、扶贫开发部门可以建立财政专项扶贫资金有偿使用、滚动发展、先建后补机制。

财政专项扶贫资金实行先建后补的，应当建立贫困村、贫困户利益连接机制，并主要用于农业生产发展。

第六十二条 财政部门应当对财政专项扶贫资金的拨付、使用、报账和管理实行全程监控。

财政和扶贫项目管理部门应当建立扶贫资金使用情况信息平台，公开年度扶贫资金安排数量、来源、项目安排去向、项目实施单位、受益群体以及实施效益等内容。

财政专项扶贫资金使用管理按照国家和本省有关规定实行绩效评价制度。

第六十三条　定点扶贫和对口帮扶资金由帮扶单位根据帮扶对象的实际需要确定用途。

社会捐赠资金应当按照捐赠者的意愿安排使用，使用情况应当向捐赠者反馈，并依法进行管理和监督。

第六十四条　对本省行政区域内武陵山区、乌蒙山区、滇桂黔石漠化地区和麻山、瑶山、月亮山等集中连片特殊困难地区以及革命老区、少数民族地区和人口数量较少民族实行重点帮扶，扶贫项目和资金优先予以保障，推进规模化、区域性、产业化连片开发。

第六章　保障和监督

第六十五条　省级财政根据本级预算安排的财政专项扶贫资金规模（不含扶贫贷款贴息资金），按照2%的比例提取扶贫项目管理费，并由省扶贫开发部门会同财政部门按照程序主要安排到县，专门用于扶贫规划编制、项目管理、检查验收、成果宣传、档案管理、项目公告公示、报账管理等方面的经费开支，不得用于机构、人员开支等。

除前款规定情形外，禁止从中央和省级财政补助地方财政专项扶贫资金中提取任何费用。

各种扶贫资金不得用于规定以外的地区，不得用于地方其他建设，不得用于与扶贫无关的项目。

第六十六条　省人民政府应当建立健全全省统一的精准扶贫大数据管理平台，为本省扶贫工作提供信息技术支撑，实现各级各部门数据交换、联通与共享，推动扶贫工作动态化、数字化、常态化精准管理。

逐步通过大数据实现识别对象、帮扶措施、项目安排、资金管理、退出机制、监督管理、考核评价等精准化。

第六十七条　各级人民政府应当将农村扶贫与农村基层组织建设相结合，加强对贫困村村民委员会的建设和指导，帮助建立和发展村级集体经济组织，建立健全章程、财务会计和收益分配等制度，增强其带领村民自力更生、脱贫致富的发展能力。

第六十八条 县级以上人民政府及其有关部门应当对扶贫项目的建设用地给予优先保障，新增用地计划指标优先满足扶贫项目建设用地需求。

合理调整贫困地区基本农田保有量指标，贫困地区的城乡建设用地增减挂钩结余指标可以在全省范围内流转使用。

第六十九条 县级以上人民政府及其有关部门应当加强扶贫诚信体系建设，建立和完善项目管理、资金使用等扶贫脱贫全过程诚信记录及违法信息归集、共享和公开机制，实行守信激励和失信惩戒。

对申报、实施扶贫项目的单位或者组织以及贫困户建立信用档案，实行诚信等级评定。

第七十条 建立健全扶贫工作激励机制。对通过勤劳致富稳定实现脱贫的贫困人口以及在扶贫开发工作中成效显著、有突出贡献的单位和个人，按照国家有关规定给予表彰和奖励。符合条件的，可以授予相应荣誉称号；对国家工作人员在晋职、晋级、立功、职称评定、评先推优等方面应当给予优先考虑；对高等院校、科研院所等事业单位在单位评级、经费投入、学科或者重点实验室建设等方面给予优先考虑。

第七十一条 建立健全扶贫开发工作重大决策机制，完善公众参与、专家论证、风险评估、合法性审查、集体讨论决定等法定程序，确保决策制度科学、程序规范、过程公开、责任明确。

对扶贫开发工作可能产生较大影响的重大政策和项目，应当由县级以上人民政府或者省扶贫工作领导机构组织开展贫困影响评估。

第七十二条 建立独立、公正、科学、透明的扶贫成效第三方评估机制，可以委托有关科研机构和社会组织，采取专项调查、抽样调查和实地核查等方式，对各级人民政府、有关部门和单位的扶贫成效进行评估。

第七十三条 县级以上人民政府统计部门和扶贫开发部门应当建立扶贫开发监测、统计体系，加强对贫困状况、变化趋势、资金使用和扶贫成效的监测评估，联合发布贫困地区扶贫情况，准确反映贫困状况和贫困人口变化趋势。

第七十四条 建立重大扶贫项目督办制度。县以上扶贫开发部门应当会同发展改革、财政、教育、农业、交通运输、水利等部门，建立年度脱贫攻坚重大项目明细台账，明确完成时限、完成效果和责任人，实行重点督办并向社会公开，接受社会监督。

第七十五条　县级以上人民代表大会常务委员会、乡镇人民代表大会应当将扶贫工作作为监督的重要内容，每年听取有扶贫任务的同级人民政府扶贫工作专项工作报告。

县级以上人民代表大会常务委员会、乡镇人民代表大会主席团应当围绕扶贫工作，组织代表深入贫困县、贫困乡镇、贫困村开展集中视察和专题调研，了解脱贫攻坚工作开展情况，广泛听取民意，向有关部门和单位提出脱贫攻坚意见和建议。

支持民主党派对精准扶贫、精准脱贫全过程开展监督。

第七十六条　县级以上人民政府应当建立健全扶贫开发考核机制，优化细化扶贫成效考核指标，实行分级考核、排名公示和结果通报制度，将扶贫政策落实情况及目标任务完成情况作为各级人民政府和有关部门及其主要负责人考核评价的重要内容。

易地扶贫搬迁考核应当将脱贫成效、住房建设标准、工程质量、资金使用、搬迁户负债情况等作为重要内容。

对口帮扶实行双向考核，按照国家有关规定建立健全考核机制。

第七十七条　县以上扶贫开发、财政、审计、监察等有关部门应当定期对扶贫资金、项目进行审计和监督检查。

审计和监督检查扶贫资金、项目时，有关单位和个人应当予以配合，如实提供有关情况和资料。

任何单位和个人不得滞留、截留、挪用、侵占和贪污扶贫资金。

第七十八条　在扶贫对象精准识别和脱贫认定工作中，任何单位和个人不得采取弄虚作假或者胁迫等不正当手段，骗取扶贫政策待遇。

第七十九条　扶贫政策、项目、资金实行省、市、县、乡、村五级公告公示制度，纳入政务公开、村务公开范围向社会公开，接受社会监督。

第八十条　鼓励新闻媒体加强对各地各部门扶贫政策的落实、扶贫项目的实施、扶贫资金的使用等扶贫开发工作的监督。

第八十一条　村民会议、村民代表会议、村务监督委员会和村民有权对本村扶贫项目资金使用情况及使用效益进行监督，有关部门和单位应当创造便利条件。

第八十二条　任何单位和个人有权对扶贫工作中的违纪、违法、违规行为和相关人员的不作为、乱作为进行举报。有关单位应当及时进行调查核实，并依法、依规予以处理。

各级人民政府应当设立扶贫专线，接受社会各界关于扶贫工作的建议、投诉和举报，并将受理问题的处理情况及时公布。

第七章　法律责任

第八十三条　在扶贫对象精准识别工作中不作为、乱作为，未按照规定程序及时将符合条件的农村居民纳入扶贫对象或者故意将不符合条件的农村居民纳入扶贫对象的，对直接负责的主管人员和其他直接责任人员依法给予处分。

在脱贫认定工作中虚报数据、虚构事实，或者违反脱贫认定标准和程序的，对直接负责的主管人员和其他直接责任人员依法给予处分；造成恶劣影响或者其他严重后果的，对其主要负责人应当给予责令辞职、引咎辞职、免职等处理。

第八十四条　违反本条例第四十八条第二款规定，不符合财政涉农资金整合条件进行资金整合或者整合资金未用于扶贫开发的，对直接负责的主管人员和其他直接责任人员依法给予处分。

第八十五条　违反本条例第五十条第二款规定，虚构或者伪造扶贫项目，尚不构成犯罪的，由扶贫项目管理部门依法取消该项目，并配合财政部门追回已拨付项目资金，对直接负责的主管人员和其他直接责任人员由有关部门依法给予处分；重复申报相同内容的扶贫项目的，由扶贫项目审批单位责令限期改正或者提出处理建议。

第八十六条 违反本条例第五十三条第一款规定的,由上一级人民政府责令限期改正;逾期不改正的,予以通报,并按照有关规定处理。

违反本条例第五十三条第二款规定的,由有关部门责令限期整改,并按照有关规定处理。

第八十七条 违反本条例第五十五条第三款规定,损坏、非法占用或者变卖扶贫项目设施、设备和资产,尚不构成犯罪的,由县以上扶贫开发部门或者有关部门责令限期改正,对直接负责的主管人员和其他直接责任人员依法给予处分;造成损失的,依法赔偿损失。

第八十八条 违反本条例第七十七条第三款规定,滞留、截留、挪用、侵占和贪污扶贫资金,尚不构成犯罪的,对直接负责的主管人员和其他直接责任人员依法给予处分。

第八十九条 违反本条例第七十八条规定,弄虚作假,骗取扶贫政策待遇的,由有关部门列入诚信黑名单进行管理并取消其受助资格;获取经济利益的,由有关部门依法追回,并追究相关责任人的责任;造成损失的,依法赔偿损失。

第九十条 各级人民政府、扶贫开发等有关部门、其他有关国家机关、国有企业事业单位及其工作人员在扶贫开发工作中有下列情形之一的,按照国家和本省有关规定进行行政问责:

(一)经批准列入脱贫计划,未在规定时限内实现脱贫或者未完成年度脱贫攻坚任务的;

(二)未执行脱贫攻坚政策或者违反扶贫项目、资金管理相关规定的;

(三)决策失误或者工作失职,造成严重后果的;

(四)未建立与脱贫攻坚任务相适应的机构和资金保障机制的;

(五)扶贫成效考核中问题严重的;

(六)滥用职权、玩忽职守、徇私舞弊或者有其他不作为、乱作为情形的;

(七)干扰、阻碍对扶贫工作的监督检查或者弄虚作假、隐瞒事实真相的;

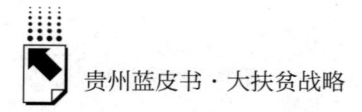

(八)其他不履行或者不正确履行扶贫工作职责的。

第九十一条 违反本条例规定的其他违法行为,有关法律、法规有处罚规定的,从其规定。

第八章 附则

第九十二条 本条例自2016年11月1日起施行。2013年1月18日贵州省第十一届人民代表大会常务委员会第三十三次会议通过的《贵州省扶贫开发条例》同时废止。

权威报告·一手数据·特色资源

皮书数据库
ANNUAL REPORT(YEARBOOK) DATABASE

当代中国经济与社会发展高端智库平台

所获荣誉

- 2016年，入选"'十三五'国家重点电子出版物出版规划骨干工程"
- 2015年，荣获"搜索中国正能量 点赞2015""创新中国科技创新奖"
- 2013年，荣获"中国出版政府奖·网络出版物奖"提名奖
- 连续多年荣获中国数字出版博览会"数字出版·优秀品牌"奖

成为会员

通过网址www.pishu.com.cn访问皮书数据库网站或下载皮书数据库APP，进行手机号码验证或邮箱验证即可成为皮书数据库会员。

会员福利

- 已注册用户购书后可免费获赠100元皮书数据库充值卡。刮开充值卡涂层获取充值密码，登录并进入"会员中心"—"在线充值"—"充值卡充值"，充值成功即可购买和查看数据库内容。
- 会员福利最终解释权归社会科学文献出版社所有。

数据库服务热线：400-008-6695
数据库服务QQ：2475522410
数据库服务邮箱：database@ssap.cn
图书销售热线：010-59367070/7028
图书服务QQ：1265056568
图书服务邮箱：duzhe@ssap.cn

社会科学文献出版社 皮书系列
卡号：674564958962
密码：

基本子库
SUB DATABASE

中国社会发展数据库（下设 12 个子库）

全面整合国内外中国社会发展研究成果，汇聚独家统计数据、深度分析报告，涉及社会、人口、政治、教育、法律等 12 个领域，为了解中国社会发展动态、跟踪社会核心热点、分析社会发展趋势提供一站式资源搜索和数据分析与挖掘服务。

中国经济发展数据库（下设 12 个子库）

基于"皮书系列"中涉及中国经济发展的研究资料构建，内容涵盖宏观经济、农业经济、工业经济、产业经济等 12 个重点经济领域，为实时掌控经济运行态势、把握经济发展规律、洞察经济形势、进行经济决策提供参考和依据。

中国行业发展数据库（下设 17 个子库）

以中国国民经济行业分类为依据，覆盖金融业、旅游、医疗卫生、交通运输、能源矿产等 100 多个行业，跟踪分析国民经济相关行业市场运行状况和政策导向，汇集行业发展前沿资讯，为投资、从业及各种经济决策提供理论基础和实践指导。

中国区域发展数据库（下设 6 个子库）

对中国特定区域内的经济、社会、文化等领域现状与发展情况进行深度分析和预测，研究层级至县及县以下行政区，涉及地区、区域经济体、城市、农村等不同维度。为地方经济社会宏观态势研究、发展经验研究、案例分析提供数据服务。

中国文化传媒数据库（下设 18 个子库）

汇聚文化传媒领域专家观点、热点资讯，梳理国内外中国文化发展相关学术研究成果、一手统计数据，涵盖文化产业、新闻传播、电影娱乐、文学艺术、群众文化等 18 个重点研究领域。为文化传媒研究提供相关数据、研究报告和综合分析服务。

世界经济与国际关系数据库（下设 6 个子库）

立足"皮书系列"世界经济、国际关系相关学术资源，整合世界经济、国际政治、世界文化与科技、全球性问题、国际组织与国际法、区域研究 6 大领域研究成果，为世界经济与国际关系研究提供全方位数据分析，为决策和形势研判提供参考。

法律声明

"皮书系列"（含蓝皮书、绿皮书、黄皮书）之品牌由社会科学文献出版社最早使用并持续至今，现已被中国图书市场所熟知。"皮书系列"的相关商标已在中华人民共和国国家工商行政管理总局商标局注册，如LOGO（ ）、皮书、Pishu、经济蓝皮书、社会蓝皮书等。"皮书系列"图书的注册商标专用权及封面设计、版式设计的著作权均为社会科学文献出版社所有。未经社会科学文献出版社书面授权许可，任何使用与"皮书系列"图书注册商标、封面设计、版式设计相同或者近似的文字、图形或其组合的行为均系侵权行为。

经作者授权，本书的专有出版权及信息网络传播权等为社会科学文献出版社享有。未经社会科学文献出版社书面授权许可，任何就本书内容的复制、发行或以数字形式进行网络传播的行为均系侵权行为。

社会科学文献出版社将通过法律途径追究上述侵权行为的法律责任，维护自身合法权益。

欢迎社会各界人士对侵犯社会科学文献出版社上述权利的侵权行为进行举报。电话：010-59367121，电子邮箱：fawubu@ssap.cn。

社会科学文献出版社